Dieter Borchmeyer (Hg.)

Richard Beer-Hofmann

LITERATURWISSENSCHAFT

Kölner Arbeiten zur Jahrhundertwende
herausgegeben von Michael M. Schardt
Band 9

Dieter Borchmeyer (Hg.)

Richard Beer-Hofmann

„Zwischen Ästhetizismus und Judentum"

Sammelband der Beiträge vom
„Öffentlichen Symposion in der Akademie der Wissenschaften
Heidelberg am 25. und 26.10.1995"

LITERATURWISSENSCHAFT

Richard Beer-Hofmann
„Zwischen Ästhetizismus und Judentum". Sammelband der Beiträge vom „Öffentlichen Sympo-
sion in der Akademie der Wissenschaften Heidelberg am 25. und 26.10.1995", herausgegeben von
Dieter Borchmeyer.

1. Auflage 1996 | 2. unveränderte Auflage 2011
ISBN: 978-3-86815-534-1
© IGEL Verlag Literatur & Wissenschaft, Hamburg, 2011
Umschlaggestaltung: Alexander Zajons, Coverbild: Richard Beer-Hofmann
Alle Rechte vorbehalten.
www.igelverlag.com

Printed in Germany

Igel Verlag Literatur & Wissenschaft ist ein Imprint der Diplomica Verlag GmbH
Hermannstal 119 k, 22119 Hamburg
Printed in Germany

Die Deutsche Bibliothek verzeichnet diesen Titel in der Deutschen Nationalbibliografie.
Bibliografische Daten sind unter http://dnb.d-nb.de verfügbar.

Dieter Borchmeyer

Vorwort

Wenn ich nicht mehr bin und wenn die, die dann Deutsch lesen,
mich zu den ihren zählen wollen, dann werde ich eben ein
deutscher Dichter gewesen sein. Eines aber werde ich vor vielen
anderen voraus haben - daß ich mich anlehnen kann an eine so
lange Reihe von Vorfahren, die unter Bedrängnissen aller Art
ihren Gott nie preisgegeben haben.

Am 26. September 1945 ist Richard Beer-Hofmann im New Yorker Exil gestorben. Aus Anlaß seines 50. Todestages fand in Heidelberg auf Anregung der
Hochschule für Jüdische Studien und in Verbindung mit dem Germanistischen
Seminar der Universität, großzügig unterstützt von der Stiftung Universität Heidelberg, ein Symposion in der Akademie der Wissenschaften statt, das um die
Pole Ästhetizismus und Judentum im Werk Beer-Hofmanns kreiste. Die Beiträge
des Symposions werden in diesem Band vorgelegt.

Beer-Hofmann hat einmal zu Werner Vordtriede gesagt, im *Tod Georgs*
(1899), seinem neben dem *Schlaflied für Mirjam* (1897) berühmtesten, formal
und inhaltlich für die Wiener Moderne wegbereitenden Werk, habe er „dem
Ästheten mit den Mitteln des Ästhetentums ein Ende bereitet". Die Absage an
den Ästhetizismus – die zumindest bei seinen bedeutenden Vertretern im Grunde
seine andere Seite gewesen ist – geschieht im Falle Beer-Hofmanns als Einbindung des vereinzelten Ich in den Traditionszusammenhang des Judentums. Im
Schlaflied für Mirjam bereits sieht er die Isolation des Ich aufgehoben in der
Identität des jüdischen Volkes. „Ufer nur sind wir, und tief in uns rinnt / Blut
von Gewesenen – zu Kommenden rollts, / Blut unsrer Väter, voll Unruh und
Stolz. / In uns sind alle. Wer fühlt sich allein?" Die Konversion zum jüdischen
Glauben löste bei Beer-Hofmanns jüdischen Freunden manche Verlegenheit aus
(wie Hofmannsthals Chauvinismus-Vorwurf zeigt). Als Dichter sah er sich beru-
fen, vor allem durch den Fragment gebliebenen Zyklus *Die Historie vom König*
David die Erwählung und das Leiden des jüdischen Volkes sowie den Dialog
Israels mit Gott zu beschwören.

Die Wende von Décadence und Dandyismus zur Erfahrung jüdischer Identität, ihre ästhetische wie religiöse Problematik standen im Mittelpunkt des Symposions. Ästhetizismus und Judentum bleiben bei Beer-Hofmann polar aufeinan-
der bezogen. Die Absage an seine frühe Novellistik kann nicht darüber hinweg-

täuschen, daß der substantiell jüdische Dichter Beer-Hofmann in seinem Werk wie in seinem persönlichen Lebensstil seine ästhetizistische Herkunft nie verleugnet, wie ja auch bei anderen Autoren der Décadence und des Fin de siècle die Überwindung des Ästhetizismus mit ihm selber dialektisch verschränkt ist. Es sei an Nietzsches *Ecce homo* erinnert: „Abgerechnet nämlich, dass ich ein décadent bin, bin ich auch dessen Gegensatz" („Warum ich so weise bin", 2). Und Thomas Mann hat sich in seinen *Betrachtungen eines Unpolitischen* dem Geschlecht von Schriftstellern zugerechnet, „die aus der Décadence kommend [...], gleichzeitig den emanzipatorischen Willen zur Absage an sie - sagen wir pessimistisch: die Velleität dieser Absage im Herzen tragen und mit der Überwindung von Décadence und Nihilismus wenigstens *experimentieren*."

Den Charakter eines solchen ‚Experimentes' mit der Überwindung der Décadence stellt gewiß auch Beer-Hofmanns Rückbesinnung auf das Judentum dar, obschon es - etwa im Vergleich mit Hofmannsthals und Thomas Manns Abwendung vom Ästhetizismus - sehr viel verbindlichere Züge annimmt, über das bloße Experiment weit hinausgeht. Anderseits hat die Erfahrung der eigenen Zugehörigkeit zum Judentum - der Ausgegrenztheit inmitten der Gesellschaft, die im Grunde durch keine Art der Anpassung zu überwinden war - bei Beer-Hofmann die ästhetizistische Haltung in gewissem Sinne verstärkt. Dem Blick des Ästheten - wie des von ihr immer wieder abgesonderten Juden - entfremdet sich die Alltagswirklichkeit, wie ihr jener Blick durchaus fremd bleibt. Diese wechselseitige Fremdheit bedingt die Emigration des jüdischen Dichters aus den literarischen Konventionen, den Einsatz von literarischen Mitteln, die für die Moderne überhaupt charakteristisch sein werden.

Diese Verbindung von Judentum und Moderne untersucht der einleitende Beitrag von Stefan Scherer, der die Polarität von Ästhetizismus und Judentum vor allem auf seine literarischen Zusammenhänge hin befragt, während der folgende Aufsatz von Ulrike Peters dem Problem der jüdischen Identität im Wien der Jahrhundertwende aus ethnologisch-soziologischer und ideologiegeschichtlicher Perspektive nachgeht. Den Blick auf das vom Ästhetizismus und seiner Krise geprägte novellistische und lyrische Frühwerk lenken die Studien von Sören Eberhardt und Michael M. Schardt. Die Brücke zur spezifisch jüdischen Thematik schlägt der Beitrag von Andreas Thomasberger, der das formal anscheinend noch so konventionsverhaftete Trauerspiel *Der Graf von Charolais* als „Abschied vom Trauerspiel" im Sinne einer rhetorischen „correctio" der Gattungserwartung interpretiert, während Viktor Žmegač sich der wohl faszinierendsten Gestalt des Stückes: dem roten Itzig zuwendet - vor dem Hintergrund der Judenbilder der Jahrhundertwende und der Stereotypen des Antisemitismus. Der jüdischen Dramatik Beer-Hofmanns sind dann die beiden letzten Aufsätze des vorliegenden Bandes von Daniel Hoffmann (im Vergleich von *Jaákobs*

Traum mit Moritz Heimanns *Weib des Akiba*) und Günter Helmes gewidmet. - Das Heidelberger Symposion erhielt sein besonderes Gepräge durch eine von Alexander Košenina kommentierte Lesung aus Dichtungen, - zum Teil bisher unveröffentlichten, ja noch unbekannten - Briefen und Dokumenten Beer-Hofmanns. Einige dieser Briefe teilt Alexander Košenina in diesem Band zum ersten Mal mit.

Den Abschluß bildet der Wiederabdruck von Werner Vordtriedes Gesprächen mit Beer-Hofmann in der Exilzeit zu New York und Woodstock, die er in seinem Tagebuch festgehalten und 1952 in der „Neuen Rundschau" zuerst veröffentlicht hat - ausführlicher wurden sie später in seinen 1975 unter dem Titel *Das verlassene Haus* veröffentlichten Exiltagebuch wiedergegeben. Dieser Gespräche wurde während des Symposions aus Anlaß des achtzigsten Geburtstages (18. März 1915) und des zehnten Todestages (25. September 1985) des unvergleichlichen Komparatisten und Übersetzers Werner Vordtriedes besonders gedacht (Er war Lehrer und Freund des Herausgebers, der seinen Nachlaß verwaltet). Die von Vordtriede aufgezeichneten Gespräche sind eines der bewegendsten Dokumente für die Existenz Beer-Hofmanns in seinen letzten Lebensjahren. Als „König im Exil" hat Vordtriede ihn bezeichnet: „Während so viele andre, vom Leben Verwöhnte durch ihre Verpflanzung und die Nöte der Emigration wie Bilder ohne Rahmen sind, ist er geblieben, was er war und ist."

Beer-Hofmann habe sich, schreibt Vordtriede, „hoch über New York, das er kaum kennt und nicht braucht, in einer eignen, im Grunde unveränderten Welt" eingerichtet, eingesponnen in die Vergangenheit, „ganz umgeben von Dingen, die ihm jederzeit sein Leben reproduzieren" konnten. Eine Reproduktion einstigen Lebens ist auch *Paula*, Beer-Hofmanns Gedenkbuch für seine vor der Emigration in die USA verstorbene Frau. In diesem wohl schönsten Werk Beer-Hofmanns wird noch einmal mit allem sprachlichem Zauber, der dem großen Autor zu Gebote stand, die österreichische Welt der Jahrhundertwende beschworen - mit eben jener ästhetizistischen Beobachtungs- und Darstellungsgabe, die Beer-Hofmann sich trotz seiner Wendung zum jüdischen Glauben stets bewahrt hat. *Paula* ist der Abgesang auf die Wiener Moderne von dem letzten ihrer großen Überlebenden.

Der vorliegende Symposionsband über ihn, der den Abschluß der Werkausgabe im gleichen Verlag begleitet, wird, so hofft der Herausgeber, zur Renaissance Beer-Hofmanns ein wenig beitragen. Michael M. Schardt, der sich als Verleger und Wissenschaftler so uneigennützig für das Werk Beer-Hofmanns eingesetzt hat, den Herausgebern der Werkausgabe, die das Heidelberger Symposion durch ihre eigenen Beiträge unterstützt, der Stiftung Universität Heidelberg und der Hochschule für Jüdische Studien, die es durch ihre Zuwendungen ermöglicht haben, sowie IBM Deutschland und der Literarischen Gesellschaft Palais

Boisserée, die einen großzügigen Druckkostenzuschuß geleistet haben, sei an dieser Stelle herzlich gedankt. Die erste Anregung zu dem Symposion ging übrigens von Sol Liptzin, dem langjährigen Freund und Wegbegleiter Beer-Hofmanns aus, der jüngst verstorben ist. Auch seinem Gedächtnis ist dieser Band gewidmet.

Heidelberg, im Mai 1996

Stefan Scherer

Judentum, Ästhetizismus und literarische Moderne.

Zu einem Zusammenhang beim frühen Beer-Hofmann

In einer vermutlich auf das Jahr 1912 zu datierenden Notiz zu seiner Autobiographie *Jugend in Wien* schreibt Arthur Schnitzler:
> In diesen Blättern wird viel von Judentum und Antisemitismus die Rede sein, mehr als manchem geschmackvoll, notwendig und gerecht erscheinen dürfte. Aber zu der Zeit, in der man diese Blätter möglicherweise lesen wird, wird man sich, so hoffe ich wenigstens, kaum mehr einen rechten Begriff zu bilden vermögen, was für eine Bedeutung, seelisch fast noch mehr als politisch und sozial, zur Zeit, da ich diese Zeilen schreibe, der sogenannten Judenfrage zukam. Es war nicht möglich, insbesondere für einen Juden, der in der Öffentlichkeit stand, davon abzusehen, daß er Jude war, da die andern es nicht taten, die Christen nicht und die Juden noch weniger. Man hatte die Wahl, für unempfindlich, zudringlich, frech oder für empfindlich, schüchtern, verfolgungswahnsinnig zu gelten. Und auch wenn man seine innere und äußere Haltung so weit bewahrte, daß man weder das eine noch das andere zeigte, ganz unberührt zu bleiben war so unmöglich, als etwa ein Mensch gleichgültig bleiben könnte, der sich zwar die Haut anesthesieren ließ, aber mit wachen und offenen Augen zusehen muß, wie unreine Messer sie ritzen, ja schneiden, bis das Blut kommt.[1]

Schnitzlers Hoffnung, daß ein zukünftiger Leser sich keinen Begriff mehr davon machen könne, was der Haß auf die Juden angerichtet hat, sollte sich nicht erfüllen. Die Folgen sind bekannt. Der Zusammenhang zwischen dem Antisemitismus und der sogenannten Judenfrage - auf das 'sogenannt' legte Schnitzler stets besonderen Wert - ist deshalb von der Forschung ausführlich behandelt worden. So ausführlich, daß man Judentum und Antisemitismus ganz selbstverständlich in einem Atemzug vereint, als wenn es sich um eine nachgerade natürliche Verbindung handelte. Dabei wird in der zur Verständigungsformel erstarrten Verknüpfung tatsächlich der schlimme Zwang greifbar, einen historischen Gewaltzusammenhang auch sprachlich zu reproduzieren. Auch die folgenden Überle-

---

1 Arthur Schnitzler: *Jugend in Wien. Eine Autobiographie*, hg. v. Therese Nickl, Heinrich Schnitzler. Frankfurt 1981, S. 322.

9

gungen können nicht davon absehen, die Wahrnehmungsformen eines jüdischen Autors im Wien der Jahrhundertwende mit dem Antisemitismus in Verbindung zu bringen, wenn sie die Aufmerksamkeit auf die, wie Schnitzler es formulierte, 'seelischen' Konsequenzen des Judenhasses richten. Diese werden als eine der psychostrukturellen Voraussetzungen dafür angesehen, daß sich die deutschsprachige literarische Moderne, der das Frühwerk Beer-Hofmanns zuzurechnen ist, in den 90er Jahren vor allem in Wien herausbildete.

Vorab sei dabei auf das Problem einer Engführung von gesellschaftlicher Erfahrung und textueller Transformation dieser Erfahrung hingewiesen. Es ist das zentrale Vermittlungsproblem einer nicht-reduktiven Sozialgeschichte der Literatur, bei der die entscheidende Schwierigkeit darin besteht, die behauptete Verbindung nicht am Text selbst aufzeigen zu können. In ihn ist nämlich das schon als vermittelt eingegangen, was die Interpretation aus der sozial- und gesellschaftsgeschichtlichen Forschung auch erst an ihn heranträgt, ohne daß diese Vermitteltheit selbst an den Verhältnissen des Texts direkt nachzuweisen ist. So entbindet die Interpretation dem Text möglicherweise nur das, was sie aufgrund externer Kenntnisse und Annahmen schon weiß. Sie wird damit zur bloß behauptenden Bestätigung des bereits Bekannten. Auf jeden Fall aber entgeht die sozialgeschichtliche Interpretation nicht dem Vorwurf mangelnder Überprüfbarkeit, weil eben das vermittelnde Stück, gewissermaßen der Schlußstein des Torbogens, weder im Kontext noch im Text vorzufinden ist. Denn es wird konstruiert allein in der vermittelnden Interpretation. Daneben hat diese nicht nur sich selbst als vermittelnde und in sich vermittelte zu reflektieren, sondern auch noch die diskursive Vermitteltheit ihrer Teilbereiche (Gesellschaft, Text). Die methodischen Probleme können hier im einzelnen nicht näher diskutiert werden. Um aber den Rahmen meiner Überlegungen zum Zusammenhang zwischen Judentum, Ästhetizismus und literarischer Moderne beim frühen Beer-Hofmann abzustecken, benenne ich die Leitkategorie, mit der mir trotz aller Schwierigkeiten ein Ansatz zur Auseinandersetzung mit dem Vermittlungsproblem gegeben zu sein scheint: Der von der Kultursoziologie und Systemtheorie vorgebrachten Kategorie der Ausdifferenzierung der einzelnen Teilsysteme im Prozeß gesellschaftlicher Modernisierung entspricht als psychisches Komplement ein je historisch ausdifferenziertes Bewußtsein. Es erlangt etwa Ausdruck in bestimmten Ausprägungen von Empfindlichkeit, denen je historisch sich herausbildende literarische Verfahrensweisen und je historisch ausdifferenzierte Textformationen korrespondieren.[2]

---

2 Siehe dazu genauer Stefan Scherer: *Gegenwartsliteratur und Sozialgeschichte der Literatur. Eine Problemskizze aus Anlaß von Briegleb/Weigels 'Gegenwartsliteratur' seit 1968.* In: IASL 1 (1995), S. 179-202.

I.

Im Jahre 1890 rät Alois Hofmann seinem Adoptivsohn Richard, der sich in der
Kaserne von Brünn zu einer Waffenübung aufhält, eine Krankheit nicht zu ver-
schweigen, sich also krank zu melden. Bemerkenswert daran ist v.a. die Begründung dafür, sich dem Allgemeinen nicht vorbehaltlos zu ergeben: „Wenn *Dir* das
'Vaterland' so viel wert ist, *mir* nicht. Ein V.... das uns schutzlos einer wütenden
Menge preisgibt, sich an unserer Qual noch zu weiden scheint, und uns nur was
Pflichten betrifft, gleichstellt, die Rechte aber für sich behält."[3] Am 3. April
1913 beantwortet Beer-Hofmann die Einladung Martin Bubers, an einer Bespre-
chung zur Gründung eines jüdischen Kollegs teilzunehmen, in der für ihn be-
zeichnenden Weise mit einer Absage, weil er das „Zustandekommen dieses
College nicht wünsche - sondern fürchte". Den entscheidenden Einwand stellt
die zu erwartende Reaktion der nicht-jüdischen Öffentlichkeit dar:
> Wir stehen unter anderen Gesetzen der Beurteilung als andere Völker; ob wir
> nun wollen oder nicht - was wir Juden tun, vollzieht sich auf einer Bühne -
> unser Loos hat sie gezimmert. Art und Unart anderer Völker wird selbstver-
> ständlich hingenommen. Aber alle Welt darf auf Publikumssitzen lümmeln
> und die Juden anstarren. Blick, Stimme, Haltung, die Farbe der Haare, die
> Ma[ß]e des Körpers - alles soll gehässigen Richtern Rede stehen - und wehe,
> wenn wir nicht als Halbgötter über die Szene schreiten.[4]

Zwischen die Pole dieser beiden Äußerungen sind die folgenden Überlegungen
gespannt - zwischen der Erfahrung also, schutzlos der antisemitischen Verfol-
gung ausgeliefert zu sein, und einer Reaktionsform darauf, die bei Beer-
Hofmann durch die leitende Idee der Verantwortung bestimmt wird: Ergibt sich
aus dem Verfolgt- und Gehaßtsein eine trotzige Oppositionshaltung im Nicht-
Einverständnis mit dem Abverlangten, so bekundet sich das verantwortliche
Verhalten aus dieser Erfahrung heraus darin, das Judentum, das gerade Beer-
Hofmann offen und selbstbewußt vertrat, nicht zu institutionalisieren, weil die
Gefahr besteht, das Problem, dem abgeholfen werden soll, eher noch zu ver-
schärfen.

Es gibt beim frühen Beer-Hofmann keine erkennbaren Hinweise darauf, daß
er sich bereits zu Beginn der 90er Jahre mit seinem Judentum auseinandergesetzt
hat, wie es dann für die Zeit nach 1897 kennzeichnend geworden ist, als er sich

---

3   Zit. nach Rainer Hank: *Mortifikation und Beschwörung. Zur Veränderung ästheti-
    scher Wahrnehmung in der Moderne am Beispiel des Frühwerks Richard Beer-
    Hofmanns. Mit einem Anhang: Erstveröffentlichung von Richard Beer-Hofmann,
    'Pierrot Hypnotiseur' (1892)*. Frankfurt 1984, S. 175.

4   Zit. nach Alexander Košenina: „...*was wir Juden tun, vollzieht sich auf einer Bühne -
    unser Los hat sie gezimmert". Richard Beer-Hofmanns Briefwechsel mit Martin Bu-
    ber (1910-1936)*. In: MAL 29 (1996), Brief Nr. 8, 3. April 1913.

mit dem *Schlaflied für Mirjam* erstmals literarisch dazu bekannte. Denn er gehörte zu jenen assimilierten Juden, die keinen direkten Bezug mehr zu ihrer religiösen Herkunft hatten. Von „Gleichgültigkeit" „gegenüber dem Geist jüdischer Religion", ja sogar vom „Widerstand" und vom „spöttische[n] Verhalten" „ihren äußeren Formen gegenüber", sprach Schnitzler in seiner Autobiographie.[5] Dies darf man getrost auch dem jungen Beer-Hofmann attestieren. Allenfalls aus selbstbewußter und primär wohl provokativer Pose, die das äußere Erscheinungsbild des stadtbekannten Dandys bestimmte, gab er gelegentlich einer Musterung seine Religionszugehörigkeit als 'Jude' an, obwohl das Wort 'israelitisch' opportun gewesen wäre. Dennoch läßt der zitierte Brief des Adoptivvaters erahnen, in welcher Weise der Antisemitismus die Juden behandelte und sie häufig so erst auf ihr Judentum aufmerksam machte - ob sie dies wollten oder nicht, ob sie sich dazu bekannten oder ob sie davon unbehelligt zu bleiben beanspruchten. Wenn Kathleen Harris schreibt, daß bei Beer-Hofmann „das Bewußtsein, Jude zu sein, durch die mondänen Jung-Wiener Jahre hindurch wenigstens unterbewußt weiterlebte"[6], so scheint mir das zu schwach formuliert, weil kein Bewußtsein dazu gehört, als Jude behandelt und dadurch zum Juden gemacht zu werden. Zu Recht betont die jüngere Forschung zur Lage der Juden in Wien, daß neben der positiven Selbstwahrnehmung einer jüdischen Identität vor allem die negative Zuordnung wirksam gewesen ist. Begründet sich das eine primär aus einer selbstbestimmten Anerkennung, so ist nach Steven Beller das „negative Bewußtsein, das zu Beginn des Jahrhunderts in Wien sehr verbreitet war", unausweichlich, weil es unter den Bedingungen des Antisemitismus für einen Juden „nahezu unmöglich" gewesen ist, „das jüdische Problem zu ignorieren - Bestätigung und Leugnung waren nur zwei Seiten ein und derselben Medaille."[7] „Wenn man Ihnen einmal den Zylinder einschlagt auf der Ringstraße, weil Sie, mit Verlaub, eine etwas jüdische Nase haben, werden Sie sich schon als Jude getroffen fühlen, verlassen Sie sich darauf", sagt dementsprechend in Schnitzlers Roman *Der Weg ins Freie* (1908) Ehrenberg zu Nürnberger, der sich

---

5   Schnitzler: *Jugend in Wien* [Anm. 1], S. 19.

6   Kathleen Harris: *Richard Beer-Hofmann: Ein großer Wiener jüdischer - und deutscher - Dichter. Am Beispiel von 'Jaákobs Traum'*! In: Akten des VII. Internationalen Germanistenkongresses Göttingen 1985, Bd. 5: Auseinandersetzungen um jiddische Sprache und Literatur: Jüdische Komponenten in der deutschen Literatur - die Assimilationskontroverse, hg. v. Walter Röll, Hans-Peter Bayerdörfer. Tübingen 1986, S. 171-175. Hier S. 172.

7   Steven Beller: *Wien und die Juden 1867-1938*. Aus dem Englischen übersetzt von Marie Therese Pitner. Wien/Köln/Weimar 1993, S. 88; hier genauer zum Problem des negativ definierten 'jüdischen Bewußtseins' S. 85-90.

als assimilierter Jude darauf versteht, mit seiner Herkunft rein gar nichts mehr zu tun haben zu wollen, weil er sich „nie als Jude gefühlt habe".[8]

Trotz aller Toleranzedikte und trotz des ökonomischen Wohlstands, zu dem sie als wesentlicher Bestandteil des liberalen Bürgertums gelangt waren, blieb den assimilierten Juden die Selbstverständlichkeit der üblichen Anerkennung im letzten versagt. Bekannt geworden ist deshalb das Phänomen, daß sie den Haß des Antisemitismus auch gegen sich selbst kehrten. So entstand durch den Antisemitismus eine doppelte Bedrohung: als fremde Gewalt und als Gewalt, die sich das Subjekt selbst zufügt, wenn es nicht anerkennen will, nicht anerkannt zu sein. Solche Erfahrungen führen zu dem von Schnitzler in einer Tagebuchaufzeichnung vom 7. April 1906 formulierten Befund, daß es den Juden „versagt" sei, „sich innerhalb des gegebenen zu beruhigen".[9] Bemerkenswert ist daran, daß dies für ihn auch ästhetische Konsequenzen hat, weil es einen entscheidenden Grund für die Unfähigkeit eines Juden darstelle, „ein absolut gutes Drama zu schreiben" - ein Drama also, das die Ordnung der Dinge anerkennt, die mit der Lösung des dramatischen Konflikts impliziert wird: sei es negativ in der Tragödie, sei es positiv in der Komödie.[10] Die vielzitierte Formel „Sicherheit ist nirgends" am Ende seines *Paracelsus* (1898) meint daher nicht nur die Haltlosigkeit des menschlichen Lebens zwischen „Traum und Wachen, / Wahrheit und Lüge"[11] im allgemeinen, sondern eben auch die ganz konkrete Unsicherheit von Juden im antisemitischen Wien der Jahrhundertwende.[12] Diese Unsicherheit ist für Heinrich Bermann, der zentralen jüdischen Figur in Schnitzlers *Der Weg ins*

---

8 Arthur Schnitzler: *Der Weg ins Freie. Roman.* Frankfurt 1978, S. 61. Daß in diesem bedeutendsten Gesellschaftsroman der Wiener Jahrhundertwende die möglichen Ansichten und Selbstwahrnehmungen des jüdischen Bürgertums im Modus des dezentriert-dialogischen Diskurses sehr genau nachgezeichnet sind, hat die Forschung ausführlich gezeigt: vgl. dazu insbes. Norbert Abels: *Sicherheit ist nirgends. Judentum und Aufklärung bei Arthur Schnitzler.* Königstein/Ts. 1982; Wolfgang Nehring: *Zwischen Identifikation und Distanz. Zur Darstellung der jüdischen Charaktere in Arthur Schnitzlers 'Der Weg ins Freie'.* In: Akten des VII. Internationalen Germanistenkongresses Göttingen 1985 [Anm. 6], S. 162-170.

9 Arthur Schnitzler: *Tagebuch 1903-1908,* hg. v. Werner Welzig, Wien 1991, S. 195.

10 „Weltanschauungen wie sie im 3. Akt des Ruf [*Der Ruf des Lebens*] (und auch im 5. des Charolais) zum Ausdruck kommen, heben das dramatische auf. Der Held des Dramas muss innerhalb der bestehenden Gesetze weiterlaufen" (Schnitzler: *Tagebuch 1903-1908* [Anm. 9], S. 195).

11 Arthur Schnitzler: *Reigen und andere Dramen. Das dramatische Werk, Bd. 2.* Frankfurt 1978, S. 240.

12 Siehe dazu Norbert Abels: *Sicherheit ist nirgends* [Anm. 8]; hier S. 51 auch der Hinweis auf das von Beer-Hofmann ganz analog formulierte „Seid nicht so sicher!", das er im langen Rechtfertigungsbrief gegen die Chauvinismus- und Nationalismusvorwürfe Hofmannsthals am Ende des Ersten Weltkriegs als wesentlichen Impuls seines Trauerspiels *Der Graf von Charolais* vorbrachte (vgl. *Hugo von Hofmannsthal - Richard Beer-Hofmann. Briefwechsel,* hg. v. Eugene Weber. Frankfurt 1972, S. 152).

13

Freie, ein Grund für den von ihm erläuterten Zwang zur Selbstanalyse und zur Genauigkeit der Empfindung. Einzig dies gebe ihm eine „gewisse Sicherheit", aus einer „Empfindlichkeit"[13] heraus, die sich aus dem Vermögen ergebe,

in menschliche Seelen hineinschauen zu können ... tief hinein, in alle, in die von Schurken und ehrlichen Leuten, in die von Frauen und Männern und Kindern, in die von Heiden, Juden, Protestanten, ja selbst in die von Katholiken, Adeligen und Deutschen, obwohl ich gehört habe, daß gerade das für unsereinen so unendlich schwer, oder sogar unmöglich sein soll.[14]

Später bringt Bermann seine 'Gabe des Verstehens' direkt mit dem Judenhaß in Verbindung: „Wir verstehen euch jedenfalls viel besser, als ihr uns", sagt er zu Georg von Wergenthin, der wichtigsten nicht-jüdischen Figur des Romans:

Wenn Sie auch den Kopf schütteln! Es ist ja nicht unser Verdienst. Wir haben es nämlich notwendiger gehabt, euch verstehen zu lernen, als ihr uns. Diese Gabe des Verstehens hat sich ja im Lauf der Zeit bei uns entwickeln müssen ... nach den Gesetzen des Daseinskampfes, wenn Sie wollen. Denn sehen Sie, um sich unter Fremden, oder wie ich schon früher sagte, im Feindesland zurechtzufinden, um gegen alle Gefahren, Tücken gerüstet zu sein, die da lauern, dazu gehört natürlich vor allem, daß man seine Feinde so gut kennen lernt als möglich.[15]

Solche Selbstreflexionen einer Figur wie Heinrich Bermann während ihrer Konfrontation mit der Wiener Gesellschaft der Jahrhundertwende eröffnen einen sehr genauen Einblick in die 'seelischen' Konsequenzen des Judenhasses, wie sie von der Idiosynkrasie eines angefeindeten jüdischen Schriftstellers seismographisch verzeichnet wurden (sowohl auf der Figurenebene als auch auf der Ebene ihres Autors Schnitzler). Von Beer-Hofmann selbst gibt es in dieser Explizitheit kaum vergleichbare Textzeugnisse. Da aber das Bewußtsein, Jude zu sein, unausweichlich gewesen ist, kann man davon ausgehen, daß auch er die von Schnitzler formulierten Erfahrungen gemacht hat.

Nun sind diese nicht allein und ausschließlich auf das Judentum zurückzuführen. Denn sie sind geprägt auch durch die grundsätzlichen Veränderungen im Prozeß gesellschaftlicher Modernisierung, die aus verschiedenen Gründen gerade im Wien der Jahrhundertwende manifest wurden. Innerhalb der darin sich einstellenden Krisenerfahrungen sowohl in politischer und sozialgeschichtlicher als auch in ideen- und wahrnehmungsgeschichtlicher Hinsicht vollzieht sich der Umbruch zur literarischen Moderne. Im einzelnen sind diese Zusammenhänge in der umfangreichen Forschung zur Wiener Moderne bereits differenziert beleuchtet worden.

---

13 Schnitzler: *Der Weg ins Freie* [Anm. 8], S. 128.
14 Schnitzler: *Der Weg ins Freie* [Anm. 8], S. 42.
15 Schnitzler: *Der Weg ins Freie* [Anm. 8], S. 129.

Weniger konsequent bedacht wurde dabei bislang aber, daß der Kreis der Autoren des 'Jungen Wien' zum größten Teil aus assimilierten Juden bestand.[16] Das ist insofern dann von Bedeutung, als die erwähnten gesellschaftlichen Krisenerfahrungen auch zur Herausbildung des rassistischen und erstmals *politischen* Antisemitismus beigetragen haben. Nach dem Börsenkrach von 1873 verschärfte sich die Lage der assimilierten Juden, als die durch den ökonomischen Einbruch und den starken Zustrom auch von Ostjuden wachsenden sozialen Spannungen das Aufkommen neuer Massenparteien begünstigten, die die vom sozialen Abstieg bedrohten Wählergruppen, insbesondere das Kleinbürgertum, durch antikapitalistische und antisemitische Propaganda für sich zu gewinnen wußten. Von den Deutschnationalen und Christlichsozialen getragen, erreichte diese einen ersten Höhepunkt mit der endgültigen Wahl Karl Luegers zum Bürgermeister von Wien im Jahre 1897.[17] Dem Antisemitismus stand nun kaum eine Reaktionsmöglichkeit der Juden gegenüber, zumal diese in einer urbanen Sphäre, die bereits durch erkennbare Individualisierungsprozesse geprägt war, weder in politischer, soziologischer noch religiöser Hinsicht eine Einheit bildeten, wie es die Propaganda insinuierte. Dennoch mußten sich die Juden als diese besondere Gruppe wahrnehmen, zu der sie als Sündenböcke der Misere mit dem Zweck erklärt worden waren, die gesamtgesellschaftlichen Krisenerfahrungen durch die Berufung auf die nationale Einheit eines christlichen Volks als überwindbar erscheinen zu lassen.[18]

---

16 Eine Liste von Wiener Autoren, die Schnitzler im Jahre 1891 dem 'Jungen Wien' zurechnete, ergibt, daß von den 23 genannten Personen 16, also etwa 70 %, jüdischer Herkunft waren (Ludwig Greve, Werner Volke (Hg.): *Jugend in Wien. Literatur um 1900.* Stuttgart 1974, S. 119; siehe dazu Beller: *Wien und die Juden*, [Anm. 7], S. 30).

17 Das Besondere des Antisemitismus in Wien ist deshalb gewesen, daß er gewählt war: „Wien war zur damaligen Zeit die einzige europäische Hauptstadt mit einem gewählten antisemitischen Gemeinderat" (Beller: *Wien und die Juden* [Anm. 7], S. 206). Wirksam ist der Antisemitismus dann allein deshalb, weil er, durch eine Wahl bestätigt, die politische Meinung einer Mehrheit eindeutig erkennbar werden läßt.

18 Die qualitative Neuartigkeit der Bedrohung im Vergleich zum nicht minder gewalttätigen älteren Antisemitismus wird neben Beller auch von Leon Botstein betont: „Zum ersten Mal in der politischen Geschichte Europas gab es eine politische Bewegung, welche vollständig auf der Idee des Juden als Ursache des Problems der Modernisierung, der Industrialisierung und des Kapitalismus aufgebaut war" (Leon Botstein: *Judentum und Modernität. Essays zur Rolle der Juden in der deutschen und österreichischen Kultur 1848 bis 1938.* Wien/Köln 1991, S. 40). Die Entstehung des politischen Antisemitismus gehört deshalb selbst zum Prozeß der Modernisierung. Dabei scheint mir die Pointe von Bellers Argumentation gegen die bekannten Thesen Schorskes darin zu bestehen, daß der Zerfall des Liberalismus nicht allein die Konsequenz einer allgemeinen gesellschaftlichen bzw. ökonomischen Krise darstellt. Er wurde vielmehr von den neuen Massenparteien durch die politische Instrumentalisierung des Antisemitismus nachgerade systematisch betrieben, weil der Liberalismus praktisch identisch war mit den assimilierten Juden; oder anders gesagt, weil es

Diese kollektive Ausgrenzung, die sich als Kampf der Modernisierungsverlierer gegen die vermeintlichen Verursacher, das liberale Bürgertum, erweist, konnte es in dieser Form nur in Wien geben.[19] Sie prägt die Form der Selbstwahrnehmung eines assimilierten Juden, verschärft noch, wenn er sich als avancierter Künstler in der bürgerlichen Gesellschaft ohnehin zum Außenseiter erklärt (und sich als solcher auch erkannt sieht). Bei einem Schriftsteller nun, der mit dem Anspruch auftritt, ästhetische, psychische und soziale Erfahrungen in angemessener Weise zu gestalten, geht dieser Status in spezifischer Transformation ins Werk ein, insofern Außenseitererfahrungen aus der Perspektive der gesellschaftlichen und ökonomischen Elite bestimmte textuelle Verfahrensweisen bedingen, die man als ästhetizistisch bezeichnet hat. Ausgangspunkt zur Entfaltung der Zusammenhänge zwischen Judentum, Ästhetizismus und literarischer Moderne beim frühen Beer-Hofmann sind die individuellen und gesellschaftlichen Krisenerfahrungen der Jahrhundertwende, die wegen des Antisemitismus vor allem von jüdischer Seite wahrgenommen worden sind.

II.

Mit seinem Roman *Der Tod Georgs*, der nach siebenjähriger Arbeitszeit im Frühjahr des neuen Jahrhunderts erscheinen konnte, hat Beer-Hofmann einen der zweifellos avanciertesten Prosatexte der Wiener Moderne publiziert. Protagonist ist der isoliert lebende Ästhet Paul, der unverhofft mit dem plötzlichen Tod seines zu Besuch anwesenden Freundes Georg konfrontiert wird. Am übernächsten Tag muß Paul mit der Leiche im Gepäckwagen die Eisenbahnfahrt nach Wien antreten. Der Roman jedoch sieht von der äußeren Schilderung der Ereignisse ab: „Nichts geschah wirklich"[20], heißt es im Text, weil er rein in der Innenperspektive seiner Figur verbleibt. Dieser Perspektive entspricht das erstmals in einem deutschsprachigen Prosatext konsequent durchgeführte personale Erzählen, das zwischen Formen der erlebten Rede und des inneren Monologs wech-

---

ohne die Juden kein liberales Bürgertum der Wiener Prägung gegeben hätte: „Das nichtjüdische liberale Bürgertum, das Schorske voraussetzt, gab es im Grunde nicht. Die ‚Protestanten' in Wien waren die Juden" (Beller: *Wien und die Juden* [Anm. 7], S. 264).

19 „Die Bedeutung Wiens um die Jahrhundertwende lag in erster Linie in der Tatsache, daß es hier eine kulturelle Elite gab, die - da sie aus einem jüdischen Hintergrund kam - vom Rest der Gesellschaft in einer Weise isoliert werden konnte, die im Europa des späten 19. Jahrhunderts unmöglich gewesen wäre, wenn es sich dabei bloß um protestantische oder katholische Liberale gehandelt hätte" (Beller: *Wien und die Juden* [Anm. 7], S. 265). Dieser Sachverhalt begründet die spezifische Differenz der Verhältnisse etwa im Vergleich zu Berlin.

20 Richard Beer-Hofmann: *Der Tod Georgs*, hg. v. Alo Allkemper. Paderborn 1994, S. 96.

16

selt, wenn es die Gegenwartswahrnehmungen, Erinnerungen, Träume, Zukunfts-
antizipationen und Imaginationen Pauls in virtuoser Verwischung aller Grenzen
nachzeichnet. Dies führt dazu, daß im Roman verschiedene literarische Tendenzen der Zeit, die man als Stilpluralismus der Jahrhundertwende zu beschreiben
gewohnt ist, zusammenkommen. Denn einerseits bildet der Text das Projekti-
onsverfahren des Ästheten nach, der die Realität in schöne Bilder stilisiert. Andererseits vollzieht sich dies nach der Assoziativität des Bewußtseinsstroms bis
in die Mimesis seines diskontinuierlichen Verlaufs zwischen Fließen, Stocken
und Emphase hinein. So ergibt sich die Ambivalenz aus Stilisierung und Assoziativität, die es auch der mittlerweile recht ansehnlichen Forschung nach wie
vor so schwer macht, den Text auf einen Nenner zu bringen. Kann man auf der
einen Seite den ausgeprägten Konstruktcharakter einer musikalisierten und hypo-
taktisch durchgeformten Prosa bei komplizierter Verschachtelung verschiedener
Zeit- und Wirklichkeitsebenen feststellen, so ist auf der anderen Seite auch sehr
genau die Assoziationslogik der Bild- und Satzverknüpfungen zu verfolgen.
Kurzum: Der Roman ist geprägt durch die literarische Anverwandlung der Ju-
gendstillinie ins sprachliche Ornament *und* die impressionistische Formauflö-
sung in die asyndetisch aneinandergereihten Eindrücke des Bewußtseinsstroms,
die das vielzitierte 'Traumbewußtsein des Ästheten' bestimmen.

Dadurch löst sich der Text in Bildsequenzen auf, die man selbst als routinier-
ter Leser moderner Romane bei der Erstlektüre nicht ohne weiteres in einen
Zusammenhang zu bringen vermag. Die Bilder wirken wie katalogartig aneinan-
dergereihte isolierte Elemente, die auch wegen der attributiven Überladenheit
mit Details primär nach dem Kriterium der Erlesenheit dargeboten zu werden
scheinen. Gotthart Wunberg hat dies - auch mit Hinweisen auf den *Tod Georgs* -
als Verfahren der Lexemautonomisierung durch Verzicht auf inhaltslogische
Zusammenhänge beschrieben. Der dadurch bewirkten tendenziellen Entseman-
tisierung des erzählten Gehalts korrespondiert das Sichtbarwerden der Verfah-
rensweise: Der Literatur erwachse so die Möglichkeit, „sich von Inhalten *prin-
zipiell* zu trennen und sich auf Formprobleme, modern gesprochen: auf sich
selbst, zu konzentrieren", was als ein wesentliches Merkmal der literarischen
Moderne anzusehen sei, das schließlich zur 'Unverständlichkeit' hochartifizieller
Texte führe.[21] Auch wenn diese Beobachtungen eine richtige Tendenz benennen,

---

21 Gotthart Wunberg: *Historismus, Lexemautonomie und Fin de siècle. Zum Déca-
    dence-Begriff in der Literatur der Jahrhundertwende.* In: arcadia 1 (1995), S. 31-61.
    Hier S. 58f.; zum *Tod Georgs* vgl. S. 37; zur Kategorie der Unverständlichkeit vgl.
    auch Moritz Baßler: *Die Entdeckung der Textur. Unverständlichkeit in der Kurzpro-
    sa der emphatischen Moderne 1910-1916.* Tübingen 1994. Nach Baßler seien be-
    stimmte Texte der Moderne *eigentlich*, d.h. ihrem Wesen nach unverständlich (S. 2).
    Weil ein Inhalt fehle, sehe „sich der Leser auf die bloße Textur, das sprachliche Ma-
    terial in seiner spezifischen Verknüpfung, zurückgeworfen" (S. 13).

insofern die Bedeutung einzelner Bilder und Motive erst durch den Text, also primär relational, konstituiert wird, kann von einer grundsätzlichen Unverständlichkeit bei Beer-Hofmann nicht die Rede sein. Im *Tod Georgs* ist es nämlich tatsächlich möglich, die Logik der sequentiellen Anordnung der Elemente und deren Bedeutung in der spezifischen Einheit des Traumbewußtseins zu rekonstruieren.[22] Der Eindruck der Orientierungslosigkeit ist demnach vor allem darauf zurückzuführen, daß der Roman, wenn er die sich verzweigenden Bewußtseinsprozesse verfolgt, vom auktorialen Explizitmachen des Erzählten absieht. Zugleich ist das personale Erzählen diejenige literarische Darbietungsform, das isolierte Eingeschlossensein einer Figur in die Immanenz ihrer Perspektive zu gestalten. Als Metapher der Isolationserfahrung seines Protagonisten liegt dem Roman zudem das Bild des Labyrinths zugrunde. In der konsequenten personalen Durchführung seiner Konstruktionsanordnung wird deshalb das Labyrinth zum Erzählmodell bzw. zum Textverfahren.[23] Insgesamt, so kann man resümieren, konstituiert die literarische Mimesis der Wahrnehmungsform eines Ästheten das, was man als Ästhetizismus bezeichnet hat. Wesentlich bestimmt ist er durch die Distanz zur Realität als Voraussetzung ihrer stilisierenden Anverwandlung, die der Text in größtmöglicher sprachlicher Genauigkeit nachzuzeichnen versucht.

Freilich geht der *Tod Georgs* darin nicht auf. Beer-Hofmann selbst hat in den Gesprächen mit Werner Vordtriede betont, daß er im Roman „dem Ästheten mit den Mitteln des Ästhetentums ein Ende" habe bereiten wollen.[24] „Gerade den ästhetisch avancierten Nerven", schreibt Adorno in den *Minima Moralia*, „ist das selbstgerecht Ästhetische unerträglich geworden".[25] Im *Tod Georgs* entzündet sich dessen Kritik am Schuldbewußtsein Pauls wegen der Unzulänglichkeit des von ihm geführten Lebens, verstärkt schließlich durch die Konfrontation mit dem Leiden und mit dem Tod. Während der Eisenbahnfahrt des dritten Kapitels, das nach einer Notiz aus dem Nachlaß des Romans „ein ganzes trostloses Leben

---

22 Es ist es ja sogar eine - wie auch immer problematische - Pointe des Romans, daß sich bereits im Traum der sinnvolle Zusammenhang der Dinge manifestiere, die der Schluß dann explizit behauptet (siehe dazu Alo Allkemper: *'Tod und Leben'. Zum Todesmotiv bei Richard Beer-Hofmann*. In: Richard Beer-Hofmann (1866-1945). Studien zu seinem Werk, hg. v. Norbert Otto Eke, Günter Helmes. Würzburg 1993, S. 34-56. Hier S. 46).

23 Daß der labyrinthische Diskurs ein zentrales Erzählmodell der Moderne darstellt, hat die Monographie Manfred Schmelings erwiesen, in der allerdings der *Tod Georgs*, der eine der ersten literarischen Umsetzungen darstellt, keine Erwähnung gefunden hat (Manfred Schmeling: *Der labyrinthische Diskurs. Vom Mythos zum Erzählmodell*, Frankfurt 1987).

24 Vgl. Vordtriedes Eintrag vom 20. September 1944 seines *Tagebuchs aus dem amerikanischen Exil* (S. 183. in diesem Band)

25 Theodor W. Adorno: *Minima Moralia. Reflexionen aus dem beschädigten Leben*. Frankfurt 1951, S. 191.

18

symbolisiren" soll[26], beschreibt der Text deshalb mit großer Empathie das Altern, die Einsamkeit und das isolierte Sterben todkranker Patienten. Diesem Einfühlungsvermögen entspricht ein genauer Blick auf die soziale Realität. Denn er erfaßt etwa das Altern auch als soziale Erfahrung, weil es zurückgeführt wird auf die Lebensumstände der Arbeiter und Bauern, die Paul am Bahndamm sieht. Erkennbar wird hier eine Dialektik von Distanz und Einfühlung, die als Voraussetzung ästhetischer Erfahrung überhaupt bereits die ästhetizistischen Passagen prägte, die aber auch bei der Erfassung der äußeren Realität wirksam wird, weil die Wahrnehmungsfähigkeit an der Beobachtungsgenauigkeit des Ästhetizismus geschärft wurde. Ähnlich genau fühlt Paul sich dann auch in die trostlose Verzweiflung der Sterbenden ein, wobei er am Ende sogar versucht, das Sterben selbst als Erfahrung nachzuvollziehen. Der *Tod Georgs* markiert dabei, wie ich meine, eine Nahtstelle zur Moderne. Denn im Vergleich zur deutschsprachigen Prosa des 19. Jahrhunderts, die noch an der Versöhnung des Besonderen mit dem Allgemeinen festhält, wird der Tod in der Moderne wegen des endgültigen Zerfalls der Hoffnung auf eine wie auch immer geartete Form der Bewahrung für den Einzelnen zur Bedrohung schlechthin.[27] Die neuartige Qualität dieser Trostlosigkeit macht der Roman auch an unscheinbaren Details deutlich, dort etwa, wo Paul die Einsamkeit der im Gepäckwagen wie eine wertlose Ware transportierten Leiche Georgs beklagt:

> [...] und er mußte an Georgs Sarg denken, der allein im Gepäckwagen stand, geschüttelt vom Stoßen des Zuges, oder vielleicht zur Seite geschleudert wenn der Zug holpernd über Weichen fuhr - und zwischen den Brettern des Sargs, wie in einer Kiste, nur viel schlechter und nachlässiger als ein Ding gepackt das noch Schaden leiden konnte und Wert hatte - starr und wehrlos - Georg![28]

„Starr und wehrlos" muß sich das für wertlos erklärte Besondere - wertloser noch als ein 'Ding', das als Ware noch 'Wert' hat - das übermächtig gewordene Allgemeine gefallen lassen. Auch das dritte Kapitel, dem die erwähnten Passagen entstammen und das mehr mit dem zeitgenössischen Naturalismus als mit anderen literarischen Strömungen der Zeit zu tun hat, präsentiert sich wegen seiner Beschreibungsgenauigkeit etwa bei der eindringlichen Darstellung der alterszerfurchten Gesichter der Bauern in der attributiven Überladenheit der Bilder, die man bereits bei den dezidiert ästhetizistischen Kapiteln beobachten konnte, so daß auch sie ins sprachliche Ornament umzuschlagen scheinen. So

---

26 Houghton Library, Harvard University, Cambridge/Massachusetts: bMS Ger 131 (63), *Der Tod Georgs*, Skizzen und Entwürfe zu Kap. III, Blatt 4.

27 Vgl. dazu seit neuestem Zygmunt Bauman: *Tod, Unsterblichkeit und andere Lebensstrategien*. Frankfurt 1994.

28 Beer-Hofmann: *Der Tod Georgs* [Anm. 20], S. 70.

entstehen auch hier bestimmte Effekte der Unverständlichkeit, die sich insgesamt aus der textuellen Transformation von Beobachtungsgenauigkeit beim Blick auf äußere *und* innere Realität (des Bewußtseins) ergeben.

Genauigkeit der Wahrnehmung und deren literarische Umsetzung setzen Empfindlichkeit voraus. Empfindlichkeit ist die Voraussetzung von Differenzbewußtsein (und entsteht zugleich auch aus diesem heraus). Differenzbewußtsein ist Ausdruck der sentimentalischen Trennung, die in Beer-Hofmanns brieflichen Äußerungen der 90er Jahre immer wieder beklagt wird. Der ästhetizistische Text bildet deshalb den Versuch nach, die verlorene Einheit durch die Wiedererlangung der Naivität in der traumähnlichen Anschauung der 'Wunder' einer in sich geschlossenen und sinnvollen Welt herzustellen, die Paul von den Erzählungen aus 1001-Nacht her kennt; dies auch formal, indem er die Aufhebung der Differenz zwischen wahrnehmendem Subjekt und wahrgenommenem Objekt, die in der Wahrnehmungsform des Traums vollzogen ist, literarisch nachzubilden versucht. Die motivische und formale Künstlichkeit des ästhetizistischen Texts ist demnach Produkt der literarischen Transformation eines ausdifferenzierten ästhetischen Bewußtseins der Jahrhundertwende, das sich die verloren gegangene Verbindung mit einem Allgemeinen ersehnt. Dabei reproduziert die gleichermaßen ausdifferenzierte Artistik des Texts diejenige Empfindlichkeit, die sich als Reaktion auf die Krisenerfahrungen der Jahrhundertwende herausbildete. Die Genauigkeit, die dabei zutage tritt, prägt den *Tod Georgs* sowohl in den ästhetizistischen Passagen als auch bei der dezidierten (und durchaus naturalistisch angelegten) Kritik des Ästhetizismus, die am Ende schließlich dazu führt, daß das isolierte Ich in problematischer Weise für eingebunden erklärt wird in den Traditionszusammenhang des Judentums.

Damit ist angedeutet, daß es sich beim *Tod Georgs* um ein Werk des Übergangs vom 19. Jahrhundert zur Moderne handelt, von den Konzepten der Selbsterhaltung und der Sicherung des Allgemeinen also zur ausgehaltenen Ambivalenz nach dessen Zerfall. Bis an die Grenze seiner aporetischen Schlußlösung kann man ihn wegen der Neuartigkeit der literarischen Mittel und der Virtuosität der Formbeherrschung als eine der ersten Ausprägungen des Romans der Moderne ansehen.[29] Die ästhetische Opposition gegen das Realitätsprinzip, durch die der Ästhetizismus wesentlich bestimmt ist, bringt nämlich einen Text hervor, der keine unterhaltsame Geschichte mehr erzählt, sondern bestimmte Problemstellungen in neuartiger und nachgerade experimenteller Weise literarisch durch-

---

29 Eine genauere Begründung dieser Zuordnung und eine genauere Entfaltung der literarischen Verfahrensweisen habe ich im zweiten Teil meines Buchs *Richard Beer-Hofmann und die Wiener Moderne* (Tübingen 1993) versucht.

20

führt.[30] Das ist ein Grund dafür, daß er nicht mehr auf Anhieb verständlich ist. Im Blick auf kulinarische Lesererwartungen kann man auch von einer textuellen Opposition sprechen, weil die Darstellung nicht mehr daran interessiert ist, Sinnstiftung oder poetische Verklärung der Realität zu leisten. Dies allerdings nur bis zur Einsicht Pauls in die 'Gerechtigkeit' der Welt, mit der zugleich die Rückwendung zur 'alten erzählerischen Ordnung' herbeigeführt wird, von der Musil in einer berühmten Stelle des *Mann ohne Eigenschaften* gesprochen hat. Am Ende also kehrt der *Tod Georgs* zurück zum auktorialen Erzählen, das den Leser über den Status und die Bedeutung des Erzählten nicht mehr im unklaren läßt. Die vorher gestalteten Krisenerfahrungen werden damit für überwunden erklärt - voluntaristisch, in einer Weise also, in der sie tatsächlich nicht mehr bewältigt werden können. Die daraus insgesamt entstehende Spannung zwischen Künstlichkeit und Trauer, zwischen ästhetischem Immoralismus und ethischem Ernst, ist in weiten Teilen konstitutiv für den *Tod Georgs*, bevor er am Ende in der 'Gerechtigkeit' der Welt den roten Faden der Erzählung wiederfindet, durch den der Ausgang aus den Labyrinthen des Traumbewußtseins gefunden worden sei.

III.

Beer-Hofmanns Selbstverständnis auch in seiner schriftstellerischen Tätigkeit ist von Beginn an geprägt durch den Geist einer - wie man paradox formulieren könnte - stolzen Verantwortlichkeit; oder auch umgekehrt: eines verantwortlichen Stolzes, der nur die unerbittliche Strenge gegen sich selbst zuläßt. Im empörten Antwortbrief auf die Chauvinismus- und Nationalismusvorwürfe Hofmannsthals vom 7. und 9. Mai 1919 erklärt er das „Gefühl strengster Verantwortlichkeit", das dem „Gefühl menschlicher Ohnmacht" korrespondiere, zum zentralen Maßstab, der „zufriedene Selbstgerechtigkeit" grundsätzlich ausschließe.[31] Literarisch hat dieses Selbstverständnis eine skrupulöse Arbeitsweise zur Folge, wegen der man Beer-Hofmann gern auch verspottete. Daneben deutet

---

30 Zum Experiment als einem „poetologischen Kriterium" der Moderne, aus dem das Neue aus „Erfahrung und Versuch" hervorgeht, vgl. Uwe Japp: *Literatur und Modernität*. Frankfurt 1987, S. 317 u. 319.

31 *Hofmannsthal - Beer-Hofmann. Briefwechsel* [Anm. 12], S. 156f. Daß in diesem der Wahrheit verpflichteten, ethisch motivierten Selbstverständnis ein spezifisch jüdisches Moment beschlossen liegt, hat die Forschung an den in diesem Zusammenhang üblicherweise aufgeführten Autoren wie Kraus, Schnitzler, Wittgenstein, Freud u.a. aufgezeigt (vgl. dazu das Kapitel 'Die Ethik der Außenseiter: die kulturelle Antwort' bei Beller: *Wien und die Juden* [Anm. 7], S. 226-257). Beller spricht im Zusammenhang der für diese Autoren typischen Einheit von Ethik und Ästhetik bei grundsätzlicher Verteidigung des Einzelnen gegen das Allgemeine von einem „radikale[n] ethische[n] Individualismus" (S. 257).

sich in diesem Brief aber auch die Empörung dessen an, dem durch den Antisemitismus ein besonderer Status zugewiesen wird. Dies wird insbesondere dort deutlich, wo sich Beer-Hofmann über den zum Katholizismus konvertierten jüdischen Reichsratsabgeordneten Josef Redlich äußert. Trotz seiner Taufe sei er nämlich „für die Welt Jude" geblieben, weil „es nun einmal so eingeführt ist, (und in jedem öffentlichen Berufe sich noch stärker accentuirt) - daß der makellose Jude zur 'Ausnahme', der aber, an dem was auszusetzen ist, sofort zum 'Repräsentanten jüdischer Art' erkannt wird".[32]

Zwar sind aus den 90er Jahren von Beer-Hofmann keine direkten Äußerungen der vergleichbaren Art überliefert, einige Briefe an Schnitzler aber lassen auch in dieser Zeit den gleichen Impuls gegen den Antisemitismus erkennen.[33] Deutlicher benannt werden die Reaktionsformen darauf von Schnitzler in einem Brief an seine Freundin Olga Waissnix vom 29. März 1897: „Ekel vor den Menschen, - wahnsinnige Empfindlichkeit".[34] Auch wenn sich beides, wie Schnitzler meint, „zu widersprechen" scheint, besteht das Gemeinsame zwischen Ekel und Empfindlichkeit im Reflex auf die allgemeine Gleichgültigkeit des Antisemitismus dem Einzelnen gegenüber: „Denken Sie", schreibt er nämlich weiter in diesem Brief,

in der letzten Zeit verstimmt mich auch der Antisemitismus sehr stark, man sieht doch eigentlich mit merkwürdiger Ruhe zu, wie man einfach aus dem Geburtsgrunde von Millionen Menschen nicht für voll genommen wird. Ich habe ein so starkes Rachebedürfnis gegenüber diesem Gesindel, daß ich sie mit Ruhe persönlich hängen würde. Es wird bald wieder Zeit, die Tragödie der Juden zu schreiben.- [35]

Was die Briefpassagen Schnitzlers und Beer-Hofmanns zum Ausdruck bringen, ist die Erfahrung, mitten in der Gesellschaft ausgegrenzt zu sein. Keine Anpassungsleistung wird ausreichen, um die auch an der Jahrhundertwende kaum verborgene Gefahr direkter gewaltsamer Verfolgung abzuwenden.[36] Diese Erfah-

---

32 *Hofmannsthal - Beer-Hofmann. Briefwechsel* [Anm. 12], S. 155.
33 Siehe den Brief vom 20. Oktober 1894, der deshalb auf Prager Studenten zu sprechen kommt, weil sie nicht antisemitisch und weil sie gegen den deutschen Schulverein (der deutsch-national ausgerichtet war) eingestellt seien (*Arthur Schnitzler-Richard Beer-Hofmann. Briefwechsel 1891-1931*, hg. v. Konstanze Fliedl. Wien/Zürich 1992, S. 66); im Brief vom 23. Juni 1895 wird Lueger benannt, gegen den selbst der von Beer-Hofmann und Schnitzler kaum geschätzte Hermann Bahr „doch anders" sei (S. 76).
34 Arthur Schnitzler: *Briefe 1875-1912*, hg. v. Therese Nickl, Heinrich Schnitzler, Frankfurt 1981, S. 316.
35 Schnitzler: *Briefe 1875-1912* [Anm. 34], S. 316.
36 In welchem Umfang es auch zu dieser Zeit zu gewaltsamen Übergriffen kam - Juden wurden auf der Straße zusammengeschlagen -, beschreibt Beller (*Wien und die Juden* [Anm. 7], S. 215f.). Bellers Buch bietet deshalb ausreichend Material gegen den

rung begründet das Prinzip der Respektlosigkeit gegenüber dem Bestehenden und bildet die Voraussetzung für dessen Kritik, weshalb die Juden zum „Prototyp und Urbild von Nonkonformismus" geworden sind.[37] Skepsis und Verantwortung, Empfindlichkeit und Empörung geben sich so insgesamt als spezifische Elemente jüdischer Selbstwahrnehmung zu erkennen, die die Weigerung zur Folge haben, zum „Pedanten der Schönheit und des Lebenseinklangs" zu werden.[38] Denn dieser Lebenseinklang führt, wie Beer-Hofmanns Trauerspiel *Der Graf von Charolais* dann auch an den nicht-jüdischen Figuren vorführt, zur Katastrophe, gerade weil sie sich selbstgerecht auf die bestehende Ordnung zurückgezogen haben. Schließlich sei noch ein letztes Moment benannt, das man auf Beer-Hofmanns Erfahrungen als Juden zurückführen kann. Im Brief an Hofmannsthal vom 5. Juli 1893 attestiert er sich einen scharfen Verstand, der seine lähmende Melancholie zur Folge habe:

Ich kann nur verstimmen, die Laune nehmen, Dinge in klares Licht rücken - wo die unsichern Umrisse der Dämmerung so viel schöner waren - *'erklären'* und *'verstehen'* anstatt zu empfinden, und ich glaube ich müßte lähmend auf einen Anderen wirken, wenn er sieht wie ich mich in träge kühle stumpfe Resignation hülle, anstatt zu *wollen,* - irgendetwas zu wollen, wie Arthur oder Sie.[39]

Von den Zeitgenossen wurde Beer-Hofmann als 'Mäzen des Verstehens' bezeichnet, und ganz ähnlich hatte ihn auch Schnitzler zur gleichen Zeit in der Figur des Max in seiner kleinen Prosaskizze *Spaziergang* (1893) literarisch beschrieben.[40] Melancholische Willenlosigkeit und der Zwang zur Reflexion sind Elemente, die auch Paul im *Tod Georgs* prägen werden. Sie sind nicht allein als Symptome einer allgemeinen Fin-de-siècle-Befindlichkeit aufzufassen, sondern eben insofern mit dem Judentum in Verbindung zu bringen, als die Handlungs-

---

in jüngster Zeit häufiger erhobenen Vorwurf, die Wirkung des Antisemitismus in Wien vor der Jahrhundertwende werde überschätzt.

37 So Zygmunt Baumann: *Dialektik der Ordnung. Die Moderne und der Holocaust. Aus dem Englischen übers. v. Uwe Ahrens.* Hamburg 1992, S. 43. Die Juden werden so zum „*Sinnbild des Anderen* - des Fremden, das abgetrennt und doch nah vor Augen stand. [...] Die Juden inkorporierten nicht nur das Fremde, sondern auch den *Ungehorsam gegen die Autorität*" (Detlev Claussen: *Entzauberte Welt, mißglückte Befreiung. Zur Kritik des nationalen Identitätskults in modernen Gesellschaften.* In: NR 4 (1994), S. 38-51. Hier S. 46).

38 So Beer-Hofmann im Brief an Hofmannsthal vom 9. Juli 1896 (*Hofmannsthal - Beer-Hofmann. Briefwechsel* [Anm. 12], S. 62).

39 *Hofmannsthal - Beer-Hofmann. Briefwechsel* [Anm. 12], S. 20.

40 Siehe Arthur Schnitzler: *Spaziergang.* In: Entworfenes und Verworfenes. Aus dem Nachlaß hg. v. Reinhard Urbach, Frankfurt 1977, S. 152-156.

lähmung auch durch das Bewußtsein bestimmt ist, die Anfeindung nicht abschaffen zu können.[41]

Das Nicht-Einverständnis mit dem Gegebenen, das daraus hervorgeht, richtet sich unter den Verhältnissen der Jahrhundertwende in Wien gegen eine Gesellschaft, die sich in der illusionären Verklärung des katholischen 'Ordo'-Gedankens den Schein des wohlgeordneten Ganzen zu verleihen versucht. An sich selbst erfahren die Juden dessen Lüge, weil ihnen die Zugehörigkeit zu dieser Ordnung vorab abgesprochen wird und weil sie immer weniger unbehelligt blieben. Die Anfeindung erfordert die genaue Beobachtung, geschärft durch ein über die Wort- bzw. Buchreligion herausgebildetes abstraktes und dialektisches Denken, das wiederum als 'zersetzend' diffamiert wird, weil es die Ordnung der Dinge in Frage stellt. Dies sind Voraussetzungen, die Neuartigkeit der Lebensverhältnisse, die die Moderne prägen, früher, genauer und unversöhnlicher wahrzunehmen und literarisch zu gestalten als diejenigen, die dieser Ordnung angehörten oder sich zumindest zugehörig fühlen durften.[42]

IV.

Damit ist der letzte Schritt getan, den Zusammenhang zwischen Judentum, Ästhetizismus und literarischer Moderne am Beispiel des *Tod Georgs* zu entfalten. Am deutlichsten wird der unversöhnliche und genaue Blick auf gesellschaftliche Verhältnisse während der Eisenbahnfahrt des dritten Kapitels, wo Paul die selbstgerechte Behaglichkeit des kleinbürgerlichen Beamten gegen die Lebensumstände der Arbeiter und Bauern ausspielt:

---

41 Vgl. dazu etwa Wolf Lepenies: *Melancholie und Gesellschaft*. Frankfurt 1969, S. 222.

42 Auch Beller führt dieses Vermögen der Juden auf „Erfahrungen und Einsichten" zurück, „die andere nicht hatten" (Beller: *Wien und die Juden* [Anm. 7], S. 227): „Durch die Tatsache des Antisemitismus dazu gezwungen, ihre Beziehung zur Welt in Frage zu stellen, übernahmen für Kraus und Schnitzler die Juden die Rolle der kulturellen Avantgarde. Durch äußeren Zwang gewannen sie Einsichten in die Probleme ihrer Zeit" (S. 237). Auf diese Weise war dies nur in Wien möglich, denn die kollektive „Isolation, durch die die dunklen Seiten der Gesellschaft des 19. Jahrhunderts aufgedeckt wurden, erlaubte es den Juden in der kulturellen Elite, ihre Beobachtungen und ihre Aufzeichnungen über das Wesen der post-liberalen Gesellschaft und die Krise des einzelnen mit einer Intensität und in einer Art und Weise zu betreiben, wie sie in anderen Gesellschaften erst später auftrat. In diesen Gesellschaften traten diese Probleme nur am Rande auf, während sie für die Juden in Wien zur zentralen Frage wurden" (S. 265). „Die vielleicht nicht ganz so angenehme, aber unausweichliche Schlußfolgerung scheint zu sein", heißt es im Schlußsatz von Bellers Buch, „daß es in der Tat die Juden waren, die Wien den Rang verliehen, den es im Bereich der Kultur der Moderne einnahm" (S. 266).

24

Frauen standen manchmal in der engen Haustüre; ihre Gesichter waren welk, und ihr Leib entstellt von Arbeit und vielem Gebären. Wie ein einziges vielmaschiges gleichgeknüpftes Netz, schien dasselbe Los über sie Alle geworfen; in stumpfem Gleichmut oder mit verdrossenen Worten schwächlich sich auflehnend, lebten sie gefangen unter ihm dahin. An ihnen vorbei glitt der Zug, und hielt erst vor schlanken hölzernen Hallen die wilder Wein umzog. Sattere Zufriedenheit schien hier über Allem zu rasten. Sorgfältig gestutzte Buchsbaumhecken umgrenzten die kleinen Stationsgärten, hölzerne Lusthäuser standen darinnen, und auf den Gesichtern der Beamten lag breit ein seichtes Behagen. Das überhastete Lernen in durchwachten Nächten hatte ihre Augen kurzsichtig gemacht; durch glänzende Brillengläser sahen sie nun, streng und bewußt Andern befehlen zu dürfen; wie sie die Hände auf dem Rücken falteten, oder die Schultern hochzogen, und die Linien um ihren Mund, verrieten, wie sehr ihr Los sich ihnen freundlich erfüllt hatte: hinter ihnen gefürchtete Schulprüfungen, die sie nur manchmal als Alpdruck ängstigten; vor ihnen nichts, was Störung oder Unsicherheit in ihr Leben hätte tragen können, und um sie, täglich wiederholt, Arbeit und Ruhen, und stündliche Wünsche, die sich stündlich befriedigten. Ein wenig Machtbewußtsein und die zufriedene Versöhnlichkeit des Sattseins, am Tage, Abends am Biertisch das Behagen an plumpen Scherzen und ihren eigenen hallenden Worten, und nachher, in der summenden Lüsternheit des beginnenden Rausches, die triumphierende Zuversicht, im eigenen Bett eine eigene Frau zu finden.[43]

Pauls physiognomischer Blick erkennt den Zusammenhang zwischen kleinbürgerlicher Selbstgefälligkeit und Gewalt. Es ist die zivilisierende Gewalt der Ordnung gegen sich selbst und gegen andere, die die „zufriedene Versöhnlichkeit" auch dadurch herbeiführt, daß sie nach außen hin abgeleitet wird. Die 'hochgezogenen Schultern' signalisieren das eingekapselte „Machtbewußtsein", das „Störung oder Unsicherheit" nicht duldet. Vor dem Hintergrund der historischen Umstände erkenne ich in Pauls Haß auf den Beamten nicht nur das Ressentiment des großbürgerlichen Ästheten, sondern auch eine indirekte Stellungnahme Beer-Hofmanns zum Antisemitismus. Denn dieser wird vom Kleinbürgertum auch deshalb getragen, weil er sich gerade dort wegen der im Gefolge ökonomischer Krisen gestörten Sicherheit und 'Behaglichkeit' entfachen ließ.

Diesem Behagen korrespondiert, wie die zitierte Passage festhält, ein selbstgefälliges Sprechen, das sich an den „eigenen hallenden Worten" erfreut, so daß sich über die Kritik der kleinbürgerlichen Ordnungsvorstellung zugleich auch die Sprachkritik entfaltet, die im Tod Georgs in verschiedener Hinsicht vorgebracht wird. Im Eingang des dritten Kapitels kurz vor Beginn der Eisenbahnfahrt

---

43   Beer-Hofmann: Der Tod Georgs [Anm. 20], S. 72.

gibt es eine signifikante Stelle, bei der sich Paul im Zugabteil vor dem geschäftigen Verkehr auf dem Bahnsteig zu bewahren versucht:

> Er empfand Ekel vor den plumpen Worten die seit gestern, unablässig, schwerfällig, mit widerlichem Gesumm, ihn umschwirrten. Es schien, als dächten sie Alle dieselben Gedanken. Zuerst das Staunen darüber, daß ein so junger gesunder Mensch über Nacht gestorben sei; die Rührung über die Schicksalstragik, die sie darin fanden, daß Georg kurz vorher eine Professur erhalten hatte, noch einige rasche Fragen nach Georgs Verwandten - und wenn sie hörten, daß seine Eltern tot seien und daß er keine Geschwister habe, trösteten sie sich, und fanden den Übergang in ihren gewöhnlichen Gesprächston beim Abschiednehmen [...].[44]

Man hat diese Passage als asoziale Kommunikationsverweigerung des Ästheten interpretiert. Dabei wendet sich Pauls 'Ekel' gegen die „plumpen" und geheuchelten Beileidsbekundungen von „Bekannte[n] die ans Fenster herankommen und ihn peinigen würden"[45]:

> Gereizt und erstaunt starrte Paul auf ihre Lippen, die so unfehlbar sicher, geschäftig dieselben Worte formten; der gleiche Tonfall schien allen Unterschied der Stimmen zu verwischen, und Alle glichen unheimlich verzerrt einander, wenn, wie fertige rasch gewechselte Masken, erst Staunen, dann Trauer, und Trost, und sichere Lebensweisheit, über ihr Antlitz sich legte.[46]

Mit 'fertigen rasch gewechselten Masken', der Klaviatur abstrakter, je nach Bedarf abrufbarer und dann formelhaft inszenierter Gefühlsstereotypen, begegnet ähnlich 'geschäftig' auch die Presse den Erscheinungen menschlicher 'Schicksalstragik'. Dem maskenhaften Sprechen entspricht dort die Phrase, die ebenfalls allen „Unterschied der Stimmen" vernichtet, weil sie Sprache zum allgemein Kommunizierten verkommen läßt.[47] Pauls Empfindlichkeit gegenüber den sozialen Ausprägungen des privaten Sprechens erweist sich demnach auch als Reflex auf die ganz analogen Formen des öffentlichen Sprachgebrauchs in der Presse. Gerade beim Sterben wird er, wie es der Roman benennt, zum „Geschwätz": „gut zum Reden für Leute die lebten und geschäftig ihr Leben mit großgezerrten kleinen Freuden und lächerlichem Jammer füllten, und noch viel Zeit hatten".[48] An der Grenzerfahrung des Todes scheitert die Sprache und wird

---

44 Beer-Hofmann: *Der Tod Georgs* [Anm. 20], S. 68.
45 Beer-Hofmann: *Der Tod Georgs* [Anm. 20], S. 67.
46 Beer-Hofmann: *Der Tod Georgs* [Anm. 20], S. 68.
47 Zur Phrase und zur Kritik der Phrase bei Karl Kraus vgl. Burkhard Müller: *Karl Kraus. Mimesis und Kritik des Mediums*, Stuttgart 1995, S. 282-314 ('Die Phrase: Komplement des Tons im medial zerrütteten Sprechen').
48 Beer-Hofmann: *Der Tod Georgs* [Anm. 20], S. 60.

als billiger Trost zur Lüge: „mächtige Worte fielen verwelkt von ihren Lippen, und sie schwiegen, weil einzig Schweigen nicht Lügen war".[49]

Die auf diese Weise erfaßte Dialektik der Sprache von Wahrheit und Lüge wird nun gerade vom Ästheten erfaßt. Denn seine Abwendung von der Sprache der 'Geschäftigkeit', die den ästhetizistischen Text motiviert, läßt ihren doppelten Charakter erkennen: Sie kann Wahrheit sein in der illusionslosen Darstellung des Leids, und sie kann dem 'Geschwätz' und der Phrase verfallen, die den öffentlichen und den privaten Diskurs durchdringen und die zur Gewalt führen, wenn damit der Antisemitismus bedient wird. Der unironische Ernst dagegen im Versuch Beer-Hofmanns, eine literarische Sprache zu finden, die wahr bleibt, ist wohl einer der Gründe dafür gewesen, daß er nie - wie viele andere Autoren seiner Zeit - für die Zeitung geschrieben hat. Er, den Hofmannsthal und Schnitzler als unerbittliche Autorität in Stilfragen bewunderten, wurde deswegen sogar von Karl Kraus ausdrücklich anerkannt. Auch bei Beer-Hofmann manifestiert sich deshalb der an der Jahrhundertwende bei einigen Autoren erkennbare Zusammenhang zwischen Sprachskepsis und dem Verantwortungsgefühl im Umgang mit ihr.

Eine Sprache der 'Genauigkeit und Seele' aber, wie man in Anlehnung an die berühmte Formel Musils sagen könnte, bedingt unter den skizzierten Voraussetzungen und den entwickelten Verhältnissen der Jahrhundertwende komplizierte bzw. ausdifferenzierte literarische Strukturen: Obwohl sie in erster Linie Genauigkeit beansprucht, erscheint es dann so, daß sie in die Hermetik des bloß Artistischen bzw. rein Ornamentalen umschlägt.[50] Auch das ist dann ein Grund für Pauls Einsicht, daß die Worte sich vor die Dinge gestellt haben, woraus der Eindruck entsteht, auch in der Sprache isoliert zu sein: „Keine Brücken führten von ihm zum Duft der Pflanzen, zum stummen Blick der Tiere", heißt es mit Anklängen an Nietzsches *Über Wahrheit und Lüge im außermoralischen Sinn* (1873), wo die später so genannte Sprachskepsis bereits vorweggenommen ist: „Blicke und Worte und erratene Gedanken der Menschen, waren lügnerische Brücken die nicht trugen."[51]

Das Mißtrauen gegenüber der Sprache, das sich im *Tod Georgs* auf verschiedenen Ebenen Ausdruck verschafft, erscheint nun freilich noch potenziert in jüdischer Sicht. Die vermeintliche Einheit, die die von Juden und Nicht-Juden gemeinsam gesprochene Sprache herstellt, erweist sich nämlich gerade wegen des Antisemitismus als Lüge. Denn der Antisemitismus statuiert die Differenz

---

49 Beer-Hofmann: *Der Tod Georgs* [Anm. 20], S. 101.
50 Darauf, daß Artistik und Hermetik die Konsequenz von äußerster Genauigkeit sein können, hat Uwe Japp am Beispiel von Celan aufmerksam gemacht (Japp: *Literatur und Modernität* [Anm. 30], S. 334).
51 Beer-Hofmann: *Der Tod Georgs* [Anm. 20], S. 80.

zum Anderen auch dadurch, daß er die Sprache der Juden etwa als 'Mauscheln' diffamiert. Daß sich bei den Juden deshalb notwendig auch ein ausgeprägtes Sprachbewußtsein herausbilden mußte, wurde von Botstein[52] und zuletzt von Sander L. Gilman hervorgehoben:

> Die Vorstellung von der 'verborgenen' Sprache und der verdorbenen und 'zersetzenden' Sprechweise der Juden spiegelt sich auch in der innerjüdischen Auseinandersetzung mit dem Gefühl des Andersseins wider. [...] Die alte westliche Tradition betrachtete die 'verderbte', 'zersetzende' Sprache der Juden als Zeichen für die angeborene Andersartigkeit der Juden. [...] Gegen diese Betrachtungsweise müssen jüdische Schriftsteller - jüdisch, weil sie das Etikett 'Jude' verinnerlicht haben - eine überdurchschnittliche Meisterschaft im Umgang mit Sprache und Diskurs ihres jeweiligen 'Gastlandes' an den Tag legen.[53]

Nicht ohne Grund (und mit durchaus zweideutigen Implikationen) erklärte man Beer-Hofmann zum 'Hexenmeister des Worts'. Diese Meisterschaft erfordert Selbstreflexion auf die Sprache, was wiederum den Vorwurf herbeiführt, die 'verdorbene' Sprache der Juden selbst 'zersetze', womit sie in Kontakt kommt.[54] Auf diese Weise führt auch die Sprachartistik als Konsequenz der Selbstreflexion zur „Zersetzung der kulturell-konventionellen Sicherheiten", die Freud im berühmten Brief an Schnitzler vom 14. Mai 1922 diesem als Verdienst anrechnete.[55]

Der avancierte ästhetizistische Text, der der Kritik des Alltäglichen und seiner nivellierenden Gewalt erwuchs, wird dabei gewissermaßen selbst zum Anderen des etablierten Diskurses, indem er abweicht von den konventionalisierten Formen der Literatur. Wie die Juden wird er selbst als 'zersetzend' oder als dekadent angefeindet. Daß die sogenannte Décadence-Literatur, für die man synonym den Begriff des Ästhetizismus gebrauchte, vor allem auch aus antisemitischen Motiven heraus kritisiert wurde, hat Jens Rieckmann an ihrer Rezeption in der zeitgenössischen Kritik nachgewiesen. In der Gegenüberstellung von Naturalismus und Jungem Wien hat Rieckmann folgendes Beurteilungsraster rekonstruiert: „Naturalismus = gesund, jugendlich, männlich, wahrhaft, kühn und energisch; das Junge Wien = krank (hysterisch, degeneriert), greisenhaft, weib-

---

52 Siehe das Kapitel 'Antisemitismus und Sprachkritik' bei Botstein: *Judentum und Modernität* [Anm. 18], S. 55-72.

53 Sander L. Gilman: *Jüdischer Selbsthaß. Antisemitismus und die verborgene Sprache der Juden. Aus dem Amerikanischen von Isabella König.* Frankfurt 1993, S. 19.

54 Vgl. Gilman: *Jüdischer Selbsthaß* [Anm. 53], S. 18.

55 Zit. nach: *Die Wiener Moderne. Literatur, Kunst und Musik zwischen 1890 und 1910,* hg. v. Gotthart Wunberg, Johannes J. Braakenburg. Stuttgart 1981, S. 652.

lich, haltlos, verweichlicht und energielos."[56] Bei Stauf von der March kommt zudem die rassistische Komponente hinzu: „Jung Wien = undeutsch = dekadent = semitisch".[57] Geht man nun von der hermetischen Fremdheit bzw. Ungewohntheit des ästhetizistischen Texts als intentionale Abweichung von den etablierten literarischen Verfahrensweisen aus[58], insofern sich diese als Konsequenz sowohl der 'anxiety of influence' (Harold Bloom) als auch einer wahrhaften Sprache der 'Genauigkeit und Seele' erweist, so wird allein seine Form zur textuellen Opposition - und damit zur genuin literarischen Kritik an den herrschenden Verhältnissen. Daß dies der Fall ist, kann man daran erkennen, daß gerade die antisemitisch motivierte Kritik die ästhetische Infragestellung der bürgerlichen Ordnung offensichtlich richtig erkannte.[59]

Unter diesen Voraussetzungen wird der Ästhetizismus bei Beer-Hofmann zur literarischen Schaltstelle in der spezifischen Dialektik von Judentum und Moderne. Daß der *Tod Georgs* zu den ersten Romanen gehört, die mit neuartigen Mitteln literarisch gestalten, was in der sogenannten klassischen Moderne des 20. Jahrhunderts zur weithin verbreiteten Erfahrung geworden ist, erwächst den spezifisch jüdischen Wahrnehmungsformen eines Autors, der sich als avancierter Künstler versteht. Einen Zusammenhang von Judentum und literarischer Moderne sehe ich deshalb darin, daß die neuartigen Verhältnisse einer krisenhaft sich verändernden Welt zuerst von der gewissermaßen gedoppelten Idiosynkrasie des jüdischen Ästheten wahrgenommen und literarisch gestaltet wurden.[60] Die neuartigen und für die Konventionen der Zeit fremdartigen literarischen Techniken, die daraus entstehen, werden selbst zur ästhetischen Form des 'internen Ande-

56 Jens Rieckmann: *Aufbruch in die Moderne - Die Anfänge des Jungen Wien. Österreichische Literatur und Kritik im Fin de siècle*. Königstein/Ts. 1985, S. 189.
57 Rieckmann: *Aufbruch in die Moderne* [Anm. 56], S. 192.
58 Selbst Schnitzler, der wohlgemerkt kurz vor der Niederschrift seines *Leutnant Gustl* stand, zeigte sich befremdet von einem Roman, bei dem es „ein Fehler" sei, daß man ihn „entschieden 2-3 Mal lesen *muss*" (Brief an Beer-Hofmann vom 2. März 1900: *Schnitzler - Beer-Hofmann. Briefwechsel* [Anm. 33], S. 144).
59 Konstanze Fliedl hat in ihrem Vorwort zum Briefwechsel zwischen Schnitzler und Beer-Hofmann bemerkt, daß die literarische 'Wahrheit' eines Texts vom Antisemitismus „als Tabubruch und, reflexhaft, als semitische Abseitigkeit deklariert wurde" (Konstanze Fliedl: *Vorwort* [Anm. 33], S. 11).
60 Vom 'doppelt prekären' Status des jüdischen Dichters und Intellektuellen in einer judenfeindlichen Gesellschaft spricht Hans Otto Horch: *'Incipit vita nova'. Vom messianischen Geist expressionistischer Utopie*. In: Ideologie und Utopie in der deutschen Literatur der Neuzeit, hg. v. Bernhard Spies. Würzburg 1995, S. 100-118. Hier S. 101. Den Begriff der 'doppelt Anderen' hat Sigrid Weigel zur Erfassung der Stellung jüdischer Frauen in der Moderne vorgebracht: *Jüdische Kultur und Weiblichkeit in der Moderne. Zur Einführung*. In: Jüdische Kultur und Weiblichkeit in der Moderne, hg. v. Inge Stephan, Sabine Schilling, Sigrid Weigel. Köln/Weimar/Wien 1994, S. 1-8. Hier S. 2.

ren', also der literarischen Konstruktion des 'Anderen' innerhalb der eigenen Kultur.[61]

Beer-Hofmann scheint deshalb dazu prädestiniert gewesen zu sein, den „Fremdheits-Blick von innen"[62] literarisch zu gestalten, weil er weder um gesellschaftliche noch um dichterische Anerkennung rang. Das erklärt auch die lange Entstehungsdauer seiner Werke, die er gelegentlich, wie im Falle von *Jaákobs Traum*, sogar nur unter dem äußersten Druck der Verhältnisse vorzeitig zu publizieren bereit war. Ursprünglich beabsichtigte er bekanntlich sogar überhaupt nicht, literarisch tätig zu werden, so daß er von Schnitzler dazu erst veranlaßt werden mußte. Finanziell unabhängig konnte er es sich also leisten, dem literarischen Betrieb keine Konzessionen zu machen - weder in seinem ästhetizistischen Frühwerk noch in den biblischen Dramen; dies aus dem „sehr klare[n] Bewußtsein" heraus, wie er im Brief an Hofmannsthal vom 5. August 1898 schrieb, „daß es sehr wenige gibt, und gegeben hat, die mit gleichem innigem und reinem Gefühl an die Kunst gerührt haben. Daß wir uns diese *Reinheit* erhalten, und uns nicht von Worten und Taten anderer beschmutzen lassen - *darauf* kommt es wol an".[63] Die Selbstbewahrung vor den der Kunst äußerlichen Erwartungen des Betriebs hielt Beer-Hofmann davon ab, sich opportunistisch dessen Bedingungen anzuschmiegen. Da dieser zum großen Teil von jüdischen Kritikern getragen wurde, hätte dies unter Umständen auch bedeutet, die Verachtung eines Juden durch einen anderen Juden zu reproduzieren. Zusammen mit Schnitzler hat er dieses Phänomen sehr scharf unter dem Stichwort des 'Äsoi-Juden' kritisiert.[64] Der wahrheitswidrige Opportunismus, der darin beschlossen liegt, hätte mögli-

---

61 Begriff nach Tzvetan Todorov: *Die Eroberung Amerikas. Das Problem des Anderen*, Frankfurt 1985, S. 186; vgl. dazu auch Sigrid Weigel: *Frauen und Juden in Konstellationen der Modernisierung - Vorstellungen und Verkörperungen des 'internen Anderen'. Ein Forschungsprogramm.* In: Jüdische Kultur und Weiblichkeit in der Moderne [Anm. 60], S. 333-351.

62 Diese zutreffende Formel Ernst Noltes, dessen Ansichten ich sonst in keiner Weise teile (insbesondere dort nicht, wo er den Judenmord zynisch aufrechnet und relativiert), entstammt dem Buch *Geschichtsdenken im 20. Jahrhundert* von 1991 und ist hier zitiert nach Ludger Heidbrink: *Renaissance des Messianismus*. In: Merkur 554 (Mai 1995), S. 444-449. Hier S. 449.

63 *Hofmannsthal - Beer-Hofmann. Briefwechsel* [Anm. 12], S. 81. Man kann diese Briefstelle als Bekenntnis zur l'art-pour-l'art-Ästhetik lesen, plausibler aber im Blick auf die ethischen Grundlagen seines Selbstverständnisses scheint es mir zu sein, wenn man sie so deutet, daß es entscheidend ist, sich nicht von Kriterien des Allgemeinen, das eben auch vom Antisemitismus getragen wurde, 'beschmutzen' zu lassen.

64 „'Esoi' Verhältnis der Juden zu einander", schreibt Schnitzler in einer Tagebucheintragung vom 21. März 1918, „Respektlosigkeit;- und Nachkriechen jedem Drittenrangstalent christlicher Confession von Seite der jüdischen Kritiker. Renegatentum (Kraus, Polgar D. Bach etc.)" (Arthur Schnitzler: *Tagebuch 1917-1919*, hg. v. Werner Welzig, Wien 1985, S. 123).

cherweise auch zur Konsequenz gehabt, gefällige Texte zu schreiben, um dem Vorwurf zu entgehen, jüdische Dekadenzliteratur zu verfassen.[65] Mit dem Mißtrauen den Juden selbst gegenüber, das sich bei Beer-Hofmann und Schnitzler äußert und das wiederum auch Heinrich Bermann sehr genau an sich selbst wahrnimmt[66], wäre ein letzter Impuls für die Empfindlichkeit ausgemacht, die das Selbstverständnis eines jüdischen Autors bestimmt, der sich unter den skizzierten Bedingungen zu nichts anderem in der Lage sah als zur selbstbewußten und individuellen Repräsentation seiner Person und seines Werks. Diese Haltung ist prekär und angreifbar. Unter den Bedingungen der Moderne aber wird Idiosynkrasie zur ausgehaltenen Ambivalenz.[67] Sie bewahrt vor Vorurteilen und der vorschnellen Selbstanschließung an das Allgemeine, und sie wird zu einer wichtigen Voraussetzung dafür, die Neuartigkeit einer veränderten Welt in einer angemessenen und deshalb neuartigen Weise zu versprachlichen.

---

65 Umgekehrt formuliert Beller die These, daß es Nichtjuden vermieden hätten, mit modernen Tendenzen in Verbindung gebracht zu werden: „Der Hauptgrund für die spärliche Vertretung von Nichtjuden in den kulturellen Gruppen steht meiner Meinung nach in Zusammenhang mit der stark antisemitischen Atmosphäre in Wien. Jeder Nichtjude, der sich für die moderne und liberale Kultur interessierte, mußte befürchten, des Umgangs mit Juden überführt bzw. als 'verjudet' oder als 'Judenknecht' angesehen zu werden, weil man ihn mit Gruppen oder Bewegungen in Beziehung brachte, in denen Juden vertreten waren" (Beller: *Wien und die Juden* [Anm. 7], S. 235).
66 Siehe Schnitzler: *Der Weg ins Freie* [Anm. 8], S. 128f.
67 Vgl. Silvia Bovenschen: *Über-Empfindlichkeit. Versuch über den Begriff Idiosynkrasie.* In: NR 2 (1994), S. 126-152. Hier S. 149.

Ulrike Peters

Richard Beer-Hofmann - Ein jüdischer Dichter?

Jüdische Identität im Wien der Jahrhundertwende

> Gewidmet dem Andenken Sol Liptzin (1901-1995), dem Freund Beer-Hofmanns und Initiator des Beer-Hofmanns-Symposions in Heidelberg 1995.

1. Einleitung

Und dann: Wir stehen unter anderen Gesetzen der Beurteilung als andere Völker; ob wir nun wollen oder nicht - was wir Juden tun, vollzieht sich auf einer Bühne - unser Los hat sie gezimmert. Art und Unart anderer Völker wird selbstverständlich hingenommen. Aber alle Welt darf auf Publikumssitzen lümmeln und die Juden anstarren. Blick, Stimme, Haltung, die Farbe der Haare, die Masse des Körpers - alles soll gehässigen Richtern Rede stehen - und wehe, wenn wir nicht als Halbgötter über die Szene schreiten.[1]

Dieser Brief Beer-Hofmanns vom 3.4.1913 an Martin Buber weist auf zwei - bisher in der Beer-Hofmann-Forschung vernachlässigte - Aspekte hin:

1. Die Relevanz der Frage, inwiefern Beer-Hofmann als jüdischer Autor zu bezeichnen ist.
2. Die Relevanz der Frage, inwiefern Beer-Hofmanns jüdische Rückbesinnung eine ethnische Rückbesinnung ist, ausgelöst vor allem durch den Antisemitismus.

Dabei soll das Werk Beer-Hofmanns in diesem Fall einmal nicht von literaturwissenschaftlich-germanistischer Seite betrachtet werden, sondern vom religionswissenschaftlichen Standpunkt aus und unter dem Aspekt der Ethnizitätsdebatte. Denn bis heute wurde in der Beer-Hofmann-Forschung das jüdische Selbstverständnis dieses Autors seit Sol Liptzin[2] kaum beachtet oder gar eingehend behandelt. Symptomatisch dafür ist z.B. die Tatsache, daß 1993 zwar eine Reihe von Arbeiten zu

---

[1] Martin Buber: *Briefwechsel aus sieben Jahrzehnten I: 1897-1918*, hg. v. Grete Schaeder. Heidelberg 1972, 327f., Brief 204.

[2] Sol Liptzin: *Richard Beer-Hofmann*. New York 1936 und *Germany's Stepchildren*. Cleveland, New York ²1961

Beer-Hofmann erschienen[3], diese aber vor allem - um nicht zu sagen nur - den Ästhetizismus in seinem Werk untersuchten und die Frage „seines" Judentums kaum oder gar nicht behandelten.

Die Berücksichtigung der jüdischen Identität Beer-Hofmanns ist für ein vollständiges Verständnis seines Werkes unerläßlich. Daher soll im folgenden aufgezeigt werden, wie sich dieses ethnische Identitätsbewußtsein manifestiert.

Aufgrund der Entfremdung durch den Antisemitismus und durch gleichzeitige zionistische Anregung entwickelt sich bei Beer-Hofmann ein jüdisches Selbstverständnis. Dieses zeigt sich zuerst im *Schlaflied für Mirjam*, ansatzweise in *Der Tod Georgs* sowie im *Grafen von Charolais*, und vor allem in der *Historie von König David*. In *Jaákobs Traum* als Ausdruck der ersten Phase der jüdischen Rückbesinnung entwickelt Beer-Hofmann auf der Basis der Ebed-Lieder von Jes eine Theologie der Auserwählung Israels und seines Dialogverhältnisses mit Gott, begründet durch seine Leidensgeschichte. In der zweiten Phase der Rückbesinnung auf das Judentum, im *Jungen David*, wird auf die israelitische Glanzzeit unter David zurückgegriffen, und es tritt die Auffassung vom Judentum als Volk in den Vordergrund. Dies ist nicht zuletzt auf Einflüsse des völkischen Denkens (Lagarde, Wagner) zurückzuführen. Kennzeichen des jüdischen Volkes sind für Beer-Hofmann Auserwählung, Dialog mit Gott und Leiden. Sie sind eine Antwort auf den Antisemitismus. So ist vor allem die gesamte jüdische Dialogphilosophie (Cohen, Rosenzweig, Buber) als Korrektur der durch Hegel, Nietzsche und der christlichen Theologie entstandenen und verbreiteten Vorurteile gegen die jüdische Religion zu verstehen. Beer-Hofmann ist, neben Buber, der einzige Vertreter einer religiös-jüdischen Rückbesinnung innerhalb der assimilierten jüdischen Mittelschicht des Wiener Fin de siècle. In der Regel verlief die Rückbesinnung auf das Judentum über den Zionismus (Herzl, Salten). Neben der unparteiischen Stellung zum Judentum (Schnitzler) gab es auch den „jüdischen Selbsthaß" als extreme Form der Assimilation (Kraus, Weininger). Im Exil gewinnt für Beer-Hofmann die Identität als Österreicher neben dem jüdischen Selbstverständnis an Bedeutung (*Paula*). Er wurde ausnahmslos als „jüdischer" Autor rezipiert, wie aus den zeitgenössischen Kritiken und der germanistisch-literaturwissenschaftlichen Beurteilung seines Werkes hervorgeht. Die intensive Beschäftigung Beer-Hofmanns mit der Bibel und

---

3   Sören Eberhardt: *Der zerbrochene Spiegel. Zu Ästhetizismus und Tod in Richard Beer-Hofmanns „Novellen"*. In: Kölner Arbeiten zur Jahrhundertwende 3, Paderborn 1993; Norbert Eke, Günter Helmes (Hg.): *Richard Beer-Hofmann (1866-1945). Studien zu seinem Werk*. Würzburg 1993; Stefan Scherer: *Richard Beer-Hofmann und die Wiener Moderne*. In: Conditio Judaica 6, Tübingen 1993. Als erster Versuch, dem expliziten jüdischen Selbstverständnis Beer-Hofmanns unter judaistisch-religionswissenschaftlichen Gesichtspunkten und im Rahmen der Ethnizitätsdebatte gerecht zu werden, ist Ulrike Peters: *Richard Beer-Hofmann. Zum jüdischen Selbstverständnis im Wiener Judentum um die Jahrhundertwende*. In: Judentum und Umwelt 46. Frankfurt, Berlin, Bern u.a. 1993 zu nennen.

der christlich-theologischen Literatur zeigt sein religiöses Verständnis vom Judentum, ist aber gleichzeitig ein Indiz dafür, daß ihm ein Bezug zum traditionell-orthodoxen Judentum fehlte.

2. Zu den Begriffen Ethnizität und jüdische Identität

Zur Untersuchung der jüdischen Identität im Werk Beer-Hofmanns ist die Berücksichtigung der Ethnizitätsdebatte nicht nur aufschlußreich, sondern auch notwendig. Es kann hier nicht auf die sehr komplexe Ethnizitätsdebatte und ihre Kritik eingegangen werden, sondern es sollen nur kurz zur Verdeutlichung einige Begriffe umrissen werden:

Kollektive Identität, als deren Teilaspekt ethnische Identität zu sehen ist, ist das Bewußtsein der Zugehörigkeit einer Person zu einer Gruppe oder anderen Art von Gemeinschaft. Aspekte der kollektiven Identität sind Alter, Beruf, Familiensituation, politische Ideologie, Stadt, Region, Ethnizität und Nation. Die Kultur ist die Basis kollektiver Identität: Sie motiviert das Individuum zur Gemeinschaft und beeinflußt Art und Weise der kollektiven Identität. Gruppenidentität setzt eine Vorstellung bzw. Ideologie über die eigene Gruppe und die Abgrenzung zu anderen Gruppen voraus. Sie gibt dem Individuum ein Gefühl der Kontinuität und Zugehörigkeit und somit einen Lebenssinn. Das Kollektiv ermöglicht den Gruppenmitgliedern als Handlungsvorbild die Strukturierung der Umwelt und die Organisation des sozialen Lebens. Man kann eine irrationale, emotionale und eine rationale, zweckgebundene Seite der Identität unterscheiden. So manifestiert sich die Ideologie der Gruppenidentität emotional, erfüllt aber oft auch eine rationale Funktion (Halt in der Gruppe, Sinngebung, Erfüllung von sozialen, politischen, ökonomischen u.a. Gruppeninteressen). Die Definition der *ethnischen Gruppe* durch Barth wird bis heute weitgehend akzeptiert:

Ethnic groups are categories of ascription and identification by the actors themselves, and thus have the characteristic of organizing interaction between people.[4]

Uneinigkeit besteht aber bisher in der Frage, was eine ethnische Gruppe konkret kennzeichnet und wie sie sich konstituiert. Hier können nur die Tendenzen zusammengefaßt werden[5]: Eine ethnische Gruppe ist eine - Verwandschaftgruppen

---

4   Barth, Frederik (Hg.): *Ethnic Groups and Boundaries. The Social Organization of Culture Difference.* Oslo, Bergen, Tromso [2] 1982, S. 10.

5   Nach wie vor haben die Aussagen Max Webers zur Ethnizität und Nationalität ihre Gültigkeit (Max Weber: *Wirtschaft und Gesellschaft. Grundriß einer verstehenden Soziologie.* Tübingen [5]1972). Ein grundlegendes Werk zur Ethnizität ist das von Frederik Barth [Anm. 4]. Eine gute Auswahl neuerer Literatur und Einführung in das Thema bietet Georg Elwert: *Nationalismus, Ethnizität und Nativismus - über Bildung*

und Klassen übergreifende - kulturelle Einheit. Sie ist gekennzeichnet durch eine kollektive Identität (ein Wir-Bewußtsein), aufgrund tatsächlicher oder vermeintlich angenommener, gemeinsamer Abstammung („primordiale Gefühle", Blutsverwandtschaft), Sitten, Geschichte, Sprache, Religion und eines gemeinsamen Wohngebietes (nicht alle Merkmale müssen zusammentreffen!). Ethnische Gruppen definieren und erhalten sich durch Abgrenzung. Dabei ist zwischen emisch, d.h. dem kognitiven Aspekt bzw. der Eigenbeurteilung und etisch, d.h. der Fremdbeurteilung, Beurteilung von außen, zu unterscheiden. Der emische Aspekt muß sich in irgendeiner Weise im etischen Bereich widerspiegeln. Häufig sind aber primär die emischen und erst sekundär die etischen Faktoren entscheidend, so im Fall Beer-Hofmann. Ethnizität ist mehr ein dynamisches Phänomen als ein statischer Zustand, mit latenten und - in Krisenzeiten - aktiven Phasen. Denn ethnische Gruppen bzw. Identitätsgefühle entstehen und manifestieren sich vor allem in Krisenzeiten, verursacht durch Beeinflussung von außen. So kann eine dominierende Gruppe auf eine Minderheit Druck ausüben. Dabei wird die Minderheit von außen als ethnische Gruppe gekennzeichnet und definiert. Auf diese Fremdzuschreibung reagiert die Minderheit - abwehrend, abgrenzend, anlehnend oder übernehmend - mit einer Selbstdefinition als ethnische Gruppe. Im Falle eines erfolglosen Assimilationsversuches einer Minderheit kann ethnische Identität der Lösung des dadurch entstandenen Entfremdungsproblems dienen. Gemeinsame Geschichte und Tradition sowie Religion[6] sind konstitutive Elemente der Ethnizität, die in selektiver Weise jeweils für die gegenwärtige Situation aktualisiert werden. Für jede ethnische Gruppe ist ein mehr oder weniger starker Ethnozentrismus kennzeichnend. Die Träger einer ethnischen (und ebenso einer nationalen) Erneuerung sind in der Regel die Intellektuellen, die dadurch versuchen, ihre Identitätskrise zu lösen. Grund für die Resistenz und Verbreitung der Ethnizität ist einerseits die Tatsache, daß Ethnizität zur emotional-subjektiven Orientierung dient und so ein Sinnstiftungsangebot, andererseits ein Instrument zur Erreichung diverser Interessen ist.

Die *Assimilation*, die einseitige Anpassung einzelner Mitglieder einer ethnischen Gruppe an die Kultur einer anderen, dominanten Gruppe, ist zu unterschei-

---

von *Wir-Gruppen*. In: Peter Waldmann; Georg Elwert (Hg.): Ethnizität im Wandel, S. 7-60. In: Spektrum. Berliner Reihe zu Gesellschaft, Wirtschaft und Politik in Entwicklungsländern 21. Saarbrücken 1989. S. ferner Nathan Glazer; Daniel P. Moynihan (Hg.): *Ethnicity. Theory and Experience.* Cambridge/Mass., London 1975; Anita Jacobson-Widding (Hg.): *Identity: Personal and Socio-Cultural. A Symposium.* Uppsala 1983 und Thomas Hylland Eriksen: *Ethnicity and Nationalism. Anthropological Perspectives.* London, Boulder 1993. Die Ethnizitätsdebatte hat seit Mitte der 80er Jahre keine wesentlichen Neuerungen erfahren.

6   Bisher gibt es wenige ethnologische Arbeiten, die sich mit dem Thema Religion im Rahmen der Ethnizitätsdebatte befassen. Gewisse Ansätze dazu finden sich bei Emile Durkheim: *Les formes élémentaires de la vie religieuse* (1912), d.h. seine Ausführungen über den Totemismus; 2. Buch.

den von der *Akkulturation*, der Anpassung an eine fremde Kultur im Sinne eines zweiseitigen Prozesses (d.h. beide betroffenen Gruppen übernehmen von der Gegenseite diverse Elemente). Sowohl Assimilation als auch Akkulturation sind primär individuelle Prozesse und erst sekundär Gruppenprozesse. Die Assimilation kann als Amalgamation (Neubildung einer Gruppe durch den Zusammenschluß zweier oder mehrerer Gruppen) oder als Inkorporation (Aufgehen einer Gruppe in einer anderen) ablaufen.

Der Begriff *Rasse* ist zu unterscheiden als Ordungsbegriff in der naturwissenschaftlichen Systematik (wobei dieser schon auf das Pflanzen- und Tierreich - ebenso wie der Artbegriff - nicht immer eindeutig anwendbar ist)[7] und als *folk taxonomy* und somit nichtwissenschaftlicher, populärer Begriff. Rasse ist in letzterem Fall eine Kategorie zur Ein- und Zuordnung bei Gruppenbildungen und -abgrenzungen. Ebenso *folk taxonomy* ist der Begriff „*Volk*", auch wenn er z.T. im pseudonaturwissenschaftlichen Sinne verwendet und mit Rasse gleichgesetzt wurde. Als *Nation* bezeichnet man in der Regel eine politische Gemeinschaft mit eigenem Territorium.

Nach wie vor ist eine genaue *Definition des Judentums bzw. die Frage nach jüdischer Identität* und jüdischen Charakteristika äußerst schwierig, wenn nicht unmöglich. Das Judentum kann als Religion, als kulturelle Einheit und / oder ethnische Gruppe betrachtet werden.[8] Anhand der historischen Entwicklung läßt sich dies kurz so umreißen: In der biblischen Zeit ist das Judentum weitgehend als eth-

---

7   Vgl. dazu die Darstellung der verschiedenen Theorien und Definitionen bei Günter Vogel, Hartmut Angermann: *dtv-Atlas zur Biologie. Tafeln und Texte*, Bd. 2. München [7]1974, S. 455-459.

8   Zur ausführlichen Diskussion mit entsprechenden Beispielen zur Frage „Was ist jüdisch an der jüdischen Kultur?" s. die Beiträge in Kairos 27 (1985). Zum Problem der jüdischen Identität s. die Beiträge in Kairos 30/31 (1988/89), ferner Walter Grab (Hg.): *Jüdische Integration und Identität in Deutschland und Österreich 1848-1918. Internationales Symposium April 1983*. In: Jahrbuch des Instituts für Deutsche Geschichte, Beiheft 6, Tel Aviv 1983; Hermann Greive: *Die politische und nationale Identität der deutschen Juden*. In: Militärgeschichtliches Forschungsamt (Hg.): Deutsche jüdische Soldaten 1914-1945. Herford, Bonn [3]1987, S. 87-96; Ivar Oxaal: *The Jews of pre-1914 Vienna. Two Working Papers*. Hall (Engl.) 1981; Thomas Rahe: *Religionsreform und jüdisches Selbstbewußtsein im deutschen Judentum des 19. Jahrhunderts*. In: Menora 1 (1990), S. 89-121; Martha Rozenblit: *Die Juden Wiens 1867-1914. Assimilation und Identität*. In: Forschungen zur Geschichte des Donauraumes 11. Wien, Köln, Graz 1988 und Robert S. Wistrich: *Socialism and the Jews. The Dilemmas of Assimilation in Germany and Austria-Hungary*. London, Toronto 1982. Zum Problem jüdischer Autoren in der deutschen Literatur s. Sol Liptzin: *Germany's Stepchildren*. Cleveland, New York [2]1961; Stéphan Moses, Albrecht Schöne (Hg.): *Juden in der deutschen Literatur. Ein deutsch-israelisches Symposium*. Frankfurt 1986; Clara Pomeranz Carmely: *Das Identitätsproblem jüdischer Autoren im deutschen Sprachraum*. In: Monographien Literaturwissenschaft 50. Königstein/Ts. 1981 und Harry Zohn: *Wiener Juden in der deutschen Literatur. Essays*. Tel Aviv 1964. Eine Untersuchung zur Frage der jüdischen Identität im Rahmen der Ethnizitätsdebatte fehlt bisher.

nische und religiöse Einheit anzusprechen. Ein erstes Auseinanderbrechen dieser Einheit ist nach dem babylonischen Exil und verstärkt in der hellenistischen Zeit festzustellen. Krisen jüdischer Identität zeigen sich im Mittelalter im Zusammenhang mit den Marranen, Karaiten und in der Neuzeit bei den Nachfolgern von Schabbetaj Zbi und Jakob Frank. Bis zum Beginn der Emanzipation galt weitgehend die halachische Definiton des Judentums, d.h. Jude ist man durch die Geburt von einer jüdischen Mutter oder durch den rituellen Übertritt zum Judentum (mQuid 4,7 u.ö.). Diese Kriterien haben praktisch noch heute in Israel Gültigkeit, trotz kontroverser Diskussionen über ihre Anwendung. Nach der Emanzipation trat im Zuge der Säkularisierung in Europa und der Assimilation der Juden eine Änderung ein. Durch das (für das Christentum konzipierte) Gesetz der freien Religionsausübung wurde die Religion zu einem privaten und freiwilligen Bereich. Diese neue Sicht der Religion führte die Gründer des Reformjudentums in Deutschland und in den USA zu einer nicht-nationalen Definition des Judentums, bei der Ethik und persönliche Erziehung konstituierend waren. Den Juden wurde dadurch eine Bejahung des und Identifikation mit dem jeweiligen Staat, in dem sie lebten, ermöglicht. Die Neo-Orthodoxie in West- und Mitteleuropa unter Samson Raphael Hirsch übernahm diese Auffassung des Judentums. Der sich zu Ende des 19. Jh. verstärkende Antisemitismus führte von Assimilationstendenzen und von der religiösen Definition des Judentums weg zu einer nationalen Sicht des Judentums, besonders durch den Zionismus und die Jiddische Bewegung. Dabei verstand man das Judentum als eine Volksgemeinschaft wie jede andere. Im heutigen Israel werden sowohl die durch die Halacha bestimmte, religiöse als auch die neuere, nationale Definition des Judentums vertreten.

Das Judentum ist also in erster Linie als Religion anzusprechen (denn auch bei der nationalen Definition des Judentums ist die Religion direkt oder indirekt relevant), sekundär auch als kulturelle Einheit und z.T. als ethnische Gruppe (eindeutig nur für das Judentum in den Gettos im Mittelalter, heute für einige orthodoxe, relativ isoliert lebende Gemeinden in den USA und in Israel - z. B. Mea Shearim - zutreffend).

Unter diesen Voraussetzungen ist jüdische Identität als das jüdische Selbstbewußtsein eines Individuums (oder eines Kollektivs) sowie seines Verhältnisses zum Judentum, seiner Vorstellung vom und seiner Einordnung in das Judentum zu verstehen.

In *Österreich-Ungarn* verstärkten sich seit dem Gesetz der freien Relgionsausübung vom 21.12.1867 die Assimilationstendenzen. Dies führte zu einer Identifikation der oberen Gesellschaftsschicht des österreichischen Judentums mit deutscher Kultur und der liberalen Bewegung. Es handelt sich um eine Aufstiegsassimilation, die in zwei Phasen[9] zu unterteilen ist:

1. Sozialer Aufstieg aufgrund von Emanzipation bzw. Säkularisierung und wirtschaftlicher Tätigkeit und
2. Geistiger Aufstieg durch Bildung (als Sonderfall des Aufstiegs von wirtschaftlichen zu akademischen Berufen). Diese zweite Form trifft auf den Kreis Jung-Wien zu.

Die Jahre 1880-1890 bedeuteten den entscheidenden politischen Umschwung in Wien, nämlich:

1. Die Krise des Liberalismus und
2. Ein verstärkter Antisemitismus infolge der Zunahme völkischen Denkens, der den Juden ihr Judentum bewußtmacht und u.a. den Zionismus entstehen ließ.

Völkisches Denken wird hier konkret als eine in der Romantik entstandene, aber erst um die Jahrhundertwende als trivial-philosophische Richtung des deutschen Nationalismus weithin Verbreitung findende und schließlich in den Nationalsozialismus mündende deutsche Sonderform ethnischen Bewußtseins verstanden. Wichtig ist die Tatsache, daß das völkische Denken eine Lösung der Identitätskrise und Entfremdung anbot. Das völkische Denken war eine Ideologie und Bewegung gegen die Industrialisierung und den technischen Fortschritt und die damit verbundene Entfremdung.

Auf den *Antisemitismus* als Gesamtheit feindlicher Einstellungen und Handlungen gegenüber Juden[10] kann hier nicht ausführlich eingegangen werden. In Bezug auf Ursachen und Entstehung des Antisemitismus gibt es noch keine allgemein akzeptierte Erklärung. Das liegt u.a. daran, daß der Antisemitismus sich nicht mono-, sondern nur multikausal erklären läßt. Es sind religiöse, wirtschaftliche, soziologische, politische und biologische Motive des Antisemitismus zu unterscheiden. Je nach Situation treten einzelne oder mehrere dieser Motive in den Vordergrund. Der jahrhundertelange Antijudaismus des Christentums bereitete den modernen Antisemitismus vor und förderte seine Ausbreitung. Die wichtigsten Vertreter des Wiener Antisemitismus im politischen Bereich waren Georg Ritter von *Schönerer*

---

9 Vgl. Carl Emil Schorske: *Wien - Geist und Gesellschaft im Fin de Siècle*. Frankfurt 1982, S. 139f., 174f.
10 Zum Thema Antisemitismus s. Werner Bergmann (Hg.): *Error without Trial. Psychological Research on Antisemitism*. In: Current Research on Antisemitism 2. Berlin, New York 1988; Helen Fein (Hg.): *The Persisting Question. Sociological Perspectives and Social Contexts of Modern Antisemitism*. In: Current Research on Antisemitism 1. Berlin, New York 1987; Hermann Greive: *Zu den Ursachen des Antisemitismus im deutschen Kaiserreich von 1870/71*. In: Judaica 27 (1971), S. 184-192; Norbert Kampe: *Studenten und 'Judenfrage' im deutschen Kaiserreich. Die Entstehung einer akademischen Trägerschicht des Antisemitismus*. In: Kritische Studien zur Geschichtswissenschaft 76. Göttingen 1988.

(1842-1921; seit 1879 einer der Führer der Deutschnationalen Bewegung) und Karl *Lueger* (1844-1910; Rechtsanwalt, Führer der Christlich-Sozialen Partei und Bürgermeister von Wien).

Aus der etischen Perspektive war die jüdische Gesellschaftschicht im Wiener Fin de siècle keine ethnische Gruppe. Sie war weitgehend assimiliert und bildete in sozialer, ökonomischer und politischer Hinsicht keine von der Majorität differenzierte Einheit. Der einzige (etische) Unterschied lag im Bekenntnis zur jüdischen Religion. Z.T. unterschieden sich Juden und Christen auch durch einen gewissen sozialen und wirtschaftlichen Fortschritt der jüdischen Bevölkerung und bestimmten Wohnbezirken mit überwiegend jüdischer oder christlicher Population.[11] Aus der emischen Perspektive gesehen bzw. kognitiv sind allerdings Unterschiede feststellbar, wie die Verstärkung antisemitischer Tendenzen einerseits und die Entwicklung des Zionismus andererseits zeigen.

Die Schriftsteller des Jung-Wien können als assimiliert bezeichnet werden, weil sowohl eine jüdische Lebenspraxis als auch ein explizites Bekenntnis zur jüdischen Religion fehlen. Dies bedeutet aber nicht eine völlige Ablehnung der Zugehörigkeit zum Judentum: trotz der Assimilation lassen sich jüdische Elemente oder jüdische Topoi in einigen Werken des Jung-Wiener Kreises feststellen (z.B. Schnitzlers *Professor Bernhardi* oder *Der Weg ins Freie*). Als Gegenbeispiel und Vergleichsmaßstab des nicht assimilierten Judentums dieser Zeit sind das orthodoxe Judentum Osteuropas anzuführen sowie das Reformjudentum im Sinne von Hirsch, nicht zuletzt aufgrund der halachischen Lebenspraxis.

3. Das Frühwerk Beer-Hofmanns (Die Novellen, Pierrot Hypnotiseur, Der Tod Georgs) als Ausdruck von Dandyismus und Assimilation

Das Frühwerk Richard Beer-Hofmanns (*Novellen, Pierrot Hypnotiseur* und z.T. *Der Tod Georgs*), weist noch keine Beschäftigung mit dem Judentum auf, sondern ist Ausdruck von Dekadenz und Dandytum[12] und somit Indiz für die Assimilation Beer-Hofmanns. Die Protagonisten der *Novellen* und *Der Tod Georgs* befinden sich in einer Entfremdungs- und Identitätskrise, in der ihr bisheriges Leben in Frage gestellt wird. Die Lösung besteht jeweils in der Erkenntnis, daß der Mensch nicht isoliert für sich lebt, sondern aufgrund eines Naturgesetzes Teil der großen Einheit der Natur bzw. eines Kollektivs ist (so in *Das Kind, Der Tod Georgs*). Man kann davon ausgehen, daß die im Frühwerk angesprochenen Fragen nach dem Sinn

---

11 Peter Schmidtbauer: *Zur sozialen Situation der Wiener Juden im Jahre 1857*. In: Studia Judaica Austriaca 6. Eisenstadt 1978, S. 89; Marsha L. Rozenblit [Anm. 8], S. 80-105.

12 Rainer Hank: *Mortifikation und Beschwörung. Zur Veränderung ästhetischer Wahrnehmung in der Moderne am Beispiel des Frühwerkes Richard Beer-Hofmanns*. In: Tübinger Studien zur deutschen Literatur 7. Frankfurt, Bern, New York 1984.

von Leben und Tod, Gerechtigkeit und Leiden für Beer-Hofmann selbst von entscheidender Bedeutung waren. In seinem späteren Werk werden sie vertieft und beantwortet: Die Rückbesinnung auf das Judentum war für Beer-Hofmann die Lösung dieser Fragen. Dekadenz ist dabei nicht negativ wertend als „Verfall, Entartung, sittlicher und kultureller Niedergang"[13] zu verstehen, sondern als Lebensstil um die Jahrhundertwende[14] und das Dandytum ist als eine ihrer Erscheinungen zu sehen. Dekadente Literatur ist eine Reaktion auf die Industriegesellschaft. Sie ist eine ästhetische Opposition und beabsichtigt eine Umwertung der bürgerlichen Ideale durch den 'Heroismus der Schwäche'.

Richard Beer-Hofmannn stammte aus einer begüterten Fabrikantenfamilie aus Brünn, die ihn jeglicher finanzieller Probleme auf Lebenszeit enthob. Aus dieser gesicherten Lebenssituation heraus ergab sich das Dandytum als Lebensstil Beer-Hofmanns (bis zum Ende des 19. Jh.). Dies wird einerseits durch Aussagen von Zeitgenossen belegt[15], und zum anderen hat sich der Dandyismus auch im Frühwerk Beer-Hofmanns niedergeschlagen: Die Protagonisten in den *Novellen* und im *Tod Georgs* sind Dandys. Sie weisen die Kennzeichen des Dandys auf, wie Nervosität und Narzißmus und sich daraus ergebende Distanzierung und Isolierung.

3. Der Graf von Charolais und das Schlaflied für Mirjam: Der Beginn jüdischer Rückbesinnung

Wie bei den *Novellen* und beim *Tod Georgs* läßt sich auch im *Schlaflied für Mirjam* dieselbe Entwicklung beobachten: Die Erfahrung des Todes und die dabei entstehende Frage nach dem Schicksal des Menschen führt zunächst zur Erkenntnis, daß die Isolation und Einsamkeit des Menschen eine Entfremdung bewirkt. Die Lösung ist (wie im *Tod Georgs*) die Verbundenheit mit einem Kollektiv bzw. mit dem jüdischen Volk. Dies dürfte auch biographisch der inneren Entwicklung Beer-Hofmanns entsprechen. Im Frühwerk Beer-Hofmanns drückt das *Schlaflied für Mirjam* am deutlichsten die Hinwendung und das Bekenntnis zum Judentum aus. Ausnahmslos ist das *Schlaflied für Mirjam* auch immer als jüdisches Gedicht rezipiert worden:

Schläfst du Mirjam? - Mirjam, mein Kind,

Ufer nur sind wir, und tief in uns rinnt

Blut von Gewesnen, - zu Kommenden rollt's,

Blut unsrer Väter - voll Unruh und Stolz.

---

13 *Duden. Das Fremdwörterbuch* [4]1982, S. 167, vgl. *Brockhaus* 5, [14]1988. S. 208.

14 Im Sinne von Erwin Koppen: *Dekadenter Wagnerismus. Studien zur europäischen Literatur des Fin de siècle.* Berlin, New York 1973.

15 Felix Salten, zit. bei Rainer Hank [Anm. 12], S. 14; Richard Beer-Hofmann, zit. ebd. S. 13; Olga Schnitzler: *Spiegelbild der Freundschaft.* Salzburg 1962, S. 132f.

In uns sind Alle! wer fühlt sich allein?
Du bist ihr Leben, - ihr Leben ist dein, -
Mirjam, mein Leben, - mein Kind, schlaf ein![16]

Im *Graf von Charolais* (1904) wird erstmals in Beer-Hofmanns Werk das Problem des Antisemitimus behandelt. Mit der dem Shylock aus Shakespeares *Der Kaufmann von Venedig* ähnelnden Gestalt des Roten Itzig wird die antisemitische Identifizierung *des* Juden mit Kapitalismus aufgezeigt und versucht, sie apologetisch zu beantworten. Itzig entspricht in seinem Verhalten zunächst dem antisemitischen Klischee vom unerbittlichen jüdischen Geldverleiher und Gläubiger, der ohne Gnade auf seinem Recht besteht. Diese Eigenschaft wird nicht verleugnet, aber Beer-Hofmann versucht, die Gründe für das Verhalten Itzigs apologetisch-erklärend aufzudecken und ihn so menschlich darzustellen. Im Stück *The Fatal Dowry* muß sich Charolais zwar ebenfalls mit Gläubigern auseinandersetzen, aber keiner von ihnen ist Jude. Die Gestalt des Itzig ist also eine Ergänzung und Neuerung Beer-Hofmanns gegenüber der Vorlage. Charolais und sein Freund Romont versuchen vergeblich, Itzig zur Herausgabe des Leichnams von Charolais' Vater zu bewegen und an seine Menschlichkeit zu appellieren. Zum Schluß weist Itzig auf die Gründe seines Verhaltens, nämlich das Leid, das ihm widerfuhr, hin:

Zutiefst davon getroffen: „E böser Mensch"!
In tiefster Empörung losbrechend Und warum
Soll ich e guter sein mit Euch? Nur einen,
En einzgen Grund sagts mir, Herr Graf! Meints Ihr,
Weil überhaupt e jeder Mensch soll gut sein
Zum andern? ja? - Nehmts erst heraus, Herr Graf,
Mei Herz, was *so* zusamm'gekrampft ist von die
Gebrennten Lad', was man ihm angetan;
Stechts mir die Augen aus, und gebts mir andre,
Die nix entzindt noch sind von vielen Wanen;
Den Buckel schneidts mir weg, der krumm is, weil
Er ducken hat gemußt sich vor de andern;
Gebts andre Füß' mir, die nix sind gewesen
Ihr Lebtag müd, und immer auf der Wander;
Schlagts ein den Kopp, reißts das Gehirn heraus,
Daß ich vergessen kann; und ganz zuletzt
Schneidts mir die Adern auf - heraus laßts rinnen
Mei Blut, damit nix von mei Vatter, und
Mei Vatters Vatter, und von all de andern,
Ka Tropfen Bittres, Wehes in mir bleibt - -
Und wenn Ihr alles das getan, Herr Graf -

---

16 Richard Beer-Hofmann: *Gesammelte Werke*, hg. v. Otto Kallir. Frankfurt 1963, S. 654.

Und ich dann noch lebendig bin - dann will ich
Mit Euch so reden, wie e Mensch - ich mein'
E *guter* Mensch - soll zu e Menschen reden!
- Bis dahin laßts mich sein, was ich für Euch -
- Und wenn ich wär', ich weiß nicht was - *doch* bleib:
E Jud', e Jud', *er verneigt sich*
e ganz gemeiner Jud'![17]

Shylock gilt dem Antisemitismus als Prototyp des kapitalistischen, geldgierigen
Juden. Zu erwähnen ist in diesem Zusammenhang das von Hermann Bahr herausgegebene Buch *Der Antisemitismus. Ein internationales Interview* (1894), das
Beer-Hofmann sicher gekannt hat. In der überwiegenden Mehrzahl der Interviews
mit prominenten Zeitgenossen wird, ob befürwortend oder ablehnend, die Verbindung von Judentum und Kapital erwähnt.[18] Demnach war das antisemitische Bild
vom Juden als Kapitalist, Börsenspekulant und Wucherer um die Jahrhundertwende am verbreitetsten.

Abschließend soll hier nun auf die Gründe für Beer-Hofmanns Wende zum Judentum eingegangen werden: Beer-Hofmann wuchs in einer assimilierten Familie
auf. Nur die Großmutter väterlicherseits, Katharina Beer, war noch der jüdischen
Tradition verbunden.[19] Die Jahre 1895-1897 führten zu einer scheinbar plötzlichen
Wende im Leben Beer-Hofmanns. Es fehlen direkte Belege biographischer Art
oder Aussagen Beer-Hofmanns über die Motive und Gründe für die jüdische
Rückbesinnung. Das Werk Beer-Hofmanns gibt aber indirekt Auskunft darüber: Es
zeigt zum einen deutlich die Entwicklung vom Dandyismus im Frühwerk zur jüdischen Rückbesinnung im späterem Werk. Zum anderen stellt sich dieses jüdische
Selbstverständnis als ethnische Identität dar, die durch den Antisemitismus ausgelöst wurde. Sie erhielt nicht zuletzt deshalb durch den Zionismus Anregung und
Bestärkung (auch wenn Beer-Hofmann sich zeitlebens nie aktiv dem Zionismus
zuwendete). So schrieb Beer-Hofmann nach der Lektüre des *Judenstaates* in einem
Brief vom 13.3.1896 an Herzl:

Mehr noch als Alles, was *in* Ihrem Buche, war mir sympathisch, was dahinter
stand. Endlich wieder ein Mensch der sein Judentum nicht wie eine Last oder
ein Unglück resignirt trägt, sondern stolz ist, mit der legitime Erbe uralter Cul-
tur zu sein.[20]

---

17 Ebd. S. 358f.
18 Hermann Bahr: *Der Antisemitismus. Ein internationales Interview*, hg. v. Hermann
    Greive. Könistein/Ts. 1979. Von 41 Gesprächspartnern werden folgende Kritikpunkte
    antisemitischer Vorurteile genannt: 27 der Interviewten erwähnen Kapital, 8 die
    jüdische Religion, 3 das Ostjudentum und 2 die Rasse.
19 Richard Beer-Hofmann [Anm. 16], S. 691.
20 Richard Beer-Hofmann, Hermann Bahr, Theodor Herzl: *The Unpublished Letters of
    Richard Beer-Hofmann to Hermann Bahr (with the Unpublished Letters Between Beer-*

Und das *Schlaflied für Mirjam* entstand 1897, im Jahr des 1. Zionistischen Kongresses. Zusammengefaßt sind folgende Faktoren der Wende zum Judentum bei Beer-Hofmann zu nennen:

1. Entfremdung durch den Antisemitismus;
2. Frustrierung durch die bisherige Lebensweise als Dandy;
3. Tod Berta Hofmanns, der Tante und Adoptivmutter Beer-Hofmanns, am 30.12.1891 und die damit verbundene Beschäftigung mit der Frage nach dem Sinn des Lebens;
4. Gründung einer Familie: Begegnung mit Paula 1895, Heirat sowie Paulas Übertritt zum Judentum[21] und Geburt des ersten Kindes 1897;
5. Zionismus, konkret Herzls Schrift *Der Judenstaat*.
6. Lektüre der Bibel.

5. Die Historie von König David:
Dichtung als Ausdruck jüdischer Identität

5.1. Jaákobs Traum

Jaákobs Traum - Ein Vorspiel stellt den Konflikt um den Segen Isaaks zwischen Jaákob und Esau sowie vor allem den Traum Jaákobs dar. Dieser wird als Dialog Jaákobs mit den Erzengeln, Samáel und Gott gezeigt, wobei Jaákob bewußt stellvertretend für die Menschheit die mit Leiden verbundene Auserwählung Israels annimmt.

Gleich zu Beginn von *Jaákobs Traum* wird das Thema, die *Erwählung* Israels (begründet durch sein Leiden), mit den Zitaten von Jes 49,1.3.6.7[22] angegeben. Auf (fast) jeder Seite des Stückes[23] wird expressis verbis die Erwählung des Volkes Israels, das Jaákob stellvertretend darstellt, angesprochen.

Während die Erzengel und Samáel nur jeweils eine Seite der Erwählung, sozusagen als These und Antithese, betonen, erkennt Jaákob - als Synthese - deren volle Tragweite.

Hofmann and Theodor Herzl), hg. v. Jeffrey B. Berlin. In: Mark H. Gelber: (Hg.): Identity and Ethos. A Festschrift for Sol Liptzin on the Occassion of His 85th Birthday. New York, Bern, Frankfurt 1986, S. 135.

21 Dieses Motiv betont Alex Bein: *Richard Beer-Hofmann - der Dichter und der Mensch*. In: Zeitschrift für Religions- und Geistesgeschichte 35 (1983), S. 54f. Die Mischehe war in Österreich gesetzlich verboten, es war somit bei der Eheschließung die Konfessionslosigkeit oder der Konfessionswechsel eines Ehepartners notwendig. In der Regel trat der jüdische Partner zum Christentum über oder ein Ehepartner blieb konfessionslos. Seltener war der Übertritt zum Judentum; vgl. Marsha M. Rozenblit [Anm. 8], S. 133-151.

22 Richard Beer-Hofmann [Anm. 16], S. 16.

23 Ausnahme: ebd. S.32-40.

Samáel:
>Du *Tor*! Von Gott erkorener Prügelknabe!
>An deinem Dulderleibe peitscht Er ewig
>Sein Gotttum allen anderen Völkern ein! (...)
>Wähnst du Ihn stolz? Gib acht - Er nimmt es an!
>Er lädt dir auf, bis dir der Nacken bricht!
>Man geißelt dich, du raffst dich auf - Er sieht es!
>Verschmachtend schleppst du dich - Er duldet es,
>Labt nicht den Gaumen, der dir röchelnd dorrt...
>Er wird sich deiner nicht erbarmen![24]

Dies wird von Gottes Stimme bestätigt:

>*Wahr* ist Samáels Wort! (...)
>Wenn andre, knieend, zum Erbarmer flehen,
>Üb' ich Erbarmen - wie der Herr am Knecht!
>Doch du - sollst aufrecht vor dem Vater stehen,
>Erbarmen - weig're ich! Fordere du - dein Recht!
>Um meinen Namen magst du Un-Erhörtes dulden -
>Doch, noch in Martern, fühl', daß ich - dich nie verwarf!
>*Die Stimme dunkelt; unendliche Liebe entströmt ihrem Klang.*
>Ich will ja nur - mein Sohn - mich dir so tief verschulden,
>Daß ich - zur Sühne - dich erhöh'n vor allen darf![25]

Ziel und Zweck der mit Leiden verbundenen Erwählung ist die Mittlerrolle Israels zwischen Gott und Menschen. Israel bzw. Jaákob steht dabei als gleichwertiger Partner in einem Dialogverhältnis mit Gott. Irdische Macht und Herrschaft sind für die Erwählung irrelevant.[26] Jaákob nimmt, nach anfänglichem Zögern und Mutlosigkeit[27] die Erwählung an, und zwar nicht im Traum, sondern bewußt danach:

>So wählt *mein* Blut Er aus zum stolzen Reise -
>In allen Zeiten sprießend, nie verdorrt - (...)
>Daß *meinem* Mund - von neuem immer wieder -
>Entstürze Seines ewigen Willens Wort!
>Und zwischen mir und sorglos jungem Blühen
>Brach darum Brücke Er entzwei und Steg -
>Daß *ewig ich*, mit Menschenschritt, hiernieden
>Mitschreite Seinen fernen Gottesweg,
>Und - Leid mit Seinem Worte lösend - hier

---

24   Ebd. S. 79-81.
25   Ebd. S. 81.
26   Ebd. S. 75.
27   Ebd. S. 73f.

Sein ewiger Mund und ewiger Anwalt werde.[28]

5.2. *Der junge David und Das Vorspiel auf dem Theater zu König David*

Der junge David behandelt in „7 Bildern" die Auseinandersetzung Sauls mit David
und seine Verwerfung, den inneren Konflikt Davids vor dem Krieg zwischen Saul
und den Pelischtim (Philister) und Davids Krönung in Hebron. Vorangestellt ist
dem *Jungen David* der Prolog *Ruth*, der den Inhalt des biblischen Buches Rut wie-
dergibt. Topoi sind die Treue (zu Gott und Volk) und die Erwählung Israels.
Treue als Hauptthema des Stückes wird allein schon durch die Häufigkeit des
Wortes „Treue" im ganzen Stück bestätigt.[29] Das Thema Treue wird im *Jungen
David* in verschiedenen Varianten dargestellt und durch einzelne Personen verdeutlicht (bes. im Prolog und Bild 4-7 sowie an den Personen David, Ruth, Timnah, Maácha, Eliab, Uriah). Der Konflikt Davids bei Ausbruch des Krieges zwischen Schaúl und den Pelischtim ist ein Konflikt der Treue, die David beiden Par-
teien gegenüber verpflichtet und der erst gelöst wird, als die Pelischtim David aus
der Verpflichtung ihnen gegenüber entlassen.[30] Auch Davids Entscheidung für die
Krone nach Maáchas Tod bedeutet Treue zu seinem Volk, so „der Alte" zu David:
> Du bist nicht *dein!* - ein Volk hat dich erträumt! -
> Erschaffen aus der Sehnsucht von Geschlechtern,
> Steigst du aus ihrem Traum - gehst ein in ihre Sage!
> Die Heimat rief dich, eh du warst - sie *ruft* dich - -
> Laß deine Heimat, David, nicht allein![31]

Diese Treue zum Volk Israel begründet die Erwählung Davids. So David:
> *Nur* solang du
> Zu tausend schweren Pflichten *selbst* dich wählst -
> Bereit, dich hinzugeben, wenn es ruft - -
> So - *lang*: „*Erwählt*" - (...)
> - und *keinen* Atem länger![32]

Aufgabe der Erwählung ist die Verkündigung von Gottes Wort. Das Thema des
Dialoges mit Gott ist im *Jungen David* gegenüber *Jaákobs Traum* zurückgetreten.
David steht nicht im direkten Dialog mit Gott wie Jaákob. Auch die Antwort auf
die Frage nach dem Grund des Leidens wird im *Jungen David* etwas variiert: Ne-

---

28 Ebd.
29 Ebd. S. 89. 100. 117ff. 122. 140. 152f. 155. 158f. 175. 187. 199. 207-211f. 236. 238.
    247. 292.
30 Ebd. S. 202-250.
31 Ebd. S. 301.
32 Ebd.

ben der Erwählung wird die Unergründbarkeit Gottes angegeben[33], während in *Jaákobs Traum* das Leiden ausschließlich mit der Erwählung Israels begründet wird.

Im *Vorspiel* tritt in der Rolle des Prologs der Autor auf und verdeutlicht das Selbstverständnis Beer-Hofmanns als erwählter Dichter (in seiner Erwählung vergleichbar mit Jaákob und David)[34]:

> Herr bin ich, der als Herr dient - nicht als Knecht!
> Mein Wort ist nichts als meines Herzens Schlagen,
> Um euer Herz zu gleichem Puls zu zwingen -
> Ist Amt - ist Dienst -[35]

Diese Auserwählung ist zugleich Funktion und Aufgabe des Dichters:

> Ein Mensch bin ich, voll Fehler, sehr gering - -
> Nur ward - zeit meines Lebens - mir verliehn zu tönen,
> Wenn rauschend Gottes Sturm durch meine Wipfel ging![36]

5.3. Die Quellen der Historie von König David

Beer-Hofmann setzt beim Leser die Kenntnis der biblischen Vorlage voraus, die heute nicht mehr gegeben ist und somit für den Leser der Gegenwart den Zugang zur *Historie* erschwert.

Die Handlung von *Jaákobs Traum* ist in der Genesis vorgegeben, allerdings hat Beer-Hofmann sie frei gestaltet. So wurden Gen 28,10-22 (Traum Jakobs in Bethel) und Gen 32,23-33 (Kampf Jakobs am Jabbok) zusammengefaßt. Die Grundlage für die Aussage und Botschaft des Dramas sind die Ebed-Lieder von Deuterojesaja, deren Verse Beer-Hofmann der Erstausgabe von *Jaákobs Traum* (1918) voranstellte.[37] Die Gestalt Jakobs gilt allgemein in der jüdischen Tradition als soteriologische Mittlergestalt.

Grundlage der Handlung im *Jungen David* sind die Berichte in 1 Sam, 2 Sam und 1 Chr. Beer-Hofmann benutzte die Übersetzungen von Luther, Kittel und Kautzsch. Für die Charakteristik der Personen, Bühnenbild u.ä. zog er die christlich-theologische Fachliteratur hinzu (u.a. Baentsch, Bertholet, Duhm, Guthe, Har-

---

33 Ebd. S. 104.
34 Ebd. S. 112ff. 131ff.
35 Ebd. S. 314; vgl. dazu Jaákobs Erwählung, bes. S. 76.
36 Ebd. S. 315; vgl. auch 316 und Jaákobs Erwählung, S. 78 u.ö.!
37 Ebd. S. 157-170, ebenso noch in der 23./24. Auflage von *Jaákobs Traum* (1925), S.159-170, aber nicht mehr in den *Gesammelten Werken* (1963). Die Erstausgabe von *Jaákobs Traum* (1918) enthält auch den Anhang „Aus der Heiligen Schrift zu Jaákobs Traum", wo die biblischen Belege zu den (in der Erstausgabe durchnumerierten) Versen von *Jaákobs Traum* aufgelistet und zitiert werden.

nack, Smend, Riehm)[38]. Der Gestalt Davids kommt in der gesamten jüdischen Tradition eine besondere Bedeutung zu. Bereits im rabbinischen Judentum dient David zur exemplarischen Darstellung jüdischer Identität.

Nach seinem *Umgang mit der biblischen Vorlage* befragt, antwortete Beer-Hofmann:

> Im wesentlichen kann manches, was neu erscheint, aus den Zeilen der Bibel herausgelesen werden, oder es kann zwischen den Zeilen der Bibel, ohne ihnen zu widersprechen, seinen Platz finden.[39]

Beer-Hofmann äußerte, auf den Gegenwartsbezug von *Jaákobs Traum* angesprochen:

> Ich kann darauf natürlich nur antworten, daß jede meiner Gestalten, der Jaakob des biblischen Dramas oder mein König David, in keinem Zug verleugnen wollen, von meinem heutigen Weltbild bestimmt zu sein. Zeitlich scheinen sie unserer Gegenwart entrückt, dies ist eine mir gemäß erscheinende Kunstform, in der ich schließlich aber doch ganz unzweideutig meine Auseinandersetzung mit dem, was uns heute bewegt, versuche.[40]

Auffallend sind einige Parallelen zwischen dem *Ring des Nibelungen* und der *Historie von König David*. Es besteht die begründete Annahme, daß *Der Junge David* als Gegenreaktion zu Wagners *Ring des Nibelungen*, insbesondere *Siegfried*, konzipiert ist. Gemeinsam ist beiden die Wiederbelebung eines Stoffes aus der „Glanzzeit" der jüdischen bzw. der „germanischen" Vergangenheit, dargestellt am Schicksal eines als Symbol dieser Vergangenheit geltenden „Helden" sowie „Treue" zum „Volk" als Topos des jeweiligen Werkes. Treue und Verrat sind Hauptmotive bei Wagner.[41] Eine weitere Parallele ist die Betonung des freien Willens des Menschen gegenüber Gott. Man darf bei Beer-Hofmann die Kenntnis der Opern Wagners voraussetzen, da die Wiener Oper eine der bedeutendsten Wagnerstätten war. Nicht zuletzt war Beer-Hofmanns Freund Hermann Bahr mit der als Wagner-Interpretin bekannten Wiener Opernsängerin Anna von Mildenburg verheiratet.

---

38 Ausführliche Bibliographie und Auswertung der von Beer-Hofmann verwendeten Literatur bei Ulrike Peters [Anm. 3] , S. 148-156. 344-356.

39 Viktor Polzer: *'Der junge David'. Von Richard Beer-Hofmann. (Aus einem Gespräch).* In: Neue Freie Presse 6.1.1934, S. 27.

40 Kurt Marilaun: *Gespräch mit Richard Beer-Hofmann.* In: Neues Wiener Journal 26.10.1923, S. 4.

41 Hans Mayer: *Richard Wagner in Selbstzeugnissen und Bilddokumenten.* In: Rowohlts Monographien. Hamburg 1983, S. 96.

6. Erwählung, Leiden und Dialogik als Kennzeichen des jüdischen Volkes in der „Historie von König David"

6.1. Erwählung

Die Auserwählung hat bei Beer-Hofmann zwei Aspekte:
1. Auserwählung Israels und
2. Auserwählung des Dichters.

Die Aufgabe der Erwählung Israels besteht für Beer-Hofmann, im Sinne von Deuterojesaja darin, daß Israel Zeugnis ablegt für Gott, zwischen Gott und der Welt vermittelt und stellvertretend Leid bzw. Schuld für die Welt und Gott trägt. Israel ist also ein „exculpator dei"[42], ein „advocatus dei"[43], ein Partner Gottes.

Unzutreffend ist der Begriff „Chauvinismus", wie Hofmannsthal in einem Brief vom 20.5.1919 es Beer-Hofmann vorgeworfen hat.[44] Beer-Hofmanns Selbstverständnis ist ethnisch, nicht national. Bei Beer-Hofmann fehlt eine Verbindung des Erwählungsgedankens mit Macht (ebenso wie eine Diskriminierung des Anderen, Nicht-Erwählten). Die Idee der Erwählung bei Beer-Hofmann muß aber trotzdem im Rahmen des Zeitgeistes um die Jahrhundertwende gesehen werden.

6.2. Leiden

Das Buch Jes kann primär als Grundlage für Beer-Hofmanns Idee des Leidens und der Theodizee gelten. Die von Beer-Hofmann selbst genau angegebene, vorwiegend christlich-theologische, Fachliteratur und das Fehlen eines Bezuges zur jüdischen Tradition weisen daraufhin, daß für Beer-Hofmanns Deutung von Jes eher die christliche als die jüdische Tradition maßgebend war. Traditionell wird das Leiden im Judentum als Strafe für Sünde und als Läuterung angesehen. Es kommt zwar auch die Idee des stellvertretenden Leidens vor, dargestellt am Beispiel des

---

42 Esther Nies Elstun: *Richard Beer-Hofmann. His Life and Work.* In: The Penn State Series in German Literature. The Pennsylvania State University Press, London 1983, S. 134. 139. Hans-Gerhard Neumann: *Richard Beer-Hofmann. Studien und Materialien zur 'Historie von König David'.* In: Zur Erkenntnis der Dichtung 9. München 1972, S. 220.

43 Werner Vordtriede: *Gespräche mit Richard Beer-Hofmann.* In: Die Neue Rundschau (April 1952), S. 144; Antje Kleinewefers: *Das Problem der Erwählung bei Richard Beer-Hofmann.* In: Judaistische Texte 1. Hildesheim, New York 1972, S.69.

44 Hugo von Hofmannsthal, Richard Beer-Hofmann: *Briefwechsel,* hg. v. Eugene Weber. Frankfurt 1972, S.145-149. Dieser Vorwurf führte zu einer Krise in der Freundschaft zwischen beiden. Auch eine Kritik Hofmannsthals an Schnitzlers *Weg ins Freie* verursachte eine Krise in der Freundschaft Hofmannsthal - Schnitzler, s. *Hugo von Hofmannsthal, Arthur Schnitzler: Briefwechsel,* hg. v. Therese Nickl, Heinrich Schnitzler. Frankfurt 1983, S. 256.

Ebed aus Jes. Aber diese Sicht des Leidens erhielt nie die starke soteriologische Bedeutung wie im Christentum.

Ein Beleg dafür, daß Beer-Hofmann mehr aus dem christlichen als aus dem jüdischen Bereich beeinflußt wurde, ist die Tatsache, daß er nach eigener Aussage von Joseph Viktor Widmanns Drama *Der Heilige und die Tiere* (1905) Anregungen zu *Jaákobs Traum* erhielt.[45]

6.3. Dialogik

Die Dialogik oder Philosophie des Dialogs ist eine um die Jahrhundertwende entstandene, aber erst nach dem 2. Weltkrieg zur eigentlichen Breitenwirkung gelangte Denkströmung. Dabei wird die Begegnung und das Gespräch „zwischen" (Buber) zwei oder mehreren Partnern als wechselseitiges Ereignis aufgefaßt. Hauptvertreter der jüdischen Dialogphilosophie sind Hermann Cohen, Martin Buber und Franz Rosenzweig. Die nichtjüdische Dialogphilosophie (Ebner, Honoré Marcel und Gogarten) bleibt hier aufgrund diverser Unterschiede (z.B. wird das Verhältnis Gott - Mensch nicht als das von gleichwertigen Partnern dargestellt) unberücksichtigt.

Georg Friedrich Wilhelm Hegel (1770-1831) ist sehr wahrscheinlich der Auslöser der Dialogphilosophie in dem Sinne, daß das ursprüngliche Ziel der jüdischen Dialogphilosophie die Widerlegung von Hegels Sicht des Judentums ist. Schon in seinen, nicht für die Veröffentlichung intendierten, *Frühen Theologischen Schriften* kennzeichnet er in seiner Darstellung der Entwicklung der griechischen, römischen und jüdischen Religion das Judentum als die Religion des Gesetzesgehorsams, was dann in den *Vorlesungen über die Philosophie der Religion* weiter ausgeführt wird: Der Gott des Judentums steht über Natur und Mensch und reduziert sie so zu Kreaturen. Das Verhältnis zwischen Gott und Mensch ist durch Distanz gekennzeichnet, eine Vereinigung beider ist unmöglich. Der Mensch kann nur Diener eines fernen, heiligen Herrn sein. Typisch für die jüdische Religion ist somit die Knechtschaft des Menschen unter Gott und sein Gesetz. Dieses Vorurteil wurde von Antisemitismus und christlicher Theologie übernommen. Der Dialog zwischen Gott und Mensch ist nach Hegel im Christentum als der idealen Religion verwirklicht.

Auch ein Einfluß von *Friedrich Wilhelm Nietzsche* (1844-1900) ist bei der Dialogphilosophie zu konstatieren, genauer eine Aufnahme der Philosophie Nietzsches mit umgekehrten Vorzeichen bzw. der Versuch der Korrektur Nietzsches. In *Also sprach Zarathustra. Ein Buch für Alle und Keinen* (1883-1885) stellt Nietzsche das Ideal des „Übermenschen" dar, der vor allem durch Freiheit (von Göttern,

---

45   Sol Liptzin: *Richard Beer-Hofmann and Joseph Viktor Widmann.* In: Modern Austrian Literature 8,3/4 (1975), S. 75f.

49

Mitleid, Moral etc.) gekennzeichnet ist. Voraussetzung der Freiheit ist der Wille. Erst durch den Tod Gottes wird der „Übermensch" ermöglicht.

Ähnlich zeigt *Wagner* - von Nietzsche beeinflußt - in seinem *Ring des Nibelungen* den Untergang und Tod der Götter von Walhall, verdeutlicht besonders durch den Titel des letzten Teiles, *Götterdämmerung*. Die Götter werden vom - durch Siegfried verkörperten - Typus des jungen, freien, furchtlosen, heldenhaften Menschen abgelöst. Die Götter können nicht frei handeln.

Hermann Cohen (1842-1918) legt den Gedanken der Korrelation bzw. des Dialoges in *Die religiösen Bewegungen der Gegenwart* (1914) und ausführlicher in dem - posthum publizierten - Werk *Die Religion der Vernunft aus den Quellen des Judentums* (1919) dar. Mit dem Begriff der Korrelation bezeichnet Cohen das reziproke, sich als Wechselwirkung und Vermittlung darstellende Verhältnis zwischen Gott und Mensch. Dies ist als ein Verhältnis von gleichwertigen Partnern konzipiert und greift somit Bubers Philosophie des *Ich und Du* vor. Der Partner Gottes ist (im Unterschied zu Beer-Hofmann) nicht Israel, sondern im universalen Sinne der Mensch als Individuum. Durch den Mitmenschen ist Gott erfahrbar. Es ist nachweisbar, daß Beer-Hofmann Cohens *Die religiösen Bewegungen der Gegenwart* kannte. Somit kann Beer-Hofmann daraus Impulse für sein Werk erhalten haben, wie den Versuch, Hegels Auffassung vom Christentum als der absoluten Religion zu widerlegen bzw. das Judentum als gleichwertige Religion darzustellen.

Wie bei Cohen und Rosenzweig hat die Dialogik bei *Martin Buber* religiöse Dimensionen. Er vermeidet dabei aber jegliche Verfestigung durch Systematik und Dogmatik. Denn ein Grundsatz der Dialogik ist die Unmittelbarkeit, das Fehlen eines Mittlers. Kennzeichnend ist ferner die freie Basis der Partner als Grunderfahrung des Dialoges. Im Unterschied zu Rosenzweig ist für Buber die Sprache nicht der Ausgangspunkt seiner Dialogik. Es ist sehr wahrscheinlich, daß Buber von Beer-Hofmanns *Jaákobs Traum* zumindest diverse Anregungen empfing. Ein Kontakt zwischen Beer-Hofmann und Buber ist seit 1910 anhand des Briefwechsels nachweisbar[46], der auch Aufschluß über mehrere Treffen beider gibt.[47] Ein Brief Bubers vom 14.2.1917 an Beer-Hofmann, in dem er anfragt, ob er etwas aus der *Historie* in der Zeitschrift *Der Jude* veröffentlichen könne[48], zeigt, daß Buber *Jaákobs Traum* bereits vor der Veröffentlichung kannte; ganz abgesehen von dem Bekanntheitsgrad, den *Jaákobs Traum* nach der Veröffentlichung erlangte. Es ist nicht auszuschließen, daß Buber mit der Angabe der beiden ersten, nicht auffindbaren Manuskripte von *Ich und Du* eine bewußte Vordatierung der Entstehung seiner

---

46 Vgl. den unveröffentlichen Briefwechsel zwischen Buber und Beer-Hofmann im Martin-Buber-Archiv der Jewish National and University Library, Jerusalem. Der Briefwechsel beginnt mit einer Karte Beer-Hofmanns vom 14.11.1910.
47 Ebd., z.B. 1911 (Ms 8329), 1915 (Ms 83,9), 1921 (Ms 83,11).
48 Ebd. Ms 83,38.

Philosophie des Dialogs intendierte, nicht nur im Hinblick auf Cohens Werk, sondern auch bezüglich *Jaákobs Traum*. Ähnlich und wohl nicht zufällig, wurde erst sehr spät die Beteiligung von Bubers Frau als Mitautorin an den *Erzählungen der Chassidim* bekannt.

Die Gründe und Motive für die Entstehung der Dialogphilosophie lassen sich wie folgt zusammenfassen:

- Das erste Werk der Dialogphilosophie ist Cohens *Die Religion der Vernunft aus den Quellen des Judentums*. Ansätze finden sich schon in *Die Religion der Gegenwart*. Erst nach Cohen fand die Dialogphilosophie ihre Verbreitung. Die Kenntnis von Cohens Werk ist bei Rosenzweig und Buber belegt. Ein Einfluß Cohens ist also nicht völlig auszuschliessen, zumindest diverse Anregungen durch Cohens Werk sind zu konstatieren. Hinzu kommen bei Buber Impulse, die er von Beer-Hofmann und Rosenzweig erhalten hat.

- Die Dialogphilosophie ist ein Versuch, die durch die Industrialisierung, Isolierung und insbesondere den 1. Weltkrieg erfahrene Entfremdung zu überwinden. Der 1. Weltkrieg ist der auslösende Faktor für die Entwicklung der Dialogphilosophie bei Beer-Hofmann, Buber und Rosenzweig bzw. der Publikation der entsprechenden Werke.

- Das in der Dialogphilosophie dargestellte partnerschaftliche Verhältnis zwischen Gott und Mensch kann gleichzeitig als Postulat der Selbständigkeit und Entscheidungsfreiheit des Menschen im allgemeinen und der jüdischen Gleichberechtigung im besonderen interpretiert werden.[49]

- Die Dialogphilosophie ist eine Reaktion und Antwort auf den Antisemitismus: Hegel stellte das Verhältnis zwischen Gott und Mensch in der jüdischen Religion als das zwischen Herrn und Diener dar, während sich in der christlichen Religion Gott im Menschen offenbart. Nietzsche stellte den Übermenschen und den - durch Judentum und Christentum propagierten - Untermenschen gegenüber. Für den Übermenschen der Zukunft ist die Religion bzw. Gott irrelevant und „tot". Die Dialogphilosophie stellt das Verhältnis zwischen Gott und Mensch als ein Verhältnis zwischen gleichberechtigten Partnern dar und korrigiert so einerseits Hegels Theorie und gibt andererseits eine religiöse Alternative zu Nietzsche. Belegt wird dies nicht nur allgemein durch den Bekanntheitsgrad und die breite Rezeption von Hegel und Nietzsche, sondern vor allem dadurch, daß sich Cohen, Rosenzweig, Buber und Beer-Hofmann intensiv mit den Werken von Hegel und / oder Nietzsche auseinandersetzten.

---

49 Bezüglich Richard Beer-Hofmanns wird dies aufschlußreich belegt durch seine Nach-laßnotizen *Der Herr, der Sklave, der Diener* und *Die Sünden der Väter, der Gott der Rache*, publiziert in Ulrike Peters [Anm. 3], S. 314-339. 330-341.

Alle vier genannten Aspekte sind für die Entstehung der Dialogphilosophie verantwortlich, die Erfahrungen durch den 1. Weltkrieg und den Antisemitismus waren jedoch die auslösenden Faktoren.

7. Zur Rezeption und Wirkungsgeschichte Beer-Hofmanns

Die anläßlich eines besonderen Geburtstages, des Todestages oder zur Herausgabe des Gesamtwerkes Beer-Hofmanns erschienenen Besprechungen und Essays[50] stellen zwei Aspekte seines Schaffens heraus: Zum einen wird Beer-Hofmann als dekadenter Dichter des Jung-Wiener Kreises, zum anderen als bewußt jüdischer Autor charakterisiert. Die Einordung Beer-Hofmanns als jüdischer Dichter beginnt mit der Publikation und Uraufführung von *Jaákobs Traum* (1918/19), und auch später ist dieses Vorspiel der *Historie von König David* das entscheidende Kriterium für seine Einordnung als jüdischer Autor. Allerdings wird in späteren Besprechungen (im Rückblick auf das Gesamtwerk) auch das *Schlaflied für Mirjam*, der Rote Itzig im *Grafen von Charolais*, die Wende Pauls zum Judentum in *Der Tod Georgs* und natürlich nicht zuletzt *Der Junge David* zur Kennzeichnung des Jüdischen im Werk Beer-Hofmanns angeführt. Die Charakterisierung Beer-Hofmanns als jüdischer Autor erfolgt ohne besondere inhaltliche Begründung bzw. wird als Faktum vorausgesetzt.

Beer-Hofmann erfuhr die größte Resonanz seines Werkes zu Lebzeiten. Schon bevor er als Schriftsteller in Erscheinung getreten war, genoß er im Jung-Wiener Kreis ein hohes Ansehen als Kritiker. Mit Spannung erwartete man seine ersten Novellen. Das *Schlaflied für Mirjam* wurde ausnahmslos positiv aufgenommen. Die größte Wirkung jedoch, und zugleich die Bewertung als jüdischer Autor, erfolgte mit *Jaákobs Traum*.

Eine Rezeption und Nachwirkung des Werkes von Beer-Hofmann ist vor allem bei seinen Zeitgenossen und der nachfolgenden Generation zu konstatieren, und zwar - sieht man von Rainer Maria Rilke ab - nur im jüdischen Bereich. An Namen seien hier Martin Buber, Schalom Ben-Chorin, Theodor Herzl, Erich von Kahler, Sol Liptzin, Theodor Reik, Friedrich Torberg, Franz Werfel und Stefan Zweig genannt. Dazu kommt der Freundeskreis Beer-Hofmanns im Exil: Julius Bab, Hermann Broch, Otto Kalir, R. Kayser, Robert v. Mises, Olga Schnitzler, Werner Vordtriede, Afred Werner (hierzu gehören auch Kahler, Liptzin und Reik). Am stärksten und deutlichsten ist die Wirkung Beer-Hofmanns auf *Erich von Kahler* (*Israel unter den Völkern*, 1936) und *Stefan Zweig* (*Jeremias*, 1917). Hier kann man von einem direkten Einfluß Beer-Hofmanns sprechen, da diese ebenfalls die

---

50 Eine ausführliche Analyse aller heute erreichbaren Besprechungen und Essays bezüglich der Rezeption von Beer-Hofmann als jüdischer Schriftsteller s. bei Ulrike Peters [Anm. 3], S. 255-275.

Auserwählung Israels aufgrund des Leidens betonen. Bei *Franz Werfel* und *Friedrich Torberg* kann man weniger von einem Einfluß Beer-Hofmanns sprechen als vielmehr von Nachwirkungen, die in den Werken beider Autoren zu beobachten sind. Bezüge zu Beer-Hofmann und seinem Werk finden sich in Werfels Roman *Jeremias. Höret die Stimme.* Friedrich Torberg stellte seinem Roman *Süßkind von Trimberg* (1979) die Verse der vierten Strophe des *Schlaflieds für Mirjam* voran und gibt damit die Tendenz seines Romans an.

8. Zusammenfassung

Die *Entwicklung des jüdischen Identitätsbewußtseins* bei Beer-Hofmann und sein Verständnis vom Judentum läßt sich schematisch so darstellen:
Assimilationsversuch im Dandyismus, der für Beer-Hofmann aber nicht die Frage nach dem Sinn des Lebens und das Problem der Entfremdung löst
   (*Novellen, Der Tod Georgs*)
          ↓   ↓
Entfremdungskrise durch den Antisemitismus
   (Gestalt des Roten Itzig im *Grafen von Charolais*)
          ↓   ↓
Entstehung eines ethnischen / jüdischen Bewußtseins
   (nicht zuletzt bestärkt durch T. Herzls *Der Judenstaat,*
   Der Tod Georgs, Schlaflied für Mirjam)
          ↓   ↓
ethnische / jüdische Selbstdarstellung durch Dichtung
   (*Schlaflied für Mirjam, Die Historie von König David*):
Religion als symbolische Determinante: Rückgriff auf die biblische Glanzzeit Israels unter David, Judentum primär als „Volk" verstanden, Theologie von der Auserwählung und dem Leiden Israels auf der Grundlage von Jes., ohne Bezug zum traditionell-orthodoxen Judentum.

Auf Beer-Hofmann treffen folgende *Merkmale des Judentums* nach der nationalen und religiösen Definition zu, die ihn als jüdisch im Sinne des Reformjudentums kennzeichnen:
- Jüdische Mutter bzw. jüdische Abstammung;
- Beschneidung;
- Bekenntnis zum Judentum bzw. zum jüdischen „Volke" und zur jüdischen Religion. Dieses Bekenntnis liegt vor allem in Beer-Hofmanns Werk vor (besonders beim *Schlaflied für Mirjam* und *Die Historie von König David*), ferner in Briefen, Interviews und anderen Äußerungen sowie diversen Symbolen (Davidsstern vor dem Eingang seines Hauses, jüdische Namen seiner Kinder). Er verstand das Judentum als Schicksalsgemeinschaft, als

„Volk" und entwickelte in *Jaákobs Traum* eine Theologie der Auswählung Israels durch Gott aufgrund seines Leidens;

- Bejahung der zionistischen Idee, aber keine zionistische Aktivität.

Die Kriterien des orthodoxen Judentums wie „Torafrömmigkeit", Ritus und Gemeindeleben treffen nicht auf Beer-Hofmann zu.

Beer-Hofmann ist also eindeutig als jüdischer Schriftsteller zu bezeichnen, da er sich selbst explizit als solcher verstand und auch als solcher rezipiert wurde. Vor allem die sowohl von Beer-Hofmann als auch seiner Umwelt als jüdisch verstandene *Historie von König David* diente zur ethnischen Selbstdarstellung. Das der Dekadenzdichtung zuzuordnende Frühwerk Beer-Hofmanns (*Novellen*) ist Ausdruck seines Lebensstiles als Dandy ohne jüdisches Bewußtsein und somit seiner Assimilierung. Dann beginnt eine Rückbesinnung auf das Judentum (*Schlaflied für Mirjam, Der Tod Georgs, Der Graf von Charolais*). In der *Historie von König David* schließlich manifestiert sich die jüdische Rückbesinnung am deutlichsten. Beer-Hofmann ist im Sinne des Reformjudentums als jüdisch zu bezeichnen sowohl nach der nationalen als auch nach der religiösen Definition.

Trotz seines Bekanntheitsgrades zu Lebzeiten ist Beer-Hofmann ein heute leider zu Unrecht - vergessener jüdischer Dichter, der als solcher durch sein Werk eine Alternative jüdischer Rückbesinnung zwischen Assimilation und Antisemitismus bot und darin seine Lebensaufgabe sah:

Wenn ich nicht mehr bin, und wenn die, die dann Deutsch lesen, mich zu den ihren zählen wollen, dann werde ich eben ein deutscher Dichter gewesen sein. Eines aber werde ich vor vielen anderen voraushaben - daß ich mich anlehnen kann an eine so lange Reihe von Vorfahren, die unter Bedrängnissen aller Art ihren Gott nie preisgegeben haben.[51]

---

51 Richard Beer-Hofmann, zit. von Herbert Steiner: *Nachwort*. In: Richard Beer-Hofmann: Jaákobs Traum. Gedichte. Gedenkrede auf Mozart. Frankfurt 1956, S. 94.

Sören Eberhardt

Inszenierte Gefühle. Die ästhetizistische Existenz in Richard Beer-Hofmanns Novelle *Das Kind*

> Also spielen wir Theater,
> Spielen unsre eignen Stücke,
> Frühgereift und zart und traurig,
> Die Komödie unsrer Seele,[1]

1894 schreibt Clemens Sokal in einer Rezension für die *Neue Revue* über Beer-Hofmanns Novellen-Band:

> Legt man das aus der Hand, so muß man sich sagen, daß es schade wäre, wenn der Autor ihm nicht weitere folgen ließe, und fragt sich sogleich, wohin er gelangen mag, wenn er seine Wanderung in diesem müden Schlenderschritte beginnt.[2]

Die weitere „Wanderung" Beer-Hofmanns ist in den letzten Jahren zunehmend Objekt literaturwissenschaftlicher Forschung geworden;[3] von den wichtigsten Stationen des Weges - das *Schlaflied für Mirjam, Der Tod Georgs, Der Graf von Charolais*, die biblischen Dramen und schließlich *Paula* - wurden die meisten zum Untersuchungsgegenstand von Monographien[4] oder zumindest Aufsätzen.

Der vorliegende Aufsatz will den Blick noch einmal[5] auf die 1893 erschienenen *Novellen* richten, von denen die eine - *Das Kind* - hier vor allem als literarische Auseinandersetzung mit der Problematik der ästhetizistischen Existenz gelesen werden soll.

---

1   Hugo von Hofmannsthal: *Prolog zu dem Buch „Anatol"*. In: Hugo von Hofmannsthal: *Sämtliche Werke. Kritische Ausgabe*. Veranstaltet vom Freien Deutschen Hochstift. Hg. v. Rudolf Hirsch, Clemens Köttelwelsch u. a. Bd. 1: *Gedichte* 1. Hg. v. Eugene Weber. S. 24f. Zitat S. 25.

2   Clemens Sokal: *Junge Novellen*. In: Neue Revue (Wien), 5. Jg., Nr. 7, 31.1.1894, S. 219.

3   1993 erschienen 3 Monographien und die Aufsatzsammlung *Richard Beer-Hofmann (1866-1945). Studien zu seinem Werk*. Hg. v. Norbert Otto Eke und Günter Helmes. Würzburg 1993.

4   Die herausragende Arbeit darunter ist sicherlich: Stefan Scherer: *Richard Beer-Hofmann und die Wiener Moderne*. Tübingen 1993.

5   Den Versuch einer ausführliche Analyse habe ich bereits unternommen in: Sören Eberhardt: *Der zerbrochene Spiegel. Zu Ästhetizismus und Tod in Richard Beer-Hofmanns „Novellen"*. Paderborn 1993.

Daß den *Novellen* bislang wenig Aufmerksamkeit zuteil wurden, muß nicht nur der - das Werk des Autors ja ohnehin im ganzen betreffenden - Vergeßlichkeit der Literaturgeschichte angelastet werden, sondern sicherlich auch der Haltung, die er selbst dem eigenen Frühwerk gegenüber eingenommen hat: Die Ablehnung seiner Novellen durch Beer-Hofmann im Alter führte dazu, daß sie nicht in den 1963 erschienenen *Gesammelten Werken* zu finden sind, die einem Plan des Autors für eine Ausgabe von 1944 folgten.

Ein wenig befremdet stellte bereits 1943 Werner Vordtriede bei seinen „Gesprächen mit Beer-Hofmann" fest:

Sein [...] erstes Werk, die Novellen *Das Kind* [sic!] erwähnt Beer-Hofmann nie, ganz so, als gehörten sie nicht zu seinem Werk, während er sonst jede seiner wenigen Arbeiten von Zeit zu Zeit als Lebenszeugnis heranzieht.[6]

Unzufriedenheit mit dem künstlerischen Wert der *Novelle(n)* war es aber nicht, was die „Verleugnung" des Frühwerks bewirkte. Denn die dort zu beobachtenden stilistischen Verfahren hat Beer-Hofmann in seinem Prosawerk - etwa im *Tod Georgs* - weiterentwickelt, und noch sein letztes Werk, *Paula*, weist - wie Scherer bemerkt - einige „stilistische und motivische Affinitäten zum Frühwerk"[7] auf.

Es waren andere Gründe für die Distanzierung von den *Novellen* ausschlaggebend, Gründe, die verständlich werden vor dem Hintergrund der Beer-Hofmannschen Trennung von Dichtung in erschütternde, die „erschreckende[s] und beglückende[s] Erschauern"[8] mit sich bringt, auf der einen Seite und jene, die „an sich selbst sich ergötzendes, widerliches Spiel"[9] bleibt, auf der anderen Seite: In einem Brief an Prof. Richard von Mises von 1944 schreibt Beer-Hofmann zu den *Novellen*:

Ich mußte mich immer fragen: „Wer glaubt mir denn noch etwas, wenn ich mich hier mit Worten an eingebildeten Situationen errege? Wie wird man mir's glauben, wenn ich einmal über Wirkliches erregt bin?"[10]

Damit lehnt Beer-Hofmann jede Form von „l'art pour l'art" ab, die - getragen von einer Art Hofmannsthalscher „Präexistenz" - noch nicht ernsthaft bestimmte Fragestellungen verhandelt, sondern bloß mit Stoffen und Motiven spielt. Felix Dörmann schreibt in seiner Rezension der *Novellen* für die *Neue Deutsche Rundschau* 1894:

---

6   Werner Vordtriede: *Gespräche mit Beer-Hofmann*. In: Neue Deutsche Rundschau 63 (1952). S. 122-151. Zitat S. 135.

7   Scherer: *Richard Beer-Hofmann*. a.a.O. S. 166. Vgl. ebd. S. 171f.

8   Richard Beer-Hofmann: *Von einer Dichtung reden* (31.7.1938). In: Richard Beer-Hofmann: *Gesammelte Werke*. Frankfurt 1993. S. 630f. Zitat S. 631.

9   Ebd.

10 Vordtriede: *Gespräche mit Beer-Hofmann*. a.a.O. S. 121.

Die Stoffe sind gesucht einfach, so recht, wie wenn der Verfasser sich gesagt
hätte: wartet nur, ich will Euch zeigen, wie das scheinbar Alltägliche aussieht, wenn Ihr es mit meinen Augen betrachtet.[11]
Der Inhalt von *Das Kind* ist schnell umrissen: Der junge Paul, ein reicher Mü-
ßiggänger aus dem Ersten Bezirk Wiens, hat seit drei Jahren ein Verhältnis mit
dem Dienstmädchen Juli - ein Verhältnis, dessen er inzwischen zwar überdrüssig
geworden ist, das er aber dennoch nicht zu beenden imstande ist. Dies rechtfertigt er vor sich selbst damit, daß Juli ein Druckmittel besonderer Wirksamkeit
ihm gegenüber besitzt: Sie hat von ihm ein Kind, das bei Pflegeeltern auf dem
Land lebt. Bei dem Treffen zwischen Juli und Paul, mit dem die Novelle einsetzt, erfährt Paul nun, daß dieses besondere Druckmittel fortgefallen ist: Sein
Kind ist tot. Auf das erste Gefühl der Befreiung folgt ein Wechselbad der Gefühle, von dem auch das - keineswegs beendete - Verhältnis zu Juli nicht unberührt
bleibt. Schließlich entwickelt der junge Dandy Schuldgefühle und sucht ihnen
durch einen Besuch bei den Pflegeeltern des Kindes auf dem Lande zu entkom-
men. Doch diese sind fortgezogen, auch der Versuch, das Grab des Kindes zu
finden, scheitert. Paul verbringt den Tag auf dem Land mit Reflexionen über das
Wesen der Natur und über Schuld. Als er am Abend nach Wien zurückkehrt,
scheint er die Krise überwunden zu haben, die ihm der Tod seines Kindes
brachte - unter dem Motto „Sonne und Blumenduft und Liebe und Jugend"[12] will
er das Leben „festhalten".

Dieses Geschehen wird nicht um seiner selbst willen geschildert, nicht im
Sinne einer sozialkritischen Reportage, wofür der Stoff ja durchaus geeignet
gewesen wäre; es ist vielmehr Folie für die genaue psychologische Porträtierung
eines jungen Mannes, der nicht mehr unmittelbar erlebt, sondern sein Leben zum
Kunstwerk stilisiert.

Paul sieht sich selbst als „Mann der überfeinen Nuancen"[13] und beruft sich
immer wieder auf seinen guten Geschmack, den er vor allem auch in verächtli-
cher Beurteilung kleinbürgerlichen Geschmacks in Kleidungs- und Einrichtungs-
fragen kundtut. Wenn es von Paul, dem Dandy, heißt, daß ihm „seine Freunde
scherzend aufgebracht hatten, er habe ein Mädchen verlassen, nur weil sie zu
einer englischen Straßentoilette einen Spitzenschirm getragen habe"[14], so wirkt
das fast schon so überspitzt wie Karl Kraus' Beschreibung des Dandy Beer-

11 Felix Dörmann: *Richard Beer-Hofmann. Novellen...* In: Neue Deutsche Rundschau,
   Jg. 5, H. 5, Juni 1894, S. 654.
12 Richard Beer-Hofmann: *Große Richard Beer-Hofmann-Ausgabe in sechs Bänden.*
   Hg. v. Günter Helmes, Michael M. Schardt u. Andreas Thomasberger. Bd. 2: *Novellen.* Hg. u. mit e. Nachw. v. Günter Helmes. Paderborn 1993. S. 82.
13 Ebd. S. 25.
14 Ebd.

Hofmann, der „Alles um sich herum zu geschmacklicher Wirkung zu vereinigen [versteht], indem er beispielsweise nur mit solchen jungen Leuten verkehrt, deren Anzug zu dem jeweiligen seinen passt - ..."[15]

Paul begreift das Leben aber auch insofern als Kunst, als seine sinnliche Wahrnehmung dem Diktat eines ästhetischen Zugriffs unterworfen ist, wenn etwa die Schritte Julis im Treppenhaus als „skandierter jambischer Rhythmus von Füßen, die immer zwei Stufen zugleich nahmen"[16], wahrgenommen werden oder wenn sich der Blick Pauls aus dem Fenster zum Betrachten eines Gemäldes wandelt:

> Das matte Creme und kühle Steingrau der Ringstraßenpaläste als Grundton, und dazwischen lustige Farbenkleckse; bunte Staubtücher, die aus offenen Fenstern flatterten, unten auf der Straße mitten aus den dunklen Tönen der Fiaker ein spiegelnder, weißlackierter Milchwagen, rote Pünktchen, - die Kappen einer Gruppe Dienstmännder drüben beim Grand-Hotel; dann mit grellen schreienden Farben eine Annoncensäule, und verstohlen, als gehöre es nicht hierher, sparsam knospendes Grün junger schlanker Bäume in den Alleen.[17]

Paul hat, wie Hofmannsthal es in seinem vielzitierten D'Annunzio-Aufsatz nennt, „die Flucht aus dem Leben"[18] angetreten - hinein in eine ästhetizistische Existenz:

> Es ist, wenn man so will, der paradoxe Rückzug des Lebens aus dem Leben, die Verklärung des Lebens zum Kunstwerk, der Wille, die Realität nur noch als ästhetische zu berücksichtigen...[19]

Diese ästhetizistische Existenz Pauls wird von Beer-Hofmann problematisiert. Der selbstsichere Ästhetizismus, in dem etwa ein Des Esseintes in Huysmans' *A Rebours* sein Leben nach unhinterfragten Geschmacksmaßstäben inszeniert, ist dem Protagonisten von *Das Kind* nicht mehr möglich. Es ist nicht die „offensive, aggressive Form des Ästhetizismus"[20] eines Des Esseintes, die er praktiziert, nicht eine „instinktmäßige, fast somnambule Hingabe an jede Offenbarung des Schönen"[21]; vielmehr spürt er, daß er mit seinem Ästhetizismus auf schwanken-

15 Karl Kraus: *Die demolirte Literatur*. In: Wiener Rundschau. 1. Jg., Nr. 1-4, S. 71.

16 Beer-Hofmann: *Novellen*. a.a.O. S. 35.

17 Ebd. S. 30.

18 Hugo von Hofmannsthal: *Gabriele d'Annunzio (1893)*. In: Hugo von Hofmannsthal: *Gesammelte Werke in zehn Einzelbänden*. Bd. 8: *Reden und Aufsätze I. 1891-1913*. Hg. v. Bernd Schoeller in Beratung mit Rudolf Hirsch. Frankfurt 1979. S. 174-184. Zitat S. 176.

19 Peter Szondi: *Das lyrische Drama des Fin de siécle*. Hg. v. Henriette Beese. Frankfurt 1975. S. 178.

20 Udo Köster: *Die Überwindung des Naturalismus. Begriffe, Theorien und Interpretationen zur deutschen Literatur um 1900*. Hollfeld 1979. S. 51.

21 Hofmannsthal: *Gabriele d'Annunzio*. a.a.O. S. 176.

dem Boden steht. In wenngleich vermittelter Form wird ihm die Problematik des von ihm geführten Lebens bewußt.

Dies geschieht nicht plötzlich und grundlos, vielmehr wird seine Krise durch die existentielle Erfahrung des Todes ausgelöst: Der Tod seines ihm zunächst noch gänzlich gleichgültigen Kindes, der ihn auch mit der eigenen Sterblichkeit konfrontiert, läßt ihn nach neuen Orientierungsmustern suchen. Der Gang der Novelle wird getragen von dieser Suche, die im Spannungsfeld zwischen den Versuchen ästhetizistischer Selbstinszenierung und dem immer wieder aufscheinenden Gefühl der Selbstentfremdung stattfindet.

Auf der einen Seite steht also die noch unverminderte Verwirklichung der Devise „Leben ist Kunst" durch Paul, den Dandy, „den die Farbe, der Schnitt eines Kleides, an seiner Geliebten verstimmen konnte"[22] und der zugleich mit seiner wechselhaften, von Augenblickslaunen bestimmten Lebensweise dem - Goethes *Faust* entnommenen und als rhetorische Frage zu verstehenden - Motto „Sind wir ein Spiel von jedem Druck der Luft?"[23] gerecht wird.

Auf der anderen Seite steht die Schilderung der „Gefühlskomödie, die wir uns und anderen so manchesmal vorspielen"[24], wie Dörmann es in seiner Rezension nennt. Die Oper, sowohl zu Beginn wie auch am Ende der Novelle scheinbar beiläufig erwähnt[25] und immer wieder im Text auftauchend[26], läßt sich bereits als wichtige Metapher für die Künstlichkeit von Pauls Gefühlswelt lesen[27]; zentraler Begriff für die Problematisierung der ästhetizistischen Existenz aber ist der Begriff der „Szene".

Dieser hat zwei verschiedene Aspekte: Zum einen wird die Realität für Paul zur „Szene" verfremdet, bzw. Paul selbst spielt „Szenen" - d.h. das Leben wird zum Schauspiel, das der Ästhet betrachtet und an dem er zugleich selbst teilnimmt; zum anderen erfindet Pauls Phantasie sich eine eigene Wirklichkeit in „Szenen".

Den ersten Aspekt finden wir bereits im ersten Kapitel immer wieder: Paul sieht distanziert dem Schauspiel zu, an dem er teilnimmt, wenn er etwa während

---

22 Beer-Hofmann: *Novellen*. a.a.O. S. 25.
23 Ebd., S. 7.
24 Dörmann: *Richard Beer-Hofmann*. S. 654.
25 Vgl. Beer-Hofmann: *Novellen*. a.a.O. S. 9 sowie S. 82.
26 Vgl. z.B. Beer-Hofmann: *Novellen*. a.a.O. S. 30 sowie S. 44f.
27 Als geradezu verspielt muß man in diesem Zusammenhang die Idee Beer-Hofmanns nennen, Paul ein Zimmer bei einer Frau Wagner nehmen zu lassen, von dem aus er eine junge Frau beobachtet, die er bei einer „Rheingold"-Aufführung kennengelernt hat. Daß im „Rheingold" die Entsagung von der Liebe ein zentrales Motiv ist, während Paul in der Oper „sicher darauf gerechnet [hatte], [...] sie [= die junge Frau] allenfalls nach Hause zu begleiten" (Beer-Hofmann: *Novellen*. a.a.O. S. 44) kann als weitere kleine Anspielung Beer-Hofmanns verstanden werden.

des Gesprächs mit Juli „die ganze Lächerlichkeit der Szene"[28] registriert; er sieht am Ende des Kapitels ein Paar „wie phantastische Schattenspielfiguren, die die Szenen, die sich zwischen ihm und Juli an derselben Stelle abgespielt hatten, parodierten"[29]. So kann die Welt zum bloß in ästhetischer Distanz Betrachteten werden, in dem nichts mehr unmittelbar anrührt.

Paul sieht sich schließlich auch selbst als Schauspieler, wenn Juli „ihm unbewußt das Stichwort"[30] gibt oder er sich daran erinnert, wie sehr er „eine Art künstlerisches Behagen daran [empfindet], dieses Szene zu spielen", in der er Juli verführt.

Die vielen „Als ob" und „Wie", die in diesem Zusammenhang immer wieder im Text erscheinen, lassen alle Handlungen austauschbar und beliebig erscheinen und machen damit das Leben zu einer einzigen unverbindlichen „Szene", in der Paul als Schauspieler von jeder Verantwortung frei zu sein vorgeben kann. Paul inszeniert sich selbst jedoch nicht, um etwas zu kaschieren, um sich zu maskieren. Das „Tiefere", Eigentliche, dem er eine Maske vorhalten könnte, fehlt ihm nämlich: Für Paul gilt die von Bahr popularisierte Formel Machs vom „unrettbaren Ich"[31] insofern, als er kein eigentliches Ich mehr hat. Die zahllosen Schilderungen von Sinneswahrnehmungen und Gefühlen Pauls, die immer wieder hinterfragt und reflektiert werden, unterstreichen: „Nicht das Ich ist das Primäre, sondern die Elemente (Empfindungen)."[32] Auch darum ist Paul ein „Spiel von jedem Druck der Luft": Es gibt keinen „Kern" mehr, auf den die Empfindungen unmittelbar bezogen sind und der sie strukturieren könnte.

Dies erst ermöglicht den fließenden Übergang zwischen Schauspielen und unverfälschtem Gefühl, wobei beide Begriffe in Frage gestellt werden: Was ist noch Schauspiel, was Gefühl? Dabei vermittelt der Begriff der „Szene" in besonderem Maße auch das Bewußtsein eines Defizits: Erlebnisse wirken nicht mehr direkt und insofern für das Subjekt „authentisch". Wie sehr Paul selbst eine fehlende Unmittelbarkeit im Psychischen empfindet, zeigt z. B., daß er im dritten Kapitel eine große Leidenschaft [erwartet], eine Liebe, die ihn *endlich* trotz seines kühlen selbstbeobachtenden Temperamentes in ihre Wirbel ziehen, ihn *endlich* blind und toll und glücklich machen würde.[33]

---

28 Beer-Hofmann: *Novellen.* a.a.O. S. 15.
29 Ebd. S. 23.
30 Ebd. S. 19.
31 „Das Ich ist unrettbar": Ernst Mach: *Die Analyse der Empfindungen und das Verhältnis des Physischen zum Psychischen.* Mit einem Vorwort zum Neudruck von Gereon Wolters. Darmstadt 1985. S. 20.
32 Ebd. S. 19.
33 Beer-Hofmann: *Novellen.* a.a.O. S. 31.

Pauls Hoffnung auf „'die große Liebe', die da einziehen und ihn wehr- und widerstandslos finden sollte"[34], auf die „echte, wahre Liebe"[35] findet ihre Parallelen im Gefühlsleben seines Autors, der im Juli 1893 an seinen Freund Hofmannsthal schreibt: „Wie ein junges dummes Mädel, möcht ich verliebt sein."[36] Nicht mehr zu erreichende Naivität - als Glücksgarantie - steht Distanz und Selbstreflexion gegenüber. Der Brief, dem der zitierte Satz entnommen ist, umschreibt genaustens auch Pauls Gefühlswelt:

... die „Liebe"; was fange ich mit der an, ich der es zeitlebens höchstens zu dem, was man mit anständigen Worten „Sinnenrausch" nennt gebracht hat. Und immer kühl überlegen lächelnd vornehm zu sehen, wie der andere Teil einen liebt und immer wieder anstandshalber die Scenen mitspielen, höchstens den Ehrgeiz empfindend seinen Part gut zu spielen - glauben Sie mir das wird langweilig - sehr -.[37]

Im Begriff der „Szene" verdichtet sich also eine Sichtweise der Realität, die zwar zum einen als Schutzfunktion gegenüber unliebsamer Erfahrung dienen kann, die zugleich aber - wie das Zitat zeigt - letztendlich jegliche die Gefühlswelt unmittelbar affizierende Erfahrung verhindert. Denn Erfahrung wird nunmehr zu oft als unwirklich und nicht-authentisch empfunden.

Wenn aber die Erfahrung den Ansprüchen des Subjekts auf direkte Wirkung nicht genügt, wenn sogar das künstlerische, spielerische Verfügen über das sinnlich Wahrgenommene noch immer als mangelhaft oder unbefriedigend betrachtet wird, dann muß die Phantasie einspringen.

Und daher tauchen neben den „Szenen", zu denen sich die Realität für Paul gestaltet, jene auf, die eben „seine leicht erregbare Phantasie"[38] ihm liefert, so z.B. „die große Szene, die er so oft in Gedanken durchgespielt hatte, mit allen möglichen glücklichen und tragischen Lösungen"[39] - also die erdachte Situation, in der bei Pauls imaginierter Hochzeit Juli mit dem Kind erscheint. Daran anschließend wird eine weitere von der Phantasie erzeugte „Szene" geschildert, die sich ebensosehr „in den Formen abgeschmackter Boulevarddramen"[40] bewegt: Pauls imaginierter legitimer Sohn beginnt - in zwanzig Jahren - ein Verhältnis mit „dem Kind", also der Tochter Julis. Weitere „Szenen", die Pauls reger

---

34 Ebd.
35 Ebd. S. 54.
36 Brief Beer-Hofmanns an Hofmannsthal, 5.7.1893. In: *Hugo von Hofmannsthal - Richard Beer-Hofmann*: Briefwechsel. Frankfurt 1972. S. 21.
37 Ebd. S. 20 f.
38 Ebd. S. 24.
39 Beer-Hofmann: *Novellen.* a.a.O. S. 24.
40 Ebd.

Phantasie entspringen, sind jene vom elenden Sterben seines Kindes[41] sowie jene vom Grab des Kindes[42], die von der Realität krude konterkariert wird.[43]

Die Phantasie wird schließlich von Paul selbst kritisch betrachtet - allerdings nicht, weil sie den eigenen geschmacklichen Ansprüchen nicht gerecht würde oder weil sie an der Wirklichkeit völlig vorbeigeht. Nein, sie wird vielmehr zuletzt - im Zusammenhang mit Pauls Schuldgefühlen - als Last empfunden, weil sie - zwar von realen Anhaltspunkten ausgehend - sich doch immer mehr verlieren und immer neue Gestaltungsversuche einfordern kann:

Hier aber war nichts, was feste Umrisse hatte; freier Spielraum war seiner quälenden Phantasie gelassen, die immer neu erfinden konnte.[44]

Wiederum also wird von Paul die eigene Disposition als unangenehm empfunden - und somit wird wiederum seine ästhetizistische Existenz als problematisch gezeichnet.

Bietet nun das Ende der Novelle eine „Befreiung" Pauls? Wird diese gar herbeigeführt durch den Erkenntnisgang, den Paul in den beiden letzten Kapiteln beschreitet und der über die Positionen Religion, materialistischer Monismus und Auffassung der Natur als „natura naturans" im Schopenhauerschen Sinne schließlich zu einem wiederum ästhetizistisch fundierten Lebenspathos führt?

Paul bleibt am Ende der Novelle seiner bisherigen Lebenspraxis verhaftet, sich von „jedem Druck der Luft" treiben zu lassen; doch diese hat durch den Lauf der Novelle eine neue Qualität gewonnen: Das Lebenskonzept der bloßen Reihung von Eindrücken, gewissermaßen eines gelebten Impressionismus, wird ersetzt durch das ästhetizistische Konzept einer Verwandlung von Eindrücken in Erinnerungen.

Standen Pauls wenige Erinnerungen an Vergangenes bis zum Ende der Novelle ihm noch fremd gegenüber, und ist ihm etwa bei seinem Zurückdenken an die erste Begegnung mit Juli oder das Zimmer in der Taborstraße, „als hätte ein andrer all' die Dinge erzählt"[45], so können nun alle Einzeleindrücke von Juli in ein einziges Bild komprimiert werden, in „eine warme sonnige Erinnerung an Jugend, und einen Sommerabend, warm und sonnig!"[46]

War Paul dem Postulat Andreas in Hofmannsthals *Gestern* gefolgt: „Laß dich von jedem Augenblicke treiben, / [...] / Der Stimmung folg, die deiner niemals

41 Ebd. S. 51.
42 Ebd. S. 61.
43 Vgl. ebd. S. 66-68.
44 Ebd. S. 60.
45 Ebd. S. 31.
46 Ebd. S. 81.

harrt"[47], war auch für Paul die Vergangenheit „das Unverständliche, das war"[48], so räumt der „neue" Ästhetizismus Pauls dem „Gestern" einen Stellenwert ein.

Die das bloße Leben in der Gegenwart propagierende und nur nach Unmittelbarkeit strebende Haltung Pauls ist durch die Erfahrung des Todes gestört worden - denn der Tod des Kindes hat Paul auch mit der eigenen Sterblichkeit konfrontiert. Weil aber das Leben nicht im Lebensvollzug festgehalten werden kann, bleibt als einziges Mittel, um das Leben lebensimmanent zu überhöhen, die Erinnerung. Was für Andrea in *Gestern* quälende Erkenntnis ist, wird so für Paul zum Trost:

> Dies Gestern ist so eins mit deinem Sein,
> Du kannst es nicht verwischen, nicht vergessen:
> Es ist, so lang wir wissen, daß es *war*.[49]

In der Erinnerung nämlich kann jedem zunächst noch flüchtigen Eindruck ein „tieferer" Sinn und Gehalt zugewiesen werden, in der Vergangenheit kann ein „Weltreich des Narziß"[50] errichtet werden, in dem Dinge untereinander und mit dem Subjekt verbunden sind.

Dennoch stellt die Modifikation von Pauls Lebenskonzept keine Apologie des Ästhetizismus dar. Auf den ersten Blick könnte es zwar scheinen, als wolle Beer-Hofmann dadurch eine Lösung für die Problematik der Novelle - nämlich die Problematik der ästhetizistischen Existenz - anbieten, daß er ihr zuletzt gänzlich den Charakter des Problematischen nimmt. Das Mittel dazu wäre jedoch die *reflektierte* Anerkennung der ästhetizistischen Existenz durch Paul: Das Problem dieser Lebensweise würde dann hinfällig, wenn Paul sie bewußt akzeptieren, mehr noch, für sie votieren würde, indem er ganz bewußt alle anderen Möglichkeiten eines Weltentwurfes zurückwiese. Es ist allerdings mehr als fraglich, ob eine aus der Reflexion geborene Entscheidung für das Lebenspathos überhaupt möglich ist, ob es überhaupt einen Weg gibt aus dem Dilemma des Ästheten, das Natürliche gewissermaßen künstlich erzeugen zu wollen.[51] Die Schwierigkeit des

---

47 Hugo von Hofmannsthal: *Sämtliche Werke. Kritische Ausgabe.* Veranstaltet vom Freien Deutschen Hochstift. Hg. v. Rudolf Hirsch, Clemens Köttelwelsch u.a. Bd. 3: *Dramen 1.* Hg. v. Götz Eberhard Hübner, Klaus-Gerhard Pott. Christoph Michel. Frankfurt 1982. S. 15.

48 Ebd. S. 13.

49 Ebd. S. 34.

50 Hartmut Scheible: *Literarischer Jugendstil in Wien.* München, Zürich 1984. S. 28.

51 Besonders prägnant formuliert Wolfdietrich Rasch dieses Dilemma, wenn er schreibt, dieses ist „die eigentliche Problematik dieser Zeit. Sie will überall das Unmittelbare, und was sie findet und schafft, sind lauter Vermittlungen. Sie wertet [...] das Elementare und Unbewußte, das Spontane und Ursprüngliche besonders hoch und stellt es über alles Abgeleitete. Aber sie kann die unbewußte Regung nicht erzwingen." (Wolfdietrisch Rasch: *Aspekte der deutschen Literatur um 1900. In:*

Versuchs, Reflexivität durch Reflexivität aufzuheben, war Beer-Hofmann selbst bewußt.[52]

Aber das scharfe Bewußtsein, das einer solchen Möglichkeit zugrunde zu legen wäre, ist bei Paul auch gar nicht vorhanden. Paul hat sich den verschiedenen philosophischen Modellen nur deshalb zugewandt, weil der Tod des Kindes seinen augenblicksorientierten ästhetizistischen Lebensentwurf in Frage gestellt hat. Gleichzeitig ist sein Erkenntnisgang aber selbst Bestätigung seiner bisherigen Lebenspraxis: Die Tatsache allein, daß Paul die verschiedenen Positionen mit solcher Leichtigkeit probehalber einnehmen konnte, ist bereits Beweis dafür, daß das Hauptproblem seiner ästhetizistischen Existenz, der Mangel an Authentizität von Gefühlen oder Meinungen, den gesamten Gang der Novelle hindurch von gleichbleibender Bedeutung war. Die Wahl verschiedener Weltentwürfe war auf dem Boden von Pauls ästhetizistischer Haltung als freies Spiel mit Entwürfen möglich. Nur so kann er etwa an die Naturbilder im letzten Kapitel Interpretamente herantragen und zugleich der festen Überzeugung sein, seine Folgerungen verdankten sich einem objektiv vorgegebenen Sinn dieser Bilder. Wie Paul immer wieder „Szenen" spielt, die für ihn Wirklichkeitscharakter erhalten, kann er auch Weltentwürfe annehmen, bis sie ihm überzeugend erscheinen. Dies wird besonders am Modell „Religion" deutlich, bei dem Paul sich noch bewußt ist: „Ein Heilmittel wie die meisten; es half nur, wenn man daran glaubte."[53] Daß er bei dem Versuch, in einem Gebet den Zugang zur Religion zurückzugewinnen, scheitert - und ebenso beim Glauben an bestimmte zeitgemäße Weltanschauungen - ist freilich die andere Seite der Medaille: Gerade die Unverbindlichkeit, die die spielerische Leichtigkeit im Umgang mit seinen Weltentwürfen mit sich bringt, läßt Paul stets schnell wieder zu neuen Sinnmodelle greifen - zuletzt eben zu seinem im Lebenspathos wurzelnden Wunsch nach unvermitteltem Genuß.

So entspringt die Haltung Pauls am Ende der Novelle nicht der tatsächlichen Zurückweisung anderer Weltentwürfe, sondern letztlich nur einer weiteren Stimmung. Nicht das Bewußtsein eines Mangels an Überzeugungskraft anderer Welt- und Sinnentwürfe führt zu Pauls Einstellung am Ende der Novelle, sondern bloß das unbestimmte Gefühl, daß weder die metaphysische Position in Form traditioneller Religiosität noch der monistische Materialismus à la Haeckel, noch das Schopenhauersche Konzept einer „natura naturans" erfolgreich darin sein könnten, ihm Halt zu geben. Nicht Reflexion, sondern die augenblickliche Gefühlslage entscheidet.

Deutsche Literatur der Jahrhundertwende. Hg. v. Viktor Žmegač. Königstein/Ts 1981 (= Neue wissenschaftl. Bibliothek 113). S. 18-48. Zitat S. 33.)

52 Vgl. Allkemper: *Tod und Leben.* In: *Richard Beer-Hofmann (1866-1945).* Hg. v. Eke und Helmes. a.a.O. S. 43.

53 Beer-Hofmann: *Novellen.* a.a.O. S. 56.

Das Motto „Sind wir ein Spiel von jedem Druck der Luft?" gewinnt am Schluß der Novelle noch ein letztes Mal an Relevanz: Die dort gestellte Frage nach den Positionen Freiheit versus Determiniertheit des Menschen betrifft nun das Spannungsfeld zwischen der Freiheit eines auf Aktivität gerichteten Lebenspathos und der Tatsache, daß eben dieses Konzept Pauls von Freiheit einer Determiniertheit durch seine ästhetizistische Existenz entspringt.

Die Entscheidung Pauls für das Muster Lebenspathos macht also die Möglichkeit einer „Lösung" im Sinne einer Überwindung der ästhetizistischen Existenz doppelt fragwürdig: Zum einen wird Paul selbstverständlich der wechselhafte Lebemann bleiben und daher mit seinem Lebensentwurf weiterhin „ein Spiel von jedem Druck der Luft" bleiben. Sogar wenn es nicht mehr die Suche nach einem verborgenen Sinn sein wird, die ihn umhertreibt, so bedeutet doch die Jagd nach Genuß, sich selbst - freiwillig - immer neuem „Druck der Luft" auszusetzen. Doch ist es eben auch nicht auszuschließen, daß Paul sich einer weiteren Krise ausgesetzt sehen könnte, die eine erneute Sinnsuche auslöst. Wenn nämlich das letzte Orientierungsmuster Pauls selbst einem „Druck der Luft" entspringt, ist seine Endgültigkeit sehr in Frage gestellt.

So entpuppt sich das Ende der Novelle als ein offenes, das den Protagonisten Paul nur scheinbar in ein erfüllte(re)s Leben entläßt. Das Problem der ästhetizistischen Existenz ist weder für ihn gelöst noch für den Schriftsteller Beer-Hofmann, der es ein weiteres Mal in *Der Tod Georgs* verhandeln wird. Die dann dort vorgestellte Lösung ist für den Autor - wenn auch nicht für zahlreiche Kritiker - wohl eine zufriedenstellendere und endgültige. Abgezeichnet hatte sie sich bereits im *Schlaflied für Mirjam*: „In uns sind Alle. Wer fühlt sich allein?" Die Orientierung auf das Judentum - gerade auf dem Hintergrund seiner ganz persönlichen familiären Situation - gab Beer-Hofmanns Leben und Werk eine neue Richtung.

Der Bedeutung der Geburt seiner Tochter Mirjam für seine persönliche Haltung verleiht der Autor in einem Brief an Hugo von Hofmannsthal Ausdruck:

ich glaube daß jetzt schwer Lügenhaftes und Erkünsteltes Macht über mich gewinnen könnte. Bei allem Bisherigen konnte noch manchmal ein Mißtrauen aufkommen: Was ist wahres Empfinden, und wieviel Selbstbelügen und wieviel Stimmung und wieviel Einfluß von fremden Worten und Gedanken Anderer? Jetzt aber scheint es mir als hätte ich ein unveränderliches und sicheres Maß geschenkt bekommen das mich abhält Leeres und Gleichgiltiges für voll und wichtig zu nehmen. Denn es gibt Nichts was so einfach, klar und

unverrückbar wäre wie das Verhältnis von Vater zu Kind. Denn das ist nicht irgend eine Beziehung des Lebens, es ist ja das Leben selbst;[54]
Die im „müden Schlenderschritte"[55] begonnene Wanderung Beer-Hofmanns findet hier eine entscheidende Wendung, ganz so, wie Hofmannsthal in *Ad me ipsum* formuliert: „Der Weg zum Leben (und zum Sozialen) durch das Werk und durch das Kind"[56]: Beer-Hofmanns Weg ging - auch durch das Kind Mirjam - weg von seinem Werk *Das Kind*. Es bleibt jedoch zu fragen, ob die Ablehnung seines Frühwerks nicht dessen kritisches Potential verleugnet: Läßt sich die Novelle nicht - etwa neben Hofmannsthals frühen lyrischen Dramen - als ein Dokument der Dilemmata des Ästhetentums lesen?

---

54 Brief Beer-Hofmanns an Hofmannsthal, 5.9.1897. In: *Hofmannsthal - Beer-Hofmann: Briefwechsel.* a.a.O. S. 70f.
55 Sokal: *Junge Novellen.* a.a.O. S. 219.
56 Hugo von Hofmannsthal: *Ad me ipsum.* In: Hugo von Hofmannsthal: *Gesammelte Werke in zehn Einzelbänden.* Bd. 10: *Reden und Aufsätze III. (1925-1929), Buch der Freunde, Aufzeichnungen (1889-1929),.* Zitat S. 603.

Michael M. Schardt

Einsamkeit und Trost in Gedichten von R. Beer-Hofmann

1. Vorbemerkung

Die Lyrik von Richard Beer-Hofmann ist - soweit ich sehe - so etwas wie das Stiefkind der Beer-Hofmann-Forschung geblieben, auch wenn zu konstatieren ist, daß es mehrere Einzelstudien zum *Schlaflied für Mirjam* gibt und zwei zusammenfassende Beiträge zu den Gedichten von Werner Kraft und Stefan Scherer vorliegen.

Der letzte Aufsatz zum *Schlaflied* stammt von Sören Eberhardt und wurde unter dem Titel „Geburt zum Tod - Leben durch das Judentum" in dem von Günter Helmes und Norbert Otto Eke herausgegebenen Band „Richard Beer-Hofmann. Studien zu seinem Werk" 1993 publiziert. Eberhardt unterzieht das Gedicht einer feinen Mikroanalyse, die in ihrer weiterführenden Perspektivierung im Hinblick auf die übrige Lyrik und das Gesamtwerk sicher noch konkretisiert werden sollte, in ihrer detaillierten immanenten Textbeschreibung aber Bestand hat. Werner Krafts Aufsatz zum Werk Beer-Hofmanns aus dem Jahre 1959 stellt nach wie vor eine der besten Auseinandersetzungen mit seinem lyrischen Schaffen dar, auch wenn einzelne Texte aus dem Band *Verse* noch nicht befriedigend interpretiert wurden oder andere ganz unberücksichtigt blieben. Stefan Scherer hat in seinem Buch *Richard Beer-Hofmann und die Wiener Moderne* aus dem Jahre 1993 einen Gesamtüberblick über die Lyrik gegeben und jedes Gedicht kurz behandelt oder wenigstens genannt. Dabei kann er die Diskussion um die Poesie des Dichters in nicht wenigen Punkten deutlich weiterführen. Jedoch kommen einige der besseren Versuche dabei zu kurz und werden allzuschnell als mißglückt abgetan. Scherer bestätigt und wiederholt vielmehr das bestehende Urteil, daß allein das *Schlaflied* das einzige formal wie gedanklich gelungene Gedicht Beer-Hofmanns sei, während die überwiegende Zahl der anderen Texte von ihm und vor ihm von anderen Interpreten als „Gelegenheitsgedichte" oder „Gebrauchslyrik" abgetan werden. Indirekt bestätigt auch Ulrike Peters diesen Befund, da sie in ihrem ebenfalls 1993 erschienenen Buch lediglich das *Schlaflied* für eine kurze Analyse heranzieht und die übrige Lyrik gänzlich unberücksichtigt läßt.

Die Beer-Hofmann-Forschung, die insgesamt durchaus kontrovers diskutiert, ist sich in Bezug auf die Lyrik dahingehend einig, daß nur das eine Gedicht, nämlich das *Schlaflied für Mirjam*, beachtenswert sei und es verdiene, bekannter als alle anderen Texte des Dichters zu sein. Demgegenüber stünden andere lyrische Elaborate, die getrost dem Vergessen anheimfallen könnten. Daraus ergibt sich die Frage, ob man Richard Beer-Hofmann überhaupt als Lyriker, oder wenigstens als „Auch-Lyriker" bezeichnen kann. Stefan Scherers Position ist hier, wie die der Vorgänger, eindeutig. Er stellt fest: „Obwohl es selbst aktuelle Lexikonartikel noch immer behaupten, ist Beer-Hofmann kaum als Lyriker im geläufigen Sinn anzusehen." (76) Hieraus ergibt sich für mich als Herausgeber des Lyrikbandes von Beer-Hofmann und Vortragenden über die Lyrik die Frage, ob ich mich hier mit einem Gegenstand befaßt sehe, den es möglicherweise gar nicht gibt.

Diese hier ins Scherzhafte gewandte Frage will und kann keine Antwort geben, die im Wesentlichen den bisherigen Meinungen widerspricht, die auch nicht im Ganzen die Positionen von Kraft, Scherer und anderen ins Gegenteil verkehrt; weil allein schon ein Blick auf die Materialbasis einige Probleme aufwirft, die den Lyriker Beer-Hofmann betreffen. Der 1996 erscheinende Band 1 der sechsbändigen Gesamtedition der Werke im Igel Verlag wird neben zahlreichen verstreuten Texten alle bisher bekannten Gedichte beinhalten: es sind etwas mehr als dreißig an der Zahl. Rechnet man davon die Nachdichtungen, Stammbucheintragungen und jene Entwürfe ab, die als Varianten oder als noch zu integrierende Teile der Dramen gedacht waren, so bleiben kaum ein Dutzend Gedichte übrig, die Beer-Hofmann hinterlassen hat. Hierbei ist allerdings zu bedenken, daß es noch weitere Gedichte im Nachlaß geben kann.

Ziel meines Vortrags ist es nicht, noch einmal intensiv auf das *Schlaflied* analysierend hinzuweisen: Vielmehr möchte ich auf hauptsächlich drei Gedichte eingehen, die mir einer genaueren Betrachtung wert erscheinen. Vielleicht hilft es mit, die singuläre Bedeutung des „Mirjam"-Liedes etwas zu relativieren und dem „Fast-Lyriker" Beer-Hofmann wenigstens ein wenig die Reverenz zu erweisen.

2. Einsamkeit und Trost in den beiden frühesten Gedichten

Das Motiv des Todes ist bereits vielfach als zentral für das Schaffen Beer-Hofmanns herausgestellt worden. Unter anderem hat Martin Buber in seinem Vorwort zu der Ausgabe der gesammelten Werke (1963) darauf verwiesen; zuletzt konnte Alo Allkemper in dem bereits erwähnten Sammelband von Eke/Helmes die Erkenntnisse über dieses Leitmotiv vertiefen. Der Tod ist auch Thema einiger Gedichte. Ebenso werden verwandte Motive verarbeitet, etwa

Altern, Erbe, Ewigkeit, Zeitlichkeit und Alleinsein. Zu diesem Motivkomplex gehören auch die Themen Einsamkeit und Trost, die ich in den Mittelpunkt meiner Betrachtungen stellen möchte.

Bereits in dem Gedicht *Du warst mir gegeben*, dem ersten lyrischen Versuch Beer-Hofmanns (1897), klingt das Thema an. Das lyrische Ich besingt die gemeinsame Zeit mit der Geliebten, die ihm schicksalhaft gegeben wurde. Dieser Liebe ist ein Kind geschenkt, das den Augenblick des höchsten Glücks ausmacht. Doch selbst in diesem einzigartigen Glücksmoment verschwindet die Angst vor der Einsamkeit nicht, sondern fordert ihren verbalen Ausdruck: Beschwörend ruft er aus:

> Ihr Beide - nicht wahr - *Beide*,
> Ihr laßt mich nicht allein,
> Das Letzte, was ich sehe,
> Sollt ihr - so bet ich - sein!

Nur scheinbar geht es hier um ein individuelles Gefühl und um eine persönliche Befindlichkeit, darauf weist die Formel „so bet ich" nur allzu deutlich hin. Hier wird eine übergeordnete Ebene angerufen, die das Problem zu einem Universellen macht. Einsamkeit gehört für Beer-Hofmann wesentlich zum Menschsein dazu und kann auch durch persönliche Zufriedenheit oder Glück nicht verdrängt werden. Dem lyrischen Ich sitzt die Einsamkeit sozusagen im Nacken, sie ist ihm in jedem Moment präsent. Seine Meditationen gehen übergangslos in die Zukunft, in die Zeit, die den Tod nahen sieht und sogar darüber hinaus. In der letzten der vier Strophen heißt es:

> Mit Augen, schon versagend,
> Halt ich euch dann noch fest,
> Wenn mich das Licht - das liebe -
> Verläßt.

Bis zum irdischen Tod bleiben dem Betenden die ihm nahestehenden Menschen, die Geliebte und das Kind, Nähe und Trost. Ihr Bild nimmt er mit in ein anderes Reich, über das keine Aussage gemacht wird.

Beer-Hofmann hatte sein erstes Gedicht 45 Jahre nach der Entstehung seiner Frau Paula gewidmet; diese war nach ihrem Tod im Amerikanischen Exil 1941 in New York. In dieser Widmung heißt es: „Vor dem Bilde Paulas / Seien diese Verse niedergelegt". Damit holt die Realität die Poesie ein. Das im Gedicht evozierte Bild der Geliebten wird zum Altar, auf den die Verse schmückend und andächtig gelegt werden.

Unübersehbar ist die zeitliche und thematische Nähe von *Du warst mir gegeben* zum *Schlaflied für Mirjam*. Auch hier geht es um ein persönliches Erleben, eine individuelle Einsamkeit, die nicht nur zum Ausgangspunkt eines Gedichts wird, sondern auch in eine überindividuelle Möglichkeit überführt. In der zweiten Strophe wird dem Kind, das nicht den Sinn der Worte verstehen kann, gesagt, daß wir, d. h. die Menschen, Blinde seien, die alleine gehen müßten. In der dritten Strophe steigert sich diese Aussage in die Behauptung: „Keiner kann Keinem ein Erbe sein". Damit scheint es keinen Trost zu geben außer vielleicht den Tod, der das Bewußtsein über die Einsamkeit beendet. Auch das Kind weiß noch nichts von dem Schicksal, in das es hineinwachsen wird, und benötigt noch keinen Trost. Es wird schlafen und ist damit dem Zustand des Todes, dem Zustand der Unbewußtheit nahe. Der Schlaf ist der Bruder des Todes.

Die letzte Strophe führt dann - überraschend - zu einer anderen Erkenntnis. Sie stellt dem Augenblick der Existenz die Existenz der zeitlichen Unbegrenztheit entgegen. Es ist vom Blut der Gewesenen die Rede, das zu Kommenden rollt. Der einzelne Mensch ist Durchgangsstation mit Blick auf ein großes Ziel. Seine Aufgabe, das Erbe, die Pflege und Weitergabe der Tradition, wird sein Trost. Die individuelle Existenz erhält Sinn, das Alleinsein relativiert sich und wird letztlich im Bewältigen der Aufgabe aufgehoben.

Vor diesem in den beiden frühesten Gedichten skizzierten Hintergrund erhält das erste Gedicht, dem ich mich etwas intensiver widmen möchte, konkretere Bezugspunkte, es ist *Der einsame Weg.*

3. Der einsame Weg

An Arthur Schnitzler

Alle Wege, die wir treten,
Münden in die Einsamkeit -
Nimmermüde Stunden jäten
Aus, *was* wuchs an Lust und Leid.

Alles Glück und alles Elend
Blaßt zu fernem Widerschein -
Was beseligend, was quälend,
Geht - läßt uns mit uns allein.

Schritt ich eben nicht im Reigen?
Und was traf, das traf gemeinsam -
Bietet *keine* Hand sich? - *Schweigen*
Sieht mich an - der Weg wird einsam!

Ob ich stieg von Glückes-Thronen,
Ob ich klomm aus Leidens-Gründen -
Dort, wohin *ich* geh zu wohnen,
Will sich *Keiner* zu mir finden.

Ein Erkennen nur, mit klaren
Augen will mich hingeleiten:
Daß auch *vorher* um mich waren -
Unerkannt - nur *Einsamkeiten.*

Das fünfstrophige Gedicht *Der einsame Weg* entstand 1905 und ist möglicherweise im Zusammenhang mit Arthur Schnitzlers Drama gleichen Titels zu lesen, worauf schon Stefan Scherer hingewiesen hat. Das Gedicht ist seinem Freund und Wiener Dichterkollegen zugeeignet.

Schon der Titel benennt das Thema, den einsamen Lebensweg eines Menschen, dessen Erkenntnisprozeß diesmal weitgehend ohne tröstende Wendung verlaufen wird.

Die erste der fünf vierzeiligen kreuzgereimten trochäischen Strophen hebt mit der allgemeinen Feststellung an:

Alle Wege, die wir treten,
Münden in die Einsamkeit

Hierin spiegelt sich Resignation eines offenbar welterfahrenen Individuums wider, daß in seinem Leben schon vieles erlebt, probiert und wieder verworfen hat. Es scheint paradox, daß die finale Erkenntnis, alles Leben ist oder wird Einsamkeit, zu Beginn des Gedichts steht. Der Anfang korrespondiert mit dem Schluß der letzten Strophe, nämlich dem Wissen darum,

Daß auch *vorher* um mich waren -
Unerkannt - nur Einsamkeiten.

Offenbar wird durch den direkten Bezug von Anfang und Ende des Gedichts - und auf einer anderen Ebene des Lebens - eine große Geschlossenheit angestrebt, die nicht nur auf formaler Ebene das Gedicht als einen festgefügten Kreis erscheinen läßt, sondern auch die menschliche Existenz als fast naturgegebenen, wiederkehrenden Kreislauf begreift. Das Gedicht berichtet aus der Retrospektive, was am Ende bleibt, ist nur die Erkenntnis, daß man immer einsam war, eine Erkenntnis, die freilich nicht immer intellektuell begriffen wurde, sondern durch den Lebensweg erst ins Bewußtsein tritt.

Zwischen den Anfang- und Endreimen zieht das Individuum eine erschütternde Bilanz:

Nimmermüde Stunden jäten
Aus, was wuchs an Lust und Leid

Alles Glück und alles Elend
Blaßt zu fernem Widerschein
Was beseligt, was quälend,
Geht - läßt uns mit uns allein

Die Gefühle, unabhängig ob lustvoll oder leidgetragen, verblassen am Ende immer mehr. Glück und Elend wurden früher erlebt, mit anderen erlebt, jetzt, wo die Bilanz zu ziehen ist, sind sie nur noch ein Widerschein ihrer selbst. Melancholisch fragt das Subjekt:

Schritt ich eben nicht im Reigen?
Und was traf, das traf gemeinsam

Aber die im Präteritum formulierten Erinnerungen sind unwiederbringliche Vergangenheit. Die Zeit wechselt ins Präsens: Die Frage „Bietet keine Hand sich"? erscheint nur als rhetorische Vergewisserung, denn die Realität meldet sich umgehend: *„Schweigen-* / sieht mich an - der Weg wird einsam."

Die hier zitierten Strophen zwei und drei geben nur vor, den Lebensweg noch einmal plastisch nachzuzeichnen. Sie fassen formelhaft zusammen, was war und was ist. Sie dienen Beer-Hofmann für die individuelle Bestätigung der allgemeinen Feststellung vom Anfang, daß alle Wege, unabhängig ob leid- oder lustvoll, ins Alleinsein führen.

Auch die vierte Strophe bestätigt diesen Befund: Die beiden ersten Zeilen, wieder im Präteritum gehalten, halten fest, daß sich niemand dem Individuum anzuschließen bereit ist, egal ob es sich bei einem Abstieg von „Glückes-Thronen" oder beim Ersteigen nach „Leidensgründen" befindet.

Dort, wohin ich geh zu wohnen, / Will sich keiner zu mir finden.

Erst hier, am Ende der vorletzten Strophe, wird ein Blick in die Zukunft frei. Das Ich befindet sich auf einem Weg, der noch nicht ganz zu Ende ist, wo es aber ein Zuhause erwartet, wo es wohnen kann. Dort allerdings wird niemand bei ihm sein. Nur aus dieser Erfahrung heraus ergibt sich die abschließende Bemerkung der letzten Strophe, die zu einer „mit klaren Augen" gemachten Erkenntnis führt und die eingangs rezitierte Stelle „Alle Wege münden in die Einsamkeit" zu pluralen „nur Einsamkeiten" steigert, die immer um das Ich waren, aber nie erkannt wurden.

Der melancholische Ton des Gedichts, die resignative Geisteshaltung und schwermütige Gemütsstimmung legen es nahe, bei diesem lyrischen Gebilde von einer Klage zu sprechen, die auch dort keinen positiven Ausgang hat, wo von einem imaginierten Zuhause die Rede ist. Zwar gab es für das Ich Höhen, Tiefen und gemeinsames Erleben, aber am Ende sieht es klar, daß diese Gemeinsamkeiten nur auf Täuschungen und Fehleinschätzungen beruhte. Insofern kann man dem Text einen gar nicht so versteckten aufklärerischen Impetus ohne weiteres annotieren.

4. Altern

Graute dir nicht vor dem Baum, der
Immer nur in Blüte stände,
Ungerührt vom Gang der Zeiten,
Ewig starr in ihrer Wende?

Alle duftend weißen Blätter
Will die Blüte *von* sich streifen,
Tief im Kelch schläft ihr die Sehnsucht
Nach des Sommers heißem Reifen.

Von den sterngegrüßten Wipfeln
Zu den Wurzeln in der Erde
Kreist und pulst der tiefste Wille,
Daß die Blüte Frucht auch werde.

Blüte - Frucht - und *wieder* Samen!
Was ist Anfang, *was* ist Ende?
Nicht um ewiges Blühen hebe
Flehend du empor die Hände!

Wolle nicht, daß die da droben
Ewiger Satzung dich entbinden,
Fliehe nicht vor Vorbeschloßnem,
Stehe still - und *laß* dich finden!

Bebst zurück du vor dem Altern,
Schreckt dich eines Wortes Hall?
Sprich zum Stein nicht: »Du verwitterst«,
Wenn er reifet zum Kristall!

Fühle selig dich verschwistert
Du, dem Baum, dem Stern, dem Stein!
Furchtbar wär es, *ausgeschlossen*
Vom gemeinen Los zu sein!

Sterne, die ins Weite kreisen,
Kennen Unten nicht, nicht Oben -
Raum, wie Zeit: Gespinst, Gespenster,
Die die Sinne u m dich woben!

Blühen, Welken, Tod und Leben -
Kerker, die du dir gemauert!
Brich sie, tritt hinaus ins Freie,
Wo dich klare Luft umschauert!

Dir zu Häupten, dir zu Füßen -
Stern, der steht - und Stern, der irrt!
Alle kreisen! Tritt zu ihnen!
Keiner *war* - und jeder *wird*!

Das Gedicht *Altern* stellt den Interpreten vor offenbar ganz besondere Probleme: dies jedenfalls macht die bisherige Rezeption deutlich, die durchaus widersprüchlich verlaufen ist. In der einzigen überlieferten Rezension des Bandes *Verse* aus dem Jahre 1941 macht Herbert Steiner in *German Quarterly* darauf aufmerksam, daß viele der Gedichte, besonders aber *Altern* von 1906 von einer eigentümlichen Schwere getragen würden, nicht im Sinne, daß es nicht verstanden werden könne, sondern mehr, weil sich hier eine „nach und nach entfaltende, langsam reifende, tief in sich gebundene dichterische Person ausdrückt (209)". Schwer, so Steiner, seien die Verse auch aus einem zweiten Grund, nämlich im Sinne der Sprache, weil die Worte nicht fließen würden, nicht leicht zum Gesang verknüpft seien und getrieben würden wie Metall in weiten Räumen, ganz im Gegensatz zu Hofmannsthal. Dennoch rechnet Steiner das Gedicht *Altern* zu einem „der schönsten nachgoethischen Gedichte".

Werner Kraft stuft das gleiche Gedicht als charaktervoll ein, bezichtigt es aber eines nicht unerheblichen Mangels, den man schließlich Beer-Hofmann selbst zum Vorwurf machen müsse: es fehle die natürliche Einsicht in den Gegenstand, was nichts anderes heißt, als daß es der in der Blüte seiner Jahre stehende Dichter nicht vermag, mit der Problematik des Alterns intellektuell und gestalterisch angemessen umzugehen, weil ihm das Bewußtsein dazu fehlt.

Stefan Scherer macht auf textlogische Probleme und Unstimmigkeiten in der Bilderwahl aufmerksam. Seiner Auffassung nach liege in dem abrupten unbegründeten Wechsel von der Bilderwelt der organischen Natur zur unorganischen ein vermeidbarer Bruch des Textes. Gleichfalls sieht er es als bedenklich an, daß eine weitere erkennbare Logik unnötig aufgebrochen werde. Das Individuum habe sich an den natürlichen Kreislauf des Lebens gewöhnt, was ein naheliegendes Ende des Gedichts gewesen wäre, sieht sich aber veranlaßt, wieder aus diesem Kerker auszubrechen ins Kosmische, womit es die erlangte Geborgenheit des Naturkreislaufes verlasse. Scherer wirft dem Gedicht außerdem eine unangemessene Abstraktion vor, die auch durch den weihevollen hymnischen Ton nicht überblendet werden könne.

Das Gedicht *Altern* besteht aus zehn vierzeiligen Strophen, von denen sich jeweils die zweite und vierte reimen. Es setzt mit dem Bild eines immer in Blüte stehenden Baumes ein, der „ungerührt vom Gang der Zeiten" erstarrt ist, unabhängig vom ständigen Wechsel, der sich um ihn vollzieht. In diesem Bild wird die Frage nach der Unsterblichkeit gestellt und gleich als nicht wünschenswert verworfen.

Die zweite und dritte Strophe verstärkt diesen Befund: ein unsterblicher Zustand im Stadium der Blüte ist ein Elend, da die Natur eine tiefe Sehnsucht hegt „nach des Sommers heißem Reifen".

Es „kreist und pulst der tiefste Wille,
Daß die Blüte Frucht auch werde."

Der Naturwille ist es, der dem menschlichen Wunsch nach Unsterblichkeit entgegensteht. Die Natur sieht einen Kreislauf vor, der zu Beginn der vierten Strophe ausgerufen wird:

Blüte - Frucht und wieder Samen!
Was ist Anfang, was ist Ende?

Die Natur kennt kein Erstarren, sondern nur fortwährendes Fließen. Anfang und Ende gehen ineinander über, heben sich im Turnus auf. Daraus ergibt sich die logische Konsequenz:

Nicht um ewiges Blühen hebe
Flehend du empor die Hände.

Die fünfte Strophe nimmt diesen Gedanken auf. Hier wird pathetisch der Rat erteilt, sich nicht von Göttern von einer ewigen Satzung entbinden zu lassen, nicht vor Vorbeschlossenem zu fliehen; sondern statt dessen still zu stehen und sich finden zu lassen.

Die ersten fünf Strophen sind durchsetzt von Naturbildern und Metaphern, die dazu bestimmt sind, das immerwährende Gesetz der Natur, wie es schon im zuvor behandelten Gedicht beschrieben wurde, zu verdeutlichen. Dieser Kreislauf ist eindeutig positiv konnotiert. Ein Durchbrechen desselben darf nicht angestrebt werden, es bedeutete für das angesprochene Subjekt Erstarrung, wovor es dem lyrischen Ich, dem Redeführer „graut", wie es im ersten Wort des Gedichts heißt. Am Ende der fünften Strophe und damit am Ende der ersten Hälfte des Gedichts wird der Wunsch nach Unsterblichkeit als unsinnige Flucht vor der Realität diagnostiziert. Das „Stehe still - und laß dich finden" bezieht sich auf den Fluchtgedanken. Es fordert nicht auf, starr sich dem Naturkreislauf von „Blühte, Frucht und Samen" zu widersetzen, sondern ihn mitzutragen und die Flucht vor der Sterblichkeit, vor Alter und Tod, aufzugeben. Erst dann ist ein Sich-Finden von Du und Ich möglich. Erst mit der Annahme des Alterns wird die selbstgewählte Isolation zu durchbrechen sein.

Die sechste Strophe verläßt die Bildlichkeit der sich im Kreislauf befinden-den Natur und begibt sich von dieser allgemeingesetzlichen allumfassenden Ebene auf die konkrete, eingeschränkte Ebene des Menschen, der als einzelner nicht vor dem Altern selbst bebt, sondern vielmehr vor des Wortes Hall zurück-schreckt. Hier impliziert das Gedicht, daß die gewohnten Assoziationen, die sich bei dem Wort „altern" einstellen, zu hinterfragen und ad absurdum zu führen sind. Altern wird für gewöhnlich mit körperlichem Zerfall, Krankheit und Tod in Verbindung gebracht. Um diese Angst zu nehmen, führt Beer-Hofmann hier ein Bild aus der anorganischen Natur ein, die im Gegensatz zur organischen nicht für den ewigen lebendigen Kreislauf steht, sondern für Reife und Schönheit. Er benutzt hier treffend das Bild eines Kristalls:

Sprich zum Stein nicht: 'Du verwitterst'
Wenn er reifet zum Kristall

Damit wird deutlich, daß hier kein textlogischer Bruch, wie Scherer meint, vor-liegt, sondern ein notwendiger Ebenen- und Bilderwechsel. Ich verstehe es so: Während der Mensch Bestandteil der sich in Bewegung befindlichen Natur ist und wieder in sie eingehen wird und damit auf einer höheren Ebene zu der Er-haltung des Kreislaufes beiträgt, ähnlich wie im *Schlaflied* seine Aufgabe ist, die Tradition eines Menschengeschlechts weiterzupflegen, ist der Prozeß des Alterns geradezu die Voraussetzung, damit es weitergeht. Die sechste Strophe will die Angst vor dem Alter nehmen, die negativen Assoziationen positiv besetzen. Der Stein, der zum Kristall wird, steht in bewußtem Gegensatz zur Vorstellung des Alterns als „Verwittern".

Hymnisch weitet Beer-Hofmann in der siebten Strophe die Verbundenheit des Du mit der Welt ins Kosmische aus. Dem Baum, dem Stein und gar dem Stern soll es sich verbunden fühlen, es soll am gemeinen Los teilhaben, wohin-gegen es furchtbar wäre, ausgeschlossen zu sein.

Auch in der folgenden Sequenz wird ein kosmisches Bild aufgegriffen. Im ewigen Kreislauf spielen die üblichen Koordinaten keine Rolle mehr:

Sterne, die ins Weite kreisen
Kennen Unten nicht und Oben
Raum wie Zeit: Gespinst, Gespenster
Die Sinne um dich woben.

Hier liegt der tiefere Sinn, warum es unbegründet ist, vor dem individuellen Altern Befürchtungen zu haben, da irdische Zeit- und Raumvorstellungen im

Bannkreis von ewiger Geburt und Tod und Erneuerung und Verfall gänzlich unbedeutend werden.

„Blühen, Welken, Tod und Leben", wie die erste Zeile der neunten Strophe heißt, gehören zur menschlichen Existenz. Als „Kerker, die du dir gemauert", erschienen nun die „Gespenster und Gespinste", jene Vorstellung, die normalerweise vom Altern tradiert sind. Demgegenüber ist der Heraustritt aus diesem Bannkreis ein Akt der Selbstbestimmung, so daß „klare Luft" der Freiheit das Du umgibt.

In der abschließenden Strophe wird der langsam aufgebaute kosmische Zusammenhang vollkommen hergestellt:

> Dir zu Häupten, dir zu Füßen -
> Stern der steht - und Stern, der irrt!
> *Alle* kreisen! Tritt zu ihnen!
> Keiner *war* - und jeder *wird*!

Das Du wird aufgefordert, sich auch mental zu dieser zeit- und raumlosen All-Einheit zu bekennen, wodurch das Gedicht abgerundet wird und seine Geschlossenheit erhält.

Stefan Scherer spricht gerade der letzten Strophe die Bildlichkeit ab, wodurch eine Abstraktheit der tröstenden Einsicht erreicht werde, die überrasche und weit abweiche von jener konkreten Anschaulichkeit im *Tod Georgs*. Eine größere Anschaulichkeit in einem größeren Prosatext mag wohl gegeben sein, ich hoffe dennoch, gezeigt zu haben, daß die logischen Brüche sehr wohl auflösbar sind und die Erkenntnis über das Wesen des Alters dergestalt von Beer-Hofmann in den Blick genommen wurde, daß es in größeren naturgegebenen und kosmischen Zusammenhängen erscheint.

Man kann in gewisser Weise Parallelen zwischen dem Gedicht *Altern* und dem *Schlaflied* bzw. *Der einsame Weg* ziehen. Die Isolation des Einzelnen wird aufgelöst im Erkenntnisprozeß, der gerade beim letztbehandelten Gedicht sukzessive vermittelt wird. Im *Schlaflied* liegt der Trost im Fortgang des, oder besser eines bestimmten Menschengeschlechts, bei *Altern* ist es der kosmische Naturkreislauf. Will man auch dem *Einsamen Weg* etwas Tröstendes abgewinnen, dann ist es hier im Bewußtwerdungsprozeß selbst zu suchen.

Ohne jetzt auf die problematischen Schlußpassagen der beiden *Novellen* und der epischen Meditation *Der Tod Georgs* näher eingehen zu wollen, wird bei den bisher behandelten Gedichten doch offensichtlich, daß Beer-Hofmann hier wie dort mit Bewußtwerdungsprozessen befaßt ist. Der Held von *Das Kind* ist ein egozentrischer Ästhet und egoistischer Lebemann, dem man von seiner Lebensführung her kaum eine Änderung seiner Einstellung und die dafür nötige Sensibilität zutraut; und doch erlebt der Leser, wie der Tod des Kindes in ihm etwas Ungekanntes heraufbeschwört, nämlich die Erkenntnis, daß das Leben vergänglich ist und sich doch vom Leben der Eintagsfliegen unterscheidet durch eben jene Einsicht über die Zeitlichkeit der Existenz. So springt der Protagonist am Ende der Novelle mit einem *neuen Bewußtsein* der nächsten Frau nach.

Auch in *Camelias* findet sich als wichtigstes Thema eines, das wir gerade aus einem Gedicht her kennenlernten: das Altern und die damit befürchtete Einsamkeit. Die Hauptfigur Freddy, ein für damalige Begriffe alternder Dandy, erlebt den körperlichen Verfall vor dem Spiegel beim Entkleiden nach einem Abend in der Wiener Gesellschaft. Parallelisiert mit der physischen „Verwitterung" geht die seelische einher. Ein mehr oder weniger gedankliches Liebeserlebnis mit Thea führt auch Freddy zu weiteren Erkenntnissen und Einsichten, obwohl diese Figur noch nicht, wie es im Gedicht *Altern* gefordert wird, zur positiven Annahme des Älterwerdens in der Lage ist. Aber immerhin kehrt er zu seinem bestehenden Verhältnis mit *etwas* größerer Beruhigung zurück.

Der Kurzroman *Der Tod Georgs* besteht zum überwiegenden Teil aus Reflexionen, Meditationen, Träumen und Imagination, die ausgelöst werden aus Furcht und Bedrückungen um Isolation und Einsamkeit. Konkreter Anlaß ist das geträumte Sterben der imaginierten Frau und der Tod des überraschend angereisten Freundes. Paul fragt sich, wie wohl Georg um ihn getrauert habe, wenn er, Paul, gestorben wäre. Über diesen Gedanken wird er sich über die eigene Befindlichkeit klar und findet so zu neuen Vorstellungen für sich und seine Zukunft, auch wenn er am Schluß nur das eigene Blut in den Adern pulsieren hört, das, um mit einem Vers aus dem *Schlaflied* fortzufahren, „von Gewesenen zu Kommenden rollt."

Die Gedichte Richard Beer-Hofmanns erhalten Aufwertung durch die thematische Nähe zu den Prosatexten, da sie das Bemühen des Dichters um Einheit des Werkes zeigen. Auch der fast immer im Vordergrund stehende Vorgang der Reflexion ist den meisten, eben auch lyrischen Texten gemeinsam. Die Gedichte untermauern - im Zusammenhang mit anderen Texten betrachtet - die Annahme von Beer-Hofmanns dauernden Versuchen, Einheitlichkeit zu stiften, den Mensch in seinen naturgegebenen Abhängigkeiten zu bestätigen und zur Annahme zu veranlassen.

Ein drittes Gedicht, das motivisch zu den schon behandelten paßt, soll nun den Abschluß meines Versuchs bilden.

5. Abbild

Du! - *jetzt*, Erinnerung nurmehr gewesner Form -. *einst* zuckend Fleisch,
Lebendiges, fächrig gekerbten Panzerschalen eingehaust -
Meer-Muschel, öffnend, schließend sich, gewichener Ur-Wasser Kind -
Treibend in Ebbe, Flut, von Brandungen umbraust - -

Ein Muschel-Leben lebend, Leichnam dann, verwest,
Der Panzer eingebettet erst schmiegsamen Dünensand,
Verwittert endlich, Staub, zerstäubt - bloß Abbild der Gebildes blieb,
Zu Stein sich härtend, dran mein Fuß nun stößt in kargem Ackerland!
Ich heb dich auf - dein Antlitz gegen meines! *Hörst* du mich?
Mir ist, ich *hörte* dich - es tönt um uns - doch *wer* mag scheiden:
Vergänglich, ich - und du, vergangen schon, entzeitet, *frei* - -
Wer wohl zum anderen spricht - *wer* - von uns Beiden?

Das Gedicht *Abbild*, das von Steiner als zweites neben *Altern* zu den schönsten deutschsprachigen Gedichten gezählt wird, die nach Goethe entstanden sind, wurde von Beer-Hofmann 1939 verfaßt. Es gehört damit zu den letzten lyrischen Texten des Dichters.

Es setzt ein mit der Anrede an ein Gegenüber: „Du - *jetzt*, Erinnerung, nurmehr gewesner Form - *einst* zuckend Fleisch." Das Angesprochene hat seine Lebendigkeit verloren, für das das zuckende Fleisch als Konkretisierung steht. Was im Jetzt von der Lebendigkeit übrigblieb ist noch die Form, die dieses Fleisch umhüllte. Die beiden nächsten Verse machen deutlich, worum es geht: es ist eine Meermuschel gemeint, die als Urwasserkind sich ständig öffnete und sich schloß in einem ständigen Rhythmus, der dem der Gezeiten gleicht. Was von damals übrigblieb, ist die fächrig gekerbte Panzerschale, die Haus, Schutz und Geborgenheit für das Leben im Inneren war.

Der vierte Vers nimmt ein bereits durch das ewige Schließen und Öffnen der Muschel vorbereitetes Bild der Gezeiten auf. Es heißt:

Treibend in Ebbe, Flut, von Brandungen umbraust - -
Ein Muschel-Leben lebend, Leichnam dann, verwest

Das weitere Schicksal des Muschelgehäuses ist vorbestimmt: der Panzer wird eingebettet in „schmiegsamen Dünensand, wo er verwittert und irgendwann seine Form im Stein ablagert. Damit ist es zum „Abbild des inneren Gebildes" geworden.

Der achte Vers bringt nun die Begegnung des sprechenden Ich mit dem Abbild, der Muschelschale. Es heißt „dran mein Fuß nun stößt in kargem Ackerland!" Der neunte Vers wiederholt die Anrede an dieses „Du" vom Anfang des Gedichts und beginnt einen imaginären Dialog, der allerdings doch nur der Monolog des Ich bleibt. Die letzten vier Verse lauten:

Ich heb dich auf - dein Antlitz gegen meines! *Hörst* du mich?
Mir ist, ich *hörte* dich - es tönt um uns - doch *wer* mag scheiden:
Vergänglich, ich und du, vergangen schon, entzeitet, *frei* - -
Wer wohl zum andern spricht - *wer* - von uns Beiden?

Es wird eine ungleiche Kommunikation geführt. Das Ich lebt und ist vergänglich. Es wird in den Zustand der „Entzeitung" vielleicht noch eingehen, in den die Muschel schon längst übergegangen ist. Das Ich bemerkt wohl diese Ungleichheit im Miteinandersprechen, es ist unsicher, ob sein Sprechen gehört wird und weiß auch nicht sicher, ob es das Rauschen der Muschel hört. Es heißt: „mir *ist*, ich hörte dich." Sicher ist nur, daß es um das Ich tönt.

Das Gedicht *Abbild* verarbeitet die Themen Unsterblichkeit und Vergänglichkeit. Dabei kommt das Rauschen, um ein Begriff Scherers zu verwenden, einem Sphärengesang gleich, der Vermittler ist zwischen Ewigem und Weltlichem, d. h. Bestehendem und Zeitlichen. Das Ich wird bald der Zeitlichkeit enthoben sein und, genau wie die Muschel, nur noch ein Abbild seiner einstigen Lebendigkeit hinterlassen haben. Das Verlassen der Welt wird wie eine Befreiung sein und was zurückbleibt, ist das, was das Ich geschaffen hat: sein Werk.

Richard Beer-Hofmann hatte schon in recht jungen Jahren das Thema Alter behandelt und sich Gedanken zur irdischen Existenz und seinem Sinn gemacht. Dabei ließ er seine Figuren in der Prosa und auch die Subjekte seiner Lyrik trotz Einsamkeit Erkenntnis und Trost finden. Auch im Gedicht *Abbild* ist das Ich in Wirklichkeit allein und das Gegenüber nur scheinbar ein Gesprächspartner; die Muschelschale wird zum Symbol für das eigene Leben und das hinterlassene Werk. Der Dichter in *Abbild* weiß, daß er an der Schwelle steht zu einer anderen Daseinsform, sonst wäre es ihm nicht möglich, den fremden Gesang um ihn überhaupt als andersartig wahrzunehmen, gleichgültig, ob zu ihm gesprochen wird, oder er schon selbst mit der anderen Sprache zu uns, zu der Welt spricht.

Ob wir, meine sehr verehrten Damen und Herren, die Zurückgebliebenen, seine, Beer-Hofmanns, andere Sprache verstanden haben oder zu verstehen in der Lage sind, weiß der Dichter nicht und kann ihm im Grunde egal sein. Ob ich z. B. die Gedichte möglicherweise ganz mißverstanden haben, hat nicht er, sondern haben Sie zu beurteilen.

Andreas Thomasberger

Der Graf von Charolais oder der Abschied vom Trauerspiel*

Für Rudolf Hirsch

Dem Wiener Publikum des 19. Jahrhunderts waren aus der Allgemeinen Theaterzeitung Rebusbilder vertraut: Komplexe Bildfolgen, ergänzt durch Buchsta-
ben und Zeichen, die mehr oder weniger reibungslos in einen Satz aufzulösen
waren, wie: „Wohlfeil gekauft, ist nicht immer am besten gekauft".[1] Daß ein
solches Lösungsverfahren nicht als Modell für die Deutung dichterischer Texte
genommen werden sollte, dürfte unbestritten sein. Richard Beer-Hofmann hat,
so die Gesprächsaufzeichnungen Werner Vordtriedes, die Verantwortung des
Dichters darin gesehen, daß er zeigen müsse, „daß Probleme eben unlösbar sei-
en. Sonst seien es gar keine Probleme. Sie sollen auch unlösbar sein und bleiben,
da von ihnen jene dauernde Beunruhigung komme, die eben das Leben selber
sei. Auch Rätsel könne man nicht lösen; lösen könne man nur einen Rebus, Rätsel deute man." (*Gespräche* S.125).[2] Nehmen wir dies als methodische Maxime
für die Lektüre des Textes auf, werden wir keinen Satz suchen, der die Bilder zur
Lösung bringt. Es wird vielmehr darum gehen, die Probleme zu benennen, die
als unlösbar gezeigt werden, und damit den Nachweis zu führen, daß diese Probleme unlösbar sind. Konkreter auf den Text *Der Graf von Charolais* bezogen,
möchte ich zeigen, daß dieser Text auf allen Ebenen einer Figur entspricht, die
Peter Szondi dem Duktus von Celans *Engführung* abgelesen hat und die in der
Rhetorik *correctio* genannt wird. Das heißt, daß jede positive Aussage sofort
ihren Einspruch, ihre Korrektur erfährt und somit nichts als eindeutig so und nur
so ausgesagt gelesen werden kann. „Untersucht man diese Figur", schreibt
Szondi, „so darf dabei nicht vergessen werden, daß auch hier wiederum dem
lesenden Subjekt keinerlei Hinweis auf die Motive und den Grund für die Kor-
rekturen gegeben wird (die sich gerade dadurch der musikalischen Komposition

* Meinen Gesprächspartnern an der Universität Frankfurt, Alexandra Tischel, Olaf
 Heim, Konrad Heumann, Thomas Schütt und Claus Zittel, danke ich für manigfaltige
 Anregungen und konstantes Interessse.
1 *Rebusbilder. Aus der Wiener allgemeinen Theaterzeitung.* Nachwort von Fritz Bernhard. Dortmund 1979, Abbildung Nr .8.
2 Werner Vordtriede: *Gespräche mit Beer-Hofmann.* In: Die neue Rundschau, April
 1952 (zitiert: *Gespräche*).

und deren Sprache nähern)".[3] Wir sind mit diesem Zitat mitten in der Problematik, die das Trauerspiel *Der Graf von Charolais* bietet: Der scheinbaren Unmotiviertheit des Geschehens, die von der zeitgenössischen Kritik vehement angeklagt wurde[4] und zugleich der womöglich anderen Gesetzen, als denen der Alltagssprache, gemäßen Komposition, deren Analogie zur Musik dem Selbstverständnis des Autors jedenfalls entsprochen hätte.

Den Raum, in dem sich die zu deutenden Probleme artikulieren, setzt der Text selbst, wenn er mit dem Untertitel Ein *Trauerspiel* Erwartungen weckt, die sich mit dieser Gattung verbinden mögen, und wenn durch den Hinweis auf einen Prätext, *The Fatal Dowry* von Massinger / Field, der Vergleich herausgefordert wird.[5] Die Referenz auf die Gattung *Trauerspiel* dürfte Leser- und Zuschauererwartungen hervorgerufen haben, mit denen der Text arbeitet, indem er sie enttäuscht. Doch hier ist schon Einspruch zu erheben, denn wenn *Der Graf von Charolais* auch nicht die Motiviertheit des Handlungszusammenhangs aufweist, wenn das Stück keine Personen zeigt, die schuldig werden, wie das von einem Trauerspiel womöglich zu erwarten wäre, dann zeigt der Text doch andererseits auf der Ebene seiner Tektonik eine Orientierung am Modell des Trauerspiels, wie sie nicht selbstverständlich ist für ein Stück des frühen 20. Jahrhunderts. Die fünf Akte sind streng symmetrisch angeordnet (I Wirtshaus, II Beim Präsidenten, III Gericht, IV wie II, V wie I), und sie stellen einen Tagesablauf dar: Von Morgen über Mittag und Nachmittag zur Nacht, sie entsprechen in letzterer Hinsicht sogar der aristotelischen Beschreibung der Tragödie, die allerdings nicht vermischt werden darf mit dem Trauerspiel. Hält sich der Text also auf diesen Ebenen, der Anzahl der Akte, der Symmetrie der Orte, der Zeitspanne und dazu noch der Versform, übermäßig streng an vorhandene Muster, trägt er auf anderen Ebenen nichts anderes vor, als deren völlige Auflösung. Jeder Versuch, Zusammenhang und Kontinuität herzustellen, wird in sein Gegenteil geführt, alle Entwürfe zur Stabilisierung von Selbst und Welt scheitern aufs Gründlichste. Dies hätte durchaus in anderer Form vorgeführt werden können, z.B. in einzelnen Szenen, die nacheinander, lose verbunden, folgen: Hier scheint die strenge fünfaktige Form das nötige Gegengewicht zur Radikalität der Auflösung zu bilden.

---

3   Peter Szondi: *Durch die Enge geführt. Versuch über die Verständlichkeit des modernen Gedichts*. In: Celan-Studien. Frankfurt 1972, S. 62.

4   Vgl. dazu in meinem Nachwort zu der Ausgabe Richard Beer-Hofmann: *Der Graf von Charolais*. Werke Band 4. Paderborn 1994, S. 263-267 (zitiert *Nachwort).*

5   Beer-Hofmann las *Die unselige Mitgift* von Philipp Massinger und Nathan (sic!) Field in der Übersetzung von Wolf Graf von Baudissin (vgl. *Nachwort* S. 257); siehe auch: Carol Bishop: *A Critical Edition of Massinger and Field's „The fatal Dowry"*. Salzburg 1976.

Der Vergleich mit Massinger / Fields *The Fatal Dowry* läßt die besonderen Schwerpunkte im *Graf von Charolais* deutlicher hervortreten. Es bleibt keineswegs dabei, daß „Die Namen der Hauptpersonen sowie einige Voraussetzungen der Fabel [...] einem alten Stück entnommen"[6] sind, wie die Vorbemerkung Beer-Hofmanns sagt. Der genaue Vergleich läßt die Unterschiede immer geringer und damit prägnanter werden. Erstaunlich zahlreiche Probleme weist das Stück des frühen 17. Jahrhunderts auf, die fast 300 Jahre später wieder oder noch virulent waren. Der Konflikt zwischen moralisch verantwortlichem Handeln und tändelnden Hofmanieren, die Schwierigkeit, zwischen Spiel und Wahrheit unterscheiden zu können, sind Themen, die der Zeit um 1900 nur allzu vertraut waren. Dies mag den Anlaß gegeben haben, daß Beer-Hofmann gerade dieses Stück aufgriff und seine Probleme radikalisierte, um in einem solchen scheinbar Fernen, Fremden das Eigene umso adäquater vorführen zu können. Nach der Zeitkritik in den Novellen und der Erzählung hätte er mit diesem Text die „Anlaufslinie"[7] gefunden, die nicht nur eine Infragestellung zeitgenössischer Erscheinungen des Ästhetizismus erlaubte, die nicht nur ermöglichte, in der Form des Trauerspiels dieses zu verabschieden, sondern die es gestattete, sich von der Kunst, als Bildnerin hybrider Illusionen, in aller Radikalität zu distanzieren, nicht ohne deren Mittel in aller Virtuosität zu nutzen.

So arbeitet der Text mit einer Reihe von Präfigurationen und Korrespondenzen, die an die Stelle handgreiflicher Motivierung treten. Während die einzelnen Personen zwar durchaus ihre Geschichte haben und dergegenüber ein Zufall ihr unmotiviertes Handeln bedingt, enthält der Text doch auch Hinweise, die seine Thematik erkennen und einen Zusammenhang vorhanden sein lassen. Hier ist als erstes an den Bericht Romonts über den Tod des alten Grafen Charolais zu erinnern. Wird dort das Vertrauen auf Konventionen durch primitive Gewalt zerstört, zeigt sich die Gesamtthematik mit dem Bild der vom Wasser fortgerissenen Mühle: Das scheinbar fest gegründete Gebäude ist unterspült worden: „da hängt die Mühle, vom / Hochwasser denk' ich - fortgerissen, unten / am Brückenbogen." (S. 19), und entsprechend werden im folgenden Text alle Konstruktionen unterspült und fortgerissen werden. In diesem Rahmen weist der Text allerdings weitere Korrespondenzen auf, Figuren der Entsprechung, wie sie für die Literatur der Moderne als typisch gelten können: Das Angebot einer Heirat und der Schuldentilgung durch den Paramentenmacher präfiguriert das nämliche durch den Präsidenten - hier dürfte die Ständeklausel den Ausschlag für die rechte Braut gegeben haben. Die Worte des Wirts: „seid ihr / so sicher, daß kein Wind

---

6   *Der Graf von Charolais* (wie Anm. 4) S. 8.; alle Seitenangaben zum Text beziehen
    sich auf diese Ausgabe.
7   Formulierung in einem Brief an Hermann Bahr vom 9. August 1904, zitiert in
    Nachwort, S. 256.

euch Lügen straft?" zu Beginn des vierten Aktes präfigurieren die Katastrophe des Präsidenten und Charolais' - Beer-Hofmann selbst hat in seinem langen Brief an Hofmannsthal darauf hingewiesen.[8] Und schließlich finden sich Korrespondenzen bis in den Wortlaut, wenn im zweiten Akt der Präsident sein Tun beschreibt: „Verworrenes Gespinst aus Gold und Blut / [...] / mit Fingern, die nicht zittern dürfen, muß ich / es lösen" (S. 92) und im vierten Akt der Wirt die Parodie spricht: „Mit euren weißen, reich beringten Händen / habt ihr hineingegriffen in das Wirrsal / von Blut und Gold und Schmutz, bis es entwirrt, / gerichtet vor euch lag" (S. 143). Der weiteste Bogen dieser Art spannt sich von Desirées erstem Monolog, in dem sie, bezogen auf den erfrorenen Vogel, sagt: „was lebte, noch / hätt' leben können" (S. 106) zu ihren letzten Worten: „Was lebte - noch hätt' leben können - und / was nun ..." (S. 232), die jetzt, in bezug auf sie und unter Einbezug der früheren Stelle, zu ergänzen wären: „in Not / und bitt'rem Frost, verging!" (S. 106). Gerade die beiden letzten Beispiele zeigen die Musikalogie dieser Technik deutlich. Die bedeutungsvollste Korrespondenz dürfte allerdings diejenige zwischen dem Auftritt des roten Itzig im ersten Akt und dem des Grafen Charolais im fünften sein. Was zuerst als das typische Verhalten des unbarmherzig auf seinem Recht beharrenden Juden erscheint, erweist sich am Schluß als ein Verhalten, das im äußersten Leid durchaus jedem zuzutrauen ist, auch wenn der Charakter dafür keine Voraussetzungen bereitzuhalten scheint. Die Vorurteile, die die Person des jüdischen Gläubigers evoziert, werden derart zu der Einsicht in Verhaltensformen geklärt, über die keiner sich erhaben fühlen darf, gerade weil ihr Auftreten nicht einer erklärbaren Kausalität folgt. In dieser Hinsicht, der rationalen Unmotiviertheit und Plötzlichkeit des Auftretens von Handlungen, korrespondieren weiterhin Charolais („dann werd' ich es wissen; / und *müssen* werd' ich's", S. 70) und der Präsident *(„mit plötzlichem Entschluß"*, S. 126), in anderer Hinsicht, dem an entscheidenden Punkten verhaltensändernden Auftreten von Mitleid, korrespondieren Charolais (er ist von den Worten des Wirts im vierten Akt *„fast ein wenig verstört"*, S. 145) und Desirée, die angesichts der Wunde Philipps Mitleid zugibt: „Ja! Ich hab's!" (S. 168) und damit all ihre Schutzmaßnahmen aufzugeben beginnt. Ein weiteres Kunstmittel, das auf die Entwicklungen im Text vorausweist und die Stelle scheinbar realer Motivation einnimmt, ist der Gebrauch von Zitaten, Anspielungen und symbolischen Zuordnungen. Ich nenne für die Zitate nur die beiläufig untergebrachte Erwähnung der Namen Cephalus und Prokris, mit der der kundige Rezipient auf Ehebruch und Gattenmord aus Eifersucht vorbereitet wird (S. 76). Die Anspielungen reichen von der Referenz auf die Gattung Trauerspiel bis zu Einzelzügen, wie dem Kontrast zwischen dem ersten Erscheinen Desirées und der Erkenntnis

---

8   *Hugo von Hofmannsthal / Richard Beer-Hofmann: Briefwechsel.* Hg. v. Eugene Weber. Frankfurt 1972, S. 152 (zitiert: *Briefwechsel*).

ihrer Untreue: Einer Anspielung auf ein entsprechendes Umschlagen in Kleists *Marquise von O ...*: „er würde ihr damals nicht wie ein Teufel erschienen sein, wenn er ihr nicht, bei seiner ersten Erscheinung, wie ein Engel vorgekommen wäre."[9] Die symbolischen Zuordnungen zeigen sich am deutlichsten bei der Person Philipps und ihrem gleichzeitigen Auftreten mit der Musik: Deutbar als Auflösungen übermäßig starrer Formen, wenn auch wiederum nicht eindeutig nur als Auflösende zu deuten („*Aus dem Garten klingt ein vierstimmiger festgefügter Satz*", S. 71). Schließlich finden sogar sprechende Namen Verwendung, denn Beer-Hofmann übernimmt gerade nicht alle Namen der Hauptpersonen aus dem Prätext, sondern wählt für die Tochter des Präsidenten den Namen Desirée und für dessen Mündel den Namen Philipp. Die Begründung letzteren Namens sei offen gelassen; der Name Desirée dürfte seine deutlichen Konnotationen haben, nachdem Charolais, vom Vater in stoischer Haltung erzogen, alles Hoffen und Wünschen aufgegeben haben will. Hier mag eine der Stellen sein, die für Hofmannsthals Gefühl „zu stark »gebracht«, »serviert«"[10] wirkten. Aber gerade dieser Einsatz allzu deutlicher und suggestiver Mittel korrigiert womöglich die Subtilität anderer Hinweise: Auch hier ist das paradoxe Beieinander von scheinbar Gegensätzlichem zu finden. Die Aufzählung von Kunstmitteln, die den Text kohärent und in sich verweisend erscheinen lassen, könnte auf das ganze Stück erweitert werden. Hier soll es genügen zu zeigen, daß Beer-Hofmann mit den Mitteln seiner Zeit eine lyrische Dichte des Textes erreicht, die, auch jenseits bewußten Mitvollzugs von Zusammenhängen, außerordentlich suggestiv wirkt: Eine Wirkung, die in den späteren Dramen und der Erinnerungsprosa nicht nachlassen wird. Doch gerade an den Stellen, an denen die Betroffenheit der Rezipierenden überhand zu nehmen droht, setzt wieder eine *correctio* ein. Ich meine damit die expliziten Hinweise des Textes auf seinen Spielcharakter, die jeweils Einspruch erheben, wenn die Distanz verloren gehen könnte, veranlaßt durch die hohe Suggestivität des Textes. Dies wird am deutlichsten, wenn Desirée soeben gestorben ist und Charolais die Worte spricht: „Und keiner, keiner sieht mich an!" sowie die Frage stellt: „Ist dies Stück denn aus, / weil jene starb?" (S. 232). Das Ärgernis, das die Rezipierenden hier wohl nehmen müssen, beruht ebenso auf der Selbstbezogenheit der Person Charolais wie auf der Desillusionierung, die die Frage nach dem „Stück" mit sich bringt. Der fiktionale Charakter alles Vorgeführten wird deutlich und zugleich bleibt die Frage, ob der Fiktion des Theaterstücks wirklich eine Realität gegenübergestellt werden kann, die ohne jede Fiktion wahrnehmbar sein soll. In dieser prekären Mehrdeutigkeit müssen wir wohl auch die letzten Worte Charolais' hören: „*dieses* Stück ist aus!"

---

9 Heinrich von Kleist: *Die Marquise von O* .... Frankfurt 1979, S. 54.
10 *Briefwechsel* S. 126.

(S. 235), denn der Text exponiert gerade auch das Problem von Illusion und Realität in ihrer wechselseitigen Bedingtheit.

Dies tut er im vorgegebenen Rahmen des fünfaktigen Trauerspiels, einem Rahmen, der vielleicht deshalb so streng und regelmäßig gebaut ist, damit die von ihm provozierten Erwartungen an das Bild umso gründlicher enttäuscht werden können. Diese Desillusionierung erscheint mir als ein Hauptproblem des Textes: Ein Problem, das den Text selbst in Frage stellt. Immer dann, wenn explizit Bilder entworfen werden, geraten sie sofort in den Verdacht zu lügen, erweisen sie sich als Klischee. So wenn Romont vom Vater des Grafen als Feldherrn spricht und Charolais antwortet: „Du denkst an Feldherr'n wie man sie gemalt / auf Bildern sieht." (S. 38). Das entworfene Bild - durchaus mit Bezug auf bekannte Gemälde[11] - erweist sich sofort als frevelhafte Illusion gegenüber der leidvollen Realität des Vaters. Mehr noch kommt dies zum Ausdruck, wenn Itzig ein prächtiges Renaissancegemälde vom Tod seines Vaters entwirft, das keinen Augenblick daran zweifeln läßt, daß ein solches Bild gegenüber dem realen Leid nur frevelhaft sein kann. Wäre damit die Möglichkeit und Berechtigung von Bildern - also von Kunst - so weit fragwürdig, daß künstlerische Gestaltung nicht mehr zu rechtfertigen wäre? Auch dies erweist sich wieder als Deutung, die einer Korrektur bedarf: Zuerst der, daß der Text, der diese Desillusionierung bietet, dies durchaus mit bildlichen Gestaltungen tut. Einen weiteren Einwand hat Beer-Hofmann später formuliert, als er im Gespräch mit Vordtriede einen Begriff aufnahm, der aus der Tradition des Trauerspiels wohlbekannt ist: Den des Mitleids: „Alle weinen über sich selbst, ihr eigenes Leid. Nur der Dichter kann über fremdes Leid weinen. Damit ist aller Frevel aufgehoben." (*Gespräche* S. 140). Diese Anteilnahme an fremdem Leid scheint aber nur dann glaubwürdig möglich zu sein, wenn alle Illusionen in bezug auf Zusammenhänge zwischen Menschen als Lügen entlarvt sind und das Kunstwerk derart eine Wirklichkeit vorführt, die Wahrheit exponiert gegenüber den Lügen, die die Realität zusammenhalten. Doch auch hier erhebt der Text Einspruch. Die lügenhafte Illusion der Bilder kann ihren guten Zweck erfüllen, wenn sie begriffen ist: Dies zeigt der Anfang des Stückes, wenn der Wirt seinem blinden Vater ein besseres Leben vorspielt, als er in der Realität führt, indem er von Reichtum, Jugend und Schönheit seiner Frau spricht und nicht vorhandene Bilder mit der „Historie / von dem verlorenen Sohn" (S. 26) behauptet. Romont versteht dies: „Du ehrst / den Vater ja auf deine Art, auf daß / er glaube, daß dir's wohlergeht auf Erden." (S. 29). Vielleicht zeigt sich hier eine Möglichkeit jenseits der Hy-

---

11 Aufgrund des beschriebenen Gestus: „Den Kopf zurückgeworfen, / das Aug' Befehl; den Marschallstab gestemmt / an ihre Flanke." (S. 38) denke ich an Velazquez, die Gesamtkomposition mit der Hintergrundkulisse konnte allerdings bisher nicht identifiziert werden.

bris der Höherstehenden, denen der Wirt nicht nur mit seiner Einsicht in die gleichzeitige Notwendigkeit und Hinfälligkeit von Illusionen überlegen ist, sondern auch in bezug auf sein Handeln: er verpflegt die geldlosen Gäste, ohne damit weitergehende Erwartungen zu verbinden („wir haben keiner einen Groschen Geld, / [...] / [...] Wollt ihr für drei Tage uns / und uns're Pferde hier verpflegen! WIRT: Ja?" S. 31).

Wenn der Text alle Entwürfe desillusioniert, alle Hybris als solche erweist und alle Gestalten als lügenhaft entdeckt, läßt er ein Bild entstehen, das sich selbst zutiefst anzweifelt. Zugleich läßt er die Notwendigkeit und Unentrinnbarkeit der Bilder nicht in Zweifel geraten: Als der Präsident zu Beginn des 4. Aktes sagt: „Laßt uns aus dem Spiel!", antwortet der Wirt: „Ihr seid / im Spiel" (S. 142). Der stärkste Einwand des Textes gegen die Illusions- und Lügenhaftigkeit seiner eigenen Bestandteile, der Worte, wird am Schluß erhoben, als nach vielfachen Wendungen, die die Gehaltlosigkeit von Worten behaupteten, es tatsächlich Worte sind, die Desirée zum Tode bringen: Charolais rührt sie bekanntlich nicht an:

> nur Worte! Worte nur! - Und Worte brachten
> dich hierher! Brachten dich so tief herab!
> Zu Boden dich! - Und bringen dich wohl noch
> weit tiefer - bis -- (S. 216).

Die Sprache bewegt sich in der allenthalben festzustellenden Doppeldeutigkeit von höchster Ohnmacht und größter Wirkung, ganz entsprechend dem Bewußtsein, Gott nicht mit den eigenen Entwürfen nahekommen zu können und zugleich in höchster Verantwortung gestalten zu müssen, ohne jemals mit einer bestimmten Gestaltung diesen Prozeß zu einem gesicherten Ende bringen zu können. Insofern kann von unlösbaren Problemen - die der Text exponiert - die Rede sein, von denen „jene dauernde Beunruhigung" kommt, „die eben das Leben selber" ist (*Gespräche* S. 125).

Ich möchte zum Schluß noch einen Blick auf Anfang, Mitte und Ende des Textes werfen. Die erste Person auf der Bühne ist der blinde Vater des Wirts: „*Im Zimmer ist dämmriges Licht*" (S. 9). Am Ende des dritten Aktes steht Desirée vor dem „*blendenden Sonnenlicht*" (S. 134) und Charolais sagt: „(*ihr ganz zugewandt*): Ich seh'! Ich seh'!" (S. 136). Am Schluß verläßt erst der Wirt, dann sein Vater die Bühne, „*in der hocherhobenen Rechten das Licht tragend. Als letzter, hinter ihnen, schreitet Charolais.*" (S. 235). Dieser Bogen der Metaphorik von Licht und Dämmern, von Blindheit und Sehen scheint eine *correctio* der geläufigen Vorstellungen zu bieten: die sicher schreitende Person sieht nicht - entgegen dem Wortlaut - und der Blinde erkennt das meiste. Ob dies eine Auskunft ist, die der Text gibt, sei der Korrektur anderer Deutungen anheimgestellt. Soviel kann abschließend gesagt werden: Mit seinen fortwährenden Einsprüchen gegen falsche Sicherheiten gestaltet der Text des *Graf von Charolais* eine Grundbefindlichkeit der Unsicherheit, die ähnlich in Beer-Hofmanns späteren Texten anzutreffen sein wird: Auch Jáakob und David werden in entscheidenden Momenten mit ihrer Verantwortung vor Gott allein sein. Zugleich verfügt die Gestaltung dieser Ungesichertheit im Positíven souverän über die Kunstmittel der eigenen Zeit und der Vergangenheit, die in Anspielung oder Anwendung genutzt werden, um zugleich aufs Äußerste fragwürdig zu erscheinen. Beer-Hofmanns Text *Der Graf von Charolais* bewegte sich derart zwischen Ästhetizismus und Judentum - im Sinne der *correctio* muß ich die Frage hinzufügen: Bewegt er sich zwischen Ästhetizismus und Judentum?

Viktor Žmegač

Judenbilder der Jahrhundertwende

Zu einer Figur Beer-Hofmanns

Ein Zeitgenosse Beer-Hofmanns, der Souverän der Wiener Feuilletonistik Alfred Polgar, widmete einer Inszenierung von Shakespeares tragischem Lustspiel *The Merchant of Venice* folgende Betrachtung: „In diesem hochberühmten Theaterstück wird dargestellt, wie die Gradheit und Genauigkeit eines schlimmen Juden an dem talmudischen Dreh braver Christen zuschanden wird. Um einen Schwarzalben dreht sich leichtsinniger Reigen der Lichtalben, treiben Amoretten ihr vergnügliches Spiel. Aber der Schwarzalbe ist der einzige Mensch in der Komödie, der einzige Mann, der einzige Charakter. Er ist böse, finster, häßlich, aber treu sich selbst, folgerichtig denkend und handelnd, tapfer stehend gegen übermächtige Mehrheit."[1]

Die eigentümliche Figur aus dem *Kaufmann von Venedig* hat Polgar offenbar intensiv beschäftigt. Ein Zeugnis dafür ist der im Feuilletonband *Schwarz auf Weiß* (Berlin 1928) veröffentlichte kleine Versuch *Warum erwidert Shylock nichts?*, wo es dem Autor darum geht, den geprellten Kaufmann mit Argumenten zu versehen, die ihm sein Dichter vorenthalten hat. Shylock, der den Finten der Rechtsprechung sehr wohl mit triftigen Gegengründen hätte begegnen können, erscheint in doppeltem Sinne betrogen: er zieht nicht nur materiell den kürzeren, er geht auch rhetorisch leer aus. Wie die Gattung des Lustspiels es gebietet, kommt selbst er, der als Jude und Wucherer auch in der Welt des Stückes ohnehin einen schweren Stand hat, gerade noch glimpflich davon. Das Unheil, das man ihm zweifellos wünscht, wird noch notdürftig von ihm abgewandt, allein das Charakterbild, das durch die Dramenhandlung zustandekommt, bewegt sich, irritierend und irisierend, zwischen Monstrum, Sonderling und Pedant. Shylock darf zwar (im ersten Auftritt des dritten Aktes) das Los der Juden beklagen, die als *die Anderen* gelten, obwohl sie atmen und fühlen wie andere Menschen auch, jedoch die allgemeinen Bedingungen eines spezifisch jüdischen Schicksals werden kaum erkennbar.

Polgar hätte im dargelegten Zusammenhang ein Werk seines Wiener Schriftstellerkollegen Beer-Hofmann erwähnen können, das Trauerspiel *Der Graf von*

---

1   A. Polgar: *Ja und nein*. Band 1: *Kritisches Lesebuch*. Berlin 1926, S. 30f.

Charolais, veröffentlicht 1904. Es fällt heute schwer, alle Umstände und Faktoren abzuschätzen, die seinerzeit den überraschend starken Erfolg des Dramas bewirkt haben konnten. An den Zeugnissen der Rezeption ist das nicht deutlich genug abzulesen. Aus gegenwärtiger Sicht dürfte man annehmen, daß ein intertextuelles Element an der Wirkung beteiligt gewesen sei, nämlich die mehr oder minder verborgene Beziehung zwischen dem *Merchant of Venice* und dem Trauerspiel des Wiener Dichters. Vergleicht man nämlich die Figur des Shylock, also eine der Hauptgestalten in Shakespeares Stück, mit einer Episodenfigur bei Beer-Hofmann, dem Juden Itzig, so spricht einiges dafür, in einer wichtigen Szene im ersten Akt der Tragödie eine Art Gegenentwurf zu der Shylock-Handlung zu sehen.

Worum geht es dabei? Zunächst ist zu sagen, daß dem roten Itzig, wie der Autor seine Figur nennt, viel mehr dramaturgisches Gewicht zufällt, als es der kompositorische Haushalt herkömmlicher Art eigentlich erlauben dürfte. Man erinnert sich: Der erste Akt des Trauerspiels zeigt den jungen Grafen von Charolais in einer verzweifelten Lage. Der Leichnam seines Vaters erscheint einem alten Rechtsanspruch zufolge verpfändet, d. h. er wird zur Bestattung durch die Hinterbliebenen erst dann freigegeben, wenn diese die Schulden des Verstorbenen tilgen. Der Sohn, der ohne jegliche Mittel ist, aber nichts so sehnlich wünscht wie die nach Herkommen und Sitte vollzogene Bestattung seines geliebten Vaters, versucht nun, die Gläubiger dazu zu bewegen, auf ihren Anspruch zu verzichten, zumal die Schulden des Verstorbenen nicht durch ein leichtsinniges Leben entstanden seien, sondern infolge des Aufwandes für die Verteidigung des Landes in Kriegszeit.

Drei Gläubiger sind es: ein Paramentenmacher, ein Müller und eben der rote Itzig, der einzige Jude unter ihnen. Für das peinliche Gespräch mit dem jungen Grafen, in dem sie ihre Forderungen stellen und Maßnahmen androhen, wählen sie den Juden, den sie, mit Recht, für den wortgewandtesten halten, zu ihrem Sprecher. Zu dem ebenfalls an Shakespeare erinnernden stilmischenden Verfahren des Textes gehört der Umstand, daß ausgerechnet eine der entscheidenden Episoden des Rechtsstreites in einem stark von der sonstigen Sprachebene abweichenden Idiom erfolgt, nämlich in einer z. T. von jüdischen Sprachgewohnheiten in Syntax und Idiomatik geprägten Umgangssprache. Daß auch diese Sprache ihre expressiven Höhen erzielen kann, wird sich noch erweisen.

Im übrigen sind es nicht nur stilistische Merkmale, die dieser Szene ein besonderes Gepräge verleihen. Die ganze Gestalt des Itzig zieht durch ihre eigentümlich kontrastierende Wirkung die Aufmerksamkeit auf sich. Sie ist im Sinne von Erich Auerbach *Mimesis,* das Ergebnis einer auffallenden Stilmischung. In der Welt der weitgehend hochpathetisch ausgerichteten Tragödie ist der Jude mit seiner Mentalität wie auch mit seiner zynisch wirkenden sarkastischen Ausdrucksweise gleichsam ein Fremdkörper; eben: der Andere. Wendet man Kriterien des klassizistischen Dramas an, eines Dramentypus also, dem Beer-Hofmann gar nicht so fernsteht, so drängt sich die Schlußfolgerung auf, die Itzig-Episode sei mit ihrem besonderen Akzent, im doppelten Sinne des Wortes, kompositorisch eigentlich nicht zu rechtfertigen. Zu groß sei das Eigengewicht, die von der Haupthandlung ablenkende Kraft dieser Szene. Man kann freilich einwenden, daß die an die Hauptgestalten gebundene Handlung ebenfalls erhebliche Schwankungen in der Setzung der Schwerpunkte aufweist. Der Grundsatz der strengen Linienführung des klassizistischen Dramas geht im *Grafen von Charolais* jedenfalls eine eigentümliche Verbindung mit der Stimmungskunst des poetischen Theaters der Jahrhundertwende ein.

Wie dem auch sei, der Auftritt mit Itzig ist viel mehr als eine herkömmliche Episodenszene. Es ist ein bemerkenswerter Umstand, daß just der Textabschnitt, der aus der Sicht eines klassizistischen oder eines poetisch-symbolistischen Werkes die geringste dramatische Würde besitzt, eine eigentümliche Anteilnahme des Verfassers spüren läßt. Auf die kürzeste Formel gebracht: Im besonderen Charakter der Episode zeichnet sich das Bewußtsein ab, es gehe um die eigene Sache. Tua res agitur könnten die Worte sein, die der Autor an sich selbst richtet.

Im ersten Teil des Auftritts tritt Itzig noch nicht als Träger eines spezifisch jüdischen Schicksals in Erscheinung. Der Autor zeigt ihn allerdings unverhohlen als Exponenten einer Geistesart, die von Antisemiten gern als ausgesprochen 'jüdisch' bezeichnet wird, nämlich als den Vertreter eines beinharten pragmatischen Materialismus. Sein äußeres Bild deutet das an: „er ist reich gekleidet" und er „wendet sich den Leuten, mit denen er spricht, kaum zu".[2] Der Gestus scheinbarer Überheblichkeit stützt sich auf die Überzeugung, daß Ideologeme der Realität des Geldes wenig entgegenzusetzen haben. Man meint fast, einen Dialog aus Brechts *Mutter Courage* zu hören, wenn die Einschätzung aus der Tradition eines idealistischen Wertesystems mit den Sarkasmen des materialistischen Skeptikers zusammenstößt.

Aus der Sicht des Wirtes, der hier die Überlieferung des herkömmlichen idealistischen populistischen Heldenbildes vertritt, ist der verstorbene Feldherr, der das Geld der Stände ausschließlich für die Verpflegung seiner Truppen ausgab, ein „Vater der Soldaten" und ein „berühmter Herr", dem man ein Denkmal errichten und von dem man erzählen und singen wird (50). Die interpretatorische Gegenrechnung macht Itzig auf, indem er darüber berichtet, daß der Rat der Stände sich geweigert habe, für die Herausgabe des verpfändeten Leichnams Geld zu bewilligen; der Krieg habe nämlich schon genug gekostet. Itzig quittiert

---

2 R. Beer-Hofmann: *Der Graf von Charolais*, 7. bis 8. Aufl., Berlin 1920, S. 48. Bei weiteren Zitaten Seitenzahl in Klammern im Text.

diesen Beschluß mit der bissigen Bemerkung: „Zu was kann man einen toten General noch brauchen?" Und dem Lob des Feldherrn kontert er mit folgenden Worten:

Nu! wenn er
berühmt is, is doch *er* berühmt, nix *wir*!
(Auf den Müller zeigend):
Wird *dem* emol e Monument errichtet?
(Er zeigt auf den Paramentenmacher):
Heißt man *den* da „den Vater der Soldaten"?
Un wenn de Reiter reiten durch die Stadt -
nu? blosen sie den „Roten-Itzig-Marsch"?
Mit fremden Geld is leicht, e guter Mensch zu sein!
Er bleibt berühmt - un wir verlier'n es Geld! (50f.)

Der Höhepunkt der Szene wird eingeleitet durch den Beschluß des Paramentenmachers und des Müllers, Itzig reden zu lassen und dem jungen Grafen den Standpunkt der Gläubiger zu erläutern. Es ist bezeichnend für die Urteilsfähigkeit des Juden, daß er sich dessen bewußt ist, daß die undankbare Rolle des hartherzig Fordernden ihm *als Juden* zugeschoben wird.

Mich foppt's ihr nix! Ich soll nur für euch reden,
daß ihr die Feinen bleibt's; *ich* soll der Harte,
der böse Mensch sein! Auch gut! Etwas and'res
glaubt ohnehin von unserans ja kaner! (54)

Charolais, der alle Fragen Itzigs, ob er Schmuck, Häuser, Land oder sonstige Güter besitze, verneinen muß, beschließt zuletzt, an das schlichte menschliche Mitgefühl des Gläubigers zu appellieren. Kurz, er tut, was sein Offizier, der Hauptmann Romont (der mit Gläubigern, und insbesondere jüdischen, am liebsten kurzen Prozeß machen würde), für eine Schande hält: er bittet um Gnade für seinen verstorbenen Vater. Die entscheidenden Worte des Grafen lauten: „du bist ein Jud zwar ... bist ja aber auch ein Mensch ..." (62)

Diese Worte rufen bei Itzig einen Ausbruch hervor, in dem Logik und Leidenschaft eine untrennbare Einheit eingehen und zu einer Unterscheidung gelangen, die die ganze verquere Tragik jüdischer Existenz erkennen läßt. „Ein Mensch? wie ihr? seit wann bin ich e Mensch?", fragt der Jude und denkt damit - in der Art provozierender Verfremdung - einen fremden Gedanken unerbittlich zu Ende. Wenn man als Jude doch sonst niemals wie ein Mensch behandelt wird, weder Mitgefühl noch Solidarität erlebt, warum sollte man als Mensch gelten, wenn es den anderen gerade einmal so paßt, „für fünf Minuten", wie Itzig pointiert (63). Seine Antwort auf eine, wie er meint, bloß flüchtige Sentimentalität ist der Trotz des Benachteiligten, dem nichts andres übrigbleibt als das Beharren in der Rolle, die man ihm zugewiesen hat. Itzigs Stolz ist die paradoxe Moral einer verzweifelten Lage, einer Situation, die ein Dauerzustand ist, und nicht nur eine Verkettung von Umständen, wie im Falle des Grafen. „Nein, heut' will *ich* nicht! Nein! / E Jud bin ich! Was wollt's ihr von dem Juden?" (63) Zu den seelischen Motiven dieser Antwort gehört zugleich die Rache eines Menschen, der die Gelegenheit auskostet, die ihm, dem Verachteten, die Rechtsnormen der Gesellschaft bieten.

Daß er manche Gründe hat, Rachegefühle zu hegen, erfährt man aus dem letzten Abschnitt der Episode, der einen eigentümlichen Höhepunkt der ganzen Szene darstellt. Wägt man die Argumente der beiden Dialogpartner gegeneinander ab, so erkennt man, daß sich hier nicht nur Jude und Nichtjude gegenüberstehen, geheimer Held und konventioneller Held, sondern auch wissender und naiver (oder auch verblendeter) Mensch. Charolais ist der naive, wenn er nicht begreifen kann, warum die Leiche seines Vaters im Schuldturm fault, wo der Verstorbene doch eine Leichenfeier verdient habe, „wie sie diese Stadt noch nie gesehn'n" (64).

Doch es geht nicht nur um materielle Erwägungen. Der Graf tut in seinem Versuch, die gefühlsmäßige Anteilnahme des Gläubigers zu erwecken, noch einen Schritt - ohne zu ahnen, daß er gerade mit der Bitte an Itzig, dieser möge an seinen eigenen Vater denken („denk' doch, daß *du* hier stündest, und es wär' / *dein* Vater!"), eine neue Kluft aufreißt. Im Augenblick, wo er Nähe, mögliches Mitgefühl vermutet, ist die Entfernung zu dem Juden größer denn je. Auf diese Weise aufgefordert, berichtet Itzig - rhetorisch sehr unkonventionell - über das Sterben seines Vaters. Die Stelle verdient es, in vollem Wortlaut angeführt zu werden. Der Jude spricht leise:

Ich denk' ja schon die ganze Zeit daran! -
Der freilich is verfault nix in e Kerker!
Die Stadt, wo er geboren war, die hat sich
viel kosten lassen seine Leichenfeier!
Vor Sonnenaufgang war'n schon ausgerückt
Soldaten, die Verein', die Bruderschaften,
de ganze Geistlichkeit! Was für en' Ehr'
das für e Juden is! Der König selber
is dagesessen auf den großen Platz,
der ganze Hof - und alles für e Juden!
Und läuten ham se lassen alle Glocken,
und mit die Fahnen sind se vor mei Vatter
vorbeigezogen; Reden ham se auch
gehalten, spanisch un lateinisch, und
den ganzen Tag - in Juli, wo doch heiß is
ham se dort ausgehalten auf den Platz,

> \- und alles wegen meinen Vattern. Bis dann
> am Abend, - wie schon dunkel war der König
> (*mit gespieltem Stolz*):
> mit eig'ner Hand hat angezind't den Holzstoß -
> wo drauf mei Vatter war. Und weil das alles
> noch nix genug Ehr' war für meinen Vatter,
> ham se begonnen, schön zu singen, und
> \- weil er doch Jud' war - ham se ihm zu Ehren
> ihm vorgesungen u n s' r e alten Psalmen,
> und ihm zu Ehren *unsern* Gott gelobt!! -
> (*Mit verzerrtem Lächeln.*)
> Ich weiß nur nix, ob er es auch bemerkt hat?
> Denn da hat er schon angefangt zu brennen,
> von unten her, und hat zu schrei'n begonnen,
> und hat geschrien, ganz laut hat er geschrien
> mei Vatter! laut! und ich hab' ihn gehört!
> Schma Jisroel (*Er trocknet den Schweiß von seiner Stirne.*)
> \- - Nun? Wollt's ihr noch, Herr Graf,
> ich soll an meinen Vatter denken, damit
> *ihr* mir jetzt leid tut's, weil der tote Vatter
> von euch jetzt faulen muß?! (64 f.)

Kenner verfremdender Darstellungsformen werden sicherlich nicht zögern, diese Passage Beer-Hofmanns zu den großen Leistungen literarischer Verfremdungskunst zu zählen. Ob die hochartifizielle Machart des Textes völlig der Anlage der Dramenfigur entspricht, steht auf einem anderen Blatt. Doch im Hinblick auf den poetischen Impetus der meisten Auftritte sind Fragen im Geist eines psychologischen Naturalismus ohnehin unangemessen. Wie auch immer, Itzig baut seine auf eine überraschende Schockwirkung angelegte Rhetorik sehr sorgfältig auf: Die Hinrichtung wird, im übrigen ganz im Sinne damals herrschender Sitten, als ein Fest beschrieben, in dem es einen Mittelpunkt gibt, den Deliquenten, der auf eine grausig paradoxe Weise zu Ehren kommt, indem er zum Gegenstand eines Rituals wird, das in manchen Punkten den Festlichkeiten der Auszeichnung und Erhöhung gleicht. Das angewandte erzählende Verfahren kann daher als Kontamination (und damit Umdeutung) konventioneller Schilderungen verstanden werden, wobei der Umpolung bewertender Aussagen besondere Bedeutung zukommt.

Zu bedenken ist ferner der Umstand, daß mit keinem Wort erwähnt wird, warum Itzigs Vater hingerichtet (oder vielmehr, in anders gewendeter Verfremdung, umgebracht) wird. Gerade darin drücken sich die Schrecken der Judenverfolgungen aus. Die nicht genannte Schuld weist symbolisch auf die Tatsache hin, daß in vielen Prozessen gegen Juden das Urteil ohnehin nur juristischer Schein war; einen rational begründbaren Zusammenhang zwischen der angeblichen Straftat und der Bestrafung gab es nicht. Die Hinrichtung, d. h. die in einem Ritual vollzogene Tötung, wird so zu einem selbstzweckhaften Schauspiel, das nur Hintergründe hat, aber keine Gründe.

Den Abschluß des großen Auftritts bildet eine Replik Itzigs, in der sich dieser gegen den Vorwurf des enttäuschten Grafen, böse zu sein, zur Wehr setzt. Die Stelle bildet eine Zusammenfassung der Deutungen zur Ätiologie der Erscheinung, die hier „böse" genannt wird. Itzig bestreitet in seinem Versuch der Rechtfertigung gar nicht, daß es im jüdischen Verhalten auch verwerfliche Züge gebe, doch sei zu bedenken, wie diese Züge entstanden seien. Den Buckel müsse man dem Juden wegschneiden, der vom vielen Ducken vor den Machthabern herrühre, die Beine durch andere ersetzen, die nicht so müde vom ewigen Wandern seien, aus dem Kopf müsse man das Gehirn, den Speicher des Gedächtnisses entfernen. Erst dann könne von einem „guten Menschen" die Rede sein. „Bis dahin laßt's mich sein, was ich für euch - / - und wenn ich wär', ich weiß nicht was - *doch* bleib': / e Jud', e Jud', (*er verneigt sich*) e ganz gemeiner Jud'!" (69)

Sieht man von wenigen späteren Worten ab, so ist Itzigs Rolle damit erschöpft. Die jüdische Welt, die den Autor zeitlebens beschäftigt hat, erscheint in den mythischen Dramen in jeder Hinsicht auf einer anderen Ebene. Die Sphäre des „gemeinen Juden", was immer das auch bedeuten mag, tritt in anderen Werken nicht zutage.[3] Auch der Briefwechsel mit Hofmannsthal, in dem vom *Charolais* sonst ausführlich die Rede ist, geht auf die Figur des Itzig mit keinem Wort ein. Ein tabuiertes Thema? Oder eine Selbstverständlichkeit über die man keine Worte zu verlieren braucht? Oder ein Ergebnis des Umstandes, daß man in den Kreisen des Dichters meinte, Juden der einen Lebensform und Überzeugung hätten für Juden anderer Art keine Verantwortung zu tragen?

Welche Antwort man auch für richtig hält, die Begründung wird nicht von der Tatsache absehen können, daß die Figur - ebenso wie die Titelgestalt in Wilhelm von Scholz' Tragödie *Der Jude von Konstanz*, die übrigens zur selben Zeit entstanden ist - einen literarischen und kulturgeschichtlichen Kontext besitzt, der zu den unausgesprochenen Voraussetzungen beider Werke gehört. Einen bemerkenswerten Einblick in diesen Kontext bietet eine Veröffentlichung, die nahezu ein Jahrhundert so gut wie vergessen war und die erst in den letzten Jahren wieder Chancen hat, wissenschaftlich verwertet zu werden. Es geht um eine Reihe

---

3   Vgl. zu diesen und anderen Fragen die grundlegende Monographie Stefan Scherers: *Richard Beer-Hofmann und die Wiener Moderne*. Tübingen 1993. Auch der Figur Itzigo widmet der Verfasser eine eingehende Betrachtung. - Der vorliegende Aufsatz versteht sich gegenüber Scherer als ein ergänzender, vor allem im Hinblick auf den kulturgeschichtlichen Kontext weiterführender Versuch.

von Gesprächen, die Hermann Bahr, also abermals ein Zeitgenosse und Landsmann Beer-Hofmanns, aufgezeichnet und 1894 bei S. Fischer unter dem Titel *Der Antisemitismus. Ein internationales Interview* veröffentlicht hat. Befragt wurden neben bekannten Persönlichkeiten aus Deutschland, Frankreich, England, Italien auch Schriftsteller, Politiker, Militärs, deren Namen heute kaum noch etwas bedeuten, deren Antworten jedoch in einzelnen Fällen durchaus historisches Gewicht haben. Unter der Vielzahl der Ansichten setzt sich, namentlich unter den Deutschen und den Franzosen, als Dominante die Frage nach der Herkunft und der Geschichte des sogenannten jüdischen Verhaltens durch - und damit das Problem, das Beer-Hofmann der Bühne anvertraut.

Obwohl Literatur in Bahrs Interviews fast keine Rolle spielt, ist unschwer zu erkennen, daß es in vielen Äußerungen eigentlich um Shylock geht, und erst recht - vorgreifend - um den roten Itzig. Die Argumentation der Politiker und Gelehrten bezieht sich auf empirische Fakten, doch hinter diesen zeichnen sich immer wieder idealtypische Vorstellungen ab. Woher rührt das Stigma der Juden, oder, anders gewendet, welches sind die Ursachen der ständig hervortretenden Formen von Irritation durch den sogenannten jüdischen Sozialcharakter?

Es gibt zu denken, daß sogar Befragte, die sich selbst als Antisemiten bezeichnen, dazu neigen, die Symptomatik geschichtlich zu erklären, d. h. keinen fundamentalen, existentiellen Judenhaß vertreten. So tief die Abneigung auch verankert ist, die Urteile lassen erkennen, daß das „böse" jüdische Antlitz ein mit der Zeit gemachtes, entstelltes ist. Im Grunde bestätigt sich darin, wenn auch unter verändertem Vorzeichen, eine Einsicht, die in deutscher Sprache spätestens seit dem Erscheinen von Christoph Wilhelm von Dohms Schrift *Über die bürgerliche Verbesserung der Juden* (Berlin 1781) Verbreitung finden konnte. Die gesellschaftliche Rolle der Juden, so die These Dohms, ist keine selbstgewählte, sondern eine durch Gesetze verordnete. Daraus sind dann auch entsprechende Schlüsse abzuleiten für die moralische Beurteilung jüdischer Praktiken. Zur Bekämpfung der tief verwurzelten Vorurteile gegenüber den ehemaligen Ghettobewohnern empfiehlt der Autor das Studium der Verhältnisse, die diese Vorurteile bewirkt haben.

Nicht viel anders liest man es rund hundert Jahre danach in Bahrs internationaler Befragung. In Deutschland äußern sich die meisten Autoren (die Liste reicht von Spielhagen und Mommsen bis Häckel und Rickert) im angegebenen Sinn, und auch in Frankreich, wo die öffentliche Meinungsbildung im Jahrzehnt der Dreyfus-Affäre von besonderer Bedeutung ist. Zieht man das Fazit der Betrachtungen zum Problem jüdischer Geschichte und jüdischer Identität, wird man eine weitgehende Übereinstimmung in den Grundansichten feststellen können. Ob es deutsche Literaten, französische Politiker oder italienische Ärzte sind, es herrscht Einhelligkeit in der Meinung, daß die verwerfliche Rolle bestimmt ist durch die Geschichte der europäischen Geldwirtschaft. Der sogenannte häßliche Jude, für viele der typische, ist der skrupellose Agent des modernen Wirtschaftslebens, der Inbegriff des Händlers. Die Deutungen unterscheiden sich allerdings darin, daß einige Autoren im genannten Verhalten eine eingeborene Neigung sehen, gleichsam ein anthropologisches Phänomen, die meisten dagegen eine geschichtliche, von den Lebensbedingungen abhängige Erscheinung.

In begrifflicher Drastik erscheint diese Anschauung bei dem französischen Politiker Gustave Paul Cluseret, der sich selbst einen Antisemiten nennt, freilich in einem spezifischen Sinn. (Im modernen Judentum sieht er eine Abart bürgerlicher Mentalität, oder vielmehr die Juden als „Erzieher zu den bürgerlichen Verbrechen".) Seine typologische Auffassung verdeutlicht er folgendermaßen:

Natürlich, wenn ich Jude sage, meine ich damit nicht den armen, der arbeitet und darbt, und ich meine nicht bloß den Israeliten, sondern es ist ein kurzes Wort für alle Ausbeuter und Schwindler überhaupt. Das Jüdische liegt ja nicht in der Rasse und in der Religion, sondern in der sozialen Stellung.[4]

Cluseret nennt sich einen Judenfeind. Doch Antisemiten in dem angegebenen Sinn, also cum grano salis, waren auch manche jüdische Autoren - und man sollte zögern, gleich von jüdischem Selbsthaß zu sprechen. Wie auch die Figur aus Beer-Hofmanns Drama zeigt, ist das Judenbild dieser Art alles andere als beschönigend, allein es ist verstehend, und unterscheidet sich darin von den Zerrbildern rassistischer Intoleranz. Beispiele aus der Zeit um die Jahrhundertwende bietet etwa das Schaffen Jakob Wassermanns.

Man denkt an den roten Itzig, wenn man in Wassermanns Roman *Die Juden von Zirndorf* (1897) die Schilderungen des jüdischen Milieus liest, beispielsweise folgende:

Agathon stand auf dem nassen Pflaster und schaute in eine glänzend erleuchtete Etage hinauf. Er dachte etwas verwundert nach über die Pracht und den Reichtum dieses Judenhauses, ging dann weiter und begegnete den Juden, die, aus dem Abendgottesdienst kommend, laut feilschten und handelten. Als er sie sah, fühlte Agathon, daß die Judenreligion etwas Totes sei, etwas nicht mehr zu Erweckendes, Steinernes, Gespensterhaftes. Er wandte seine Augen ab von den häßlichen Gesichtern voll Schachereifers und Glaubensheuchelei.[5]

Man muß hier dem Einwand begegnen, es handle sich um die Perspektive einer Romangestalt und somit um einen Text, in dem sich Bewertungen grundsätzlich anders konstituieren als in pragmatischen, nichtfiktionalen Aussagen. Doch

---

4   H. Bahr: *Der Antisemitismus.* Neuausgabe, hg. von H. Greive. Königstein/Ts. 1979, S. 86.

5   J. Wassermann: *Die Juden von Zirndorf.* Neubearbeitete Aufl., Berlin 1906, S. 120.

Agathon, die Hauptgestalt des Bildungsromans aus der Welt deutscher Juden, vertritt eine Sicht, die offenbar authentischer Wassermann ist. Man braucht nur die essayistischen Schriften des Autors zum Vergleich heranzuziehen, um dies zu erkennen. Die im Buch *Lebensdienst* (1928) gesammelten Arbeiten zur Frage jüdischer Existenz enthalten Äußerungen, die heute, nach all dem Grauen der Judenverfolgungen im zwanzigsten Jahrhundert, unfreiwillige Schockwirkungen auslösen. Gäbe es darin nicht das Bedürfnis nach Begreifen und Gerechtigkeit, manche Stellen würden sich wie Zitate aus dem *Stürmer* ausnehmen. Etwa die Passage aus dem Offenen Brief an Richard Drews (1925), worin Wassermann zum Anstieg antisemitischer Tendenzen Stellung nimmt. Er leugnet mit keinem Wort, daß es den Typus des Juden gibt, dessen er sich schämt - und der, so muß man wohl hinzufügen, in Beer-Hofmanns Itzig in ausgesprochen milder Form porträtiert erscheint. Für Wassermann decken sich historisch weitgehend der Typus des Wucherers mit dem aus dem Osten zugewanderten Ghettojuden, mit denen ihn, den Fürther Juden (dessen Vorfahren, wie er stolz hervorhebt, seit sechshundert Jahren „im Herzen von Deutschland" leben), nichts verbindet und mit denen er nichts zu schaffen hat. Man muß den Kontext dieser Äußerung anführen, schon deswegen, um zu ermessen, wie gründlich sich in den letzten fünzig Jahren die Grenzen des verbal Möglichen verschoben haben.

Kriegs- und Nachkriegsjahre haben vielerlei Unrat und Unflat an die Oberfläche der Gewässer getrieben; nicht bloß jüdisches Händler-, Schieber- und Spekulantentum, nicht bloß die Scharen halbbarbarischer, lebensgieriger, beutegieriger, aber von einem ganzbarbarischen Autokratismus generationenlang in Ghettowildnis gefangener und infolge des Krieges unglücklicherweise auf Deutschland als das Land der Mitte losgelassener polnischer und russischer Juden. [...] Es fällt mir nicht ein, mich blind dagegen zu stellen, was jüdischer Ausbeuter- und Wuchergeist, zersetzendes jüdisches Literatentum und negatives Wesen aller Art am allgemeinen Volksleben gesündigt haben; das wäre ja Heuchelei; aber die Juden in ihrer Totalität und insbesondere als *Juden* dafür verantwortlich zu machen, das scheint mir, bei der Gesamtverfassung der Heutigen Sittlichkeit, doch ein wenig gar zu billig und gar zu einfach. Und ein Siebzigmillionenvolk, das den ganzen seelischen und materiellen Jammer, in dem es sich befindet, den paarmalhunderttausend Juden, die es beherbergt, in die Schuhe schiebt, gleicht doch zu sehr der Schulklasse, die ein englischer Schriftsteller schildert und in der kein Schüler mehr Vokabeln lernte und Aufgaben machte, weil ein kleiner Negerknabe seit einiger Zeit auf der letzten Bank saß: dadurch, sagten sie, seien sie beeinträchtigt und gelähmt.[6]

6   J. Wassermann: *Lebensdienst*. Leipzig/Zürich 1928, S. 158.

Wem es um biographische und gesellschaftshistorische Zusammenhänge zu tun ist, der sollte an dieser Stelle bedenken, daß die Dramenfigur des Itzig darin gewissermaßen mitgedacht ist, denn Wassermanns Bemerkungen beziehen sich nicht zuletzt auf das Wiener Milieu (in dem Itzig trotz Burgund und zeitlicher Ferne doch wohl beheimatet ist). Und gerade diesem Milieu hat der Autor eine ebenso einprägsam wie kritische Schilderung gewidmet; nachzulesen in seiner lebensgeschichtlichen Schrift *Mein Weg als Deutscher und Jude* (Berlin 1921).

Ein letztes Beispiel zu unserem Thema, unter vielen möglichen, findet sich abermals in der Wiener Literatur zu Beginn des Jahrhunderts. Hermann Bahr tritt diesmal nicht als Herausgeber in Erscheinung, sondern als Romanschriftsteller. *Die Rotte Korahs*, erschienen 1919, ist nicht nur vom Titel her ein Erzählwerk mit jüdischen Bezügen; es geht in der Tat um Grundfragen des Judentums in Europa, vor allem aus österreichischer Sicht. Der Roman konzentriert sich im wesentlichen auf Probleme, die auch bei Beer-Hofmann das größte Gewicht haben. Auf höchster Abstraktionsstufe ist das namentlich die Frage, ob das weit verbreitete negative Judenbild einer sozialgeschichtlichen Variable oder einer ethnotypischen Konstante entspricht.

Zu den Leitmotiven des Romans gehört der Hauptgedanke zahlreicher Gespräche: die Ansicht nämlich, daß sich das neuzeitliche europäische Judentum gleichsam als Vollstrecker einer gesellschaftshistorischen Idee erwies, der Idee eines radikalen Kapitalismus, einer Ordnung, die im Roman „Betrieb" genannt wird. „Ohne Juden wäre der Betrieb nicht möglich, der Sinn der abendländischen Geschichte, worauf alles hindeutet, wonach seit Jahrhunderten alles verlangt..."[7] Die Geschichtsphilosophie der Macht des Geldes entwickelt hier, allerdings in kritischer Absicht, ein Zionist; allein ganz ähnlich argumentiert auch ein Domherr, so daß der Roman offenbar keinen Zweifel an der Gültigkeit dieser These läßt. Wie die Weltanschauung der Figuren auch beschaffen ist, die Konvergenz der Anschauungen in diesem Bereich ist evident.

Woran sich die Geister scheiden ist auch in diesem Werk die Frage, ob die besagte Rolle der Juden eine gesellschaftlich gelenkte ist oder ob im metonymischen Börsenmakler die unveränderliche Natur des Juden zu sehen sei, sozusagen der Ewige Jude. Hermann Bahr läßt beide Auffassungen zur Geltung kommen, übrigens ohne die zweite ausdrücklich als authentisch antisemitisch zu kennzeichnen - was durchaus zutreffend gewesen wäre. Die andere Ansicht vertritt die jüdische Hauptgestalt des Romans, der bereits erwähnte Zionist, den der Autor im übrigen vielleicht nicht ganz ohne Anspielung - Beer genannt hat. Beer, der Arzt, der auch ein Arzt der jüdischen Seele sein will, urteilt nun folgendermaßen:

---

7   H. Bahr: *Die Rotte Korahs*. Berlin 1919, S. 104.

Das System der jüdischen Aufzucht zum kapitalistischen Betrieb is [sic!] ja staunenswert! Zunächst: der Ausschluß von der Menschheit, ein Leben in ewiger Todesangst, das Ghetto, der gelbe Fleck, der sich ja mit der Zeit auch einfrißt, in die Seele hinein! [...] Das ist ja der Inhalt unserer Geschichte in Europa bis zum heutigen Tag: nur die Scheußlichen unter den Juden werden eingelassen und nur zu Scheußlichkeiten werden sie zugelassen. Das wozu sich der Christ zu gut is, was ihm damals noch zu gemein, was so scheußlich is, daß er anfangs doch noch zurückschrickt, es selber zu verüben, so dringend er auch bereits wünscht, es verübt zu sehen, das wird den Juden zugewiesen, der Schmutz, die Schande, das Verächtliche. Diese Bedingung wird ihm gestellt, nur wer sich dafür eignet, darf herein. Und die Juden beeilen sich, es eignen sich viele, wunderbar, wie sie sich eignen![8]

Aus dieser bedrückenden Sicht der Dinge leitet die Romanfigur den lakonisch formulierten Schluß ab, Europa tue den Juden nicht gut. Es gelinge ihnen letztlich nicht, Asien zu entbehren. Das programmatische Fazit ist dann ein zionistischer Kernsatz: „Bevor wir nicht wieder daheim sind, werden wir niemals erlöst."[9]

Der Zionismus erscheint hier ins Mythische gewendet. Beer-Hofmann hat sich mit dem Zionismus und dessen politischer Pragmatik nicht identifiziert. Doch der Autor der biblischen Dramen stand dem mythischen Kern der Botschaft sicherlich nicht fern. In diesem Sinne können manche Betrachtungen aus Bahrs Roman als eine gedankliche Klammer für wichtige Motive im Schaffen Beer-Hofmanns gelten. Allein damit berühren wir andere Fragen und hiermit auch ein neues Thema.

---

8   Ebd., S. 105f.
9   Ebd., S. 106. Eine stark veränderte Fassung des vorliegenden Vortrags erscheint demnächst in meinem Buch *Der historische und der typologische Jude* im Niemeyer Verlag.

Daniel Hoffmann

Die Gewißheit des Glaubens -

Richard Beer-Hofmanns und Moritz Heimanns jüdische Dramen

I.

Innerhalb der Geschichte des modernen Judentums in Deutschland bedeutet die Wende zum 20. Jahrhundert eine intensive Zeit der Selbstentdeckung der deutschen Juden. Bevor sie sich jedoch als Wiederentdeckung religiöser Tradition entfalten konnte, stand diese Selbstentdeckung vor der Einsicht, daß das deutsche Judentum seine religiösen Wurzeln verloren und den Weg zu ihnen erst wieder zu finden hatte. Daß die Suche nach der verlorenen Religion dabei nicht unbedingt den Spuren der jüdischen Tradition zu folgen hat, zeigt das Werk Martin Bubers, mit dem gemeinhin das Schlagwort von der jüdischen Renaissance verbunden wird. Buber beantwortet nämlich seine Frage aus der ersten der *Reden über das Judentum*, ob es „ein heute von Menschen gelebtes eigentümliches Verhältnis zum Unbedingten (gibt), das seinem Wesen nach als jüdisch zu bezeichnen ist und das sich in einer Gemeinschaft der Juden konstituiert"[1], mit dem Bild vom „schöpferischen Juden"[2], der das vor allem durch die Vätergeneration „entwurzelte Judentum" aus seiner „unterirdischen"[3] Existenz zum Licht befreit.

Bubers Ausrichtung auf ein wesensmäßig schöpferisches Verhältnis der Juden zu ihrer Religion hat auf der historischen Ebene ihre Bestätigung in einer Vielzahl origineller jüdischer Denker erhalten, so daß die Selbstdefinition des assimilierten Judentums, daß nämlich letztlich „die jüdische Differenziertheit und Mannigfaltigkeit (...) das eigentlich Jüdische" sei, auch im Zeichen der jüdischen Renaissance nicht zu entkräften war.[4] Gerade in den vornehmsten und auch heute noch aktuellen Vertretern dieser Renaissance schien sie sich zu manifestieren: in Martin Buber, Franz Rosenzweig, Hugo Bergmann, Ernst Simon und Gershom Scholem.

---

1   Martin Buber: *Reden über das Judentum*. In: ders.: *Der Jude und sein Judentum, Gesammelte Aufsätze und Reden*. Einl. von Robert Weltsch, 1963, S. 10.
2   Ebd., S. 24.
3   Ebd., S. 25.
4   Zitiert bei Gerhard Jasper-Bethel: *Stimmen aus dem neureligiösen Judentum in seiner Stellung zum Christentum und zu Jesus*, 1958, S. 30.

Das Individuelle ihrer jüdischen Position zeigen ihre gegenseitigen Kritikpunkte. So hat Scholem an Bubers Auffassung des Judentums zum einen die Scheidung zwischen einem „Urjudentum" und einem offiziellen Judentum kritisiert, zum anderen die Verwurzelung in der Romantik und in Nietzsches umwertendem Denken hervorgehoben, die auch Buber zu einer eher ästhetischen Gestalt des Judentums verführt habe.[5]

Scholems archäologische Forschungen an der tief in die Traditionsschichten des Judentums herabgesunkenen Mystik der Kabbala und des Chassidismus konzentrieren das Judentum dagegen auf eine Wirklichkeit, deren exoterische Seite sich nur durch die Rückseite einer esoterischen Dimension als Realität des jüdischen Volkes behaupten kann.

Ernst Simons „Entscheidung zum Judentum" ist wiederum maßgeblich von Peter Wusts Begriff der „zweiten Naivität" geprägt, da sich der Mensch nach den erschütternden Erfahrungen der Glaubenszweifel nicht mehr in „ursprüngliche(r) Einfalt" den grundlegenden Fragen der Existenz stellen kann. Die zweite Naivität berücksichtigt die „Bruchstellen" existentieller Erfahrungen, die den Menschen in eine antithetische Position zum Religiösen gebracht haben.[6]

Auch Rosenzweigs *Neues Denken*, das den säkularisierten Menschen von seiner Fixierung auf das Anthropologische wieder auf das Theologische hinführen will, weil die „menschlichen (Fragen) bis ins Theologische vorgetrieben"[7] werden wollen, greift in seiner Begrifflichkeit noch immer auf das überwunden geglaubte Systemdenken Hegelscher Prägung zurück.

Das moderne jüdische Denken ist demnach sowohl in seinen Ursprüngen, als auch in seinen Ausgestaltungen, in gleichem Umfang der pluralistischen Entfaltung des Geistes verpflichtet, wie es die Moderne selbst ist.[8] Ebensowenig wie die säkulare Kultur der Moderne gelangt das moderne Judentum zu einer einheitlichen Gestaltung der Lebenswelt. Vielmehr erzeugt es in seinen grundlegenden Begriffen: Offenbarung, Tradition, Gebot, Bundesschluß, Exil und Erlösung, durch unterschiedliche philosophische oder theologische Präferenzen oft eine ungleiche Gewichtung, die die jüdische Religion nicht mehr zu einer einheitlichen Gestaltung des jüdischen Lebens zusammenfinden läßt, sondern sie

---

5   Gershom Scholem: *Martin Bubers Auffassung des Judentums*. In: ders. *Judaica 2*, 1970, S. 149.

6   Ernst Simon: *Die zweite Naivität*. In: ders. *Brücken*, 1964, S. 246.

7   Franz Rosenzweig: *Das neue Denken*, in: ders. *Kleinere Schriften*, 1937, S. 389.

8   Zur Bedeutung des allgemeinen philosophischen Hintergrundes für die Ausgestaltung jüdischen Denkens siehe Norbert M.Samuelson: *Moderne Jüdische Philosophie- Eine Einführung*, Rowohlts Enzyklopädie, 1995, S. 327: „Wenn Sie zum Beispiel ein Neo-Hegelianer der frühen 20.Jahrhunderts sind, der ein Jude sein will, Sie aber nur ein Jude sein können, wenn Sie mit der Realität einer neohegelschen Perspektive handelseinig werden, dann werden Sie eine Philosophie des Judentums entwickeln, die den Philosophien Bubers und Rosenzweigs ähnelt."

nur noch in einer fragmentarisierten Form, meist unter der Vorherrschaft eines ihrer Grundbegriffe, zu realisieren erlaubt.[9]

In gleicher Weise wird sich die literaturwissenschaftliche Auseinandersetzung mit dem Phänomen einer deutsch-jüdischen Literatur von der Frage der spezifischen Gestalt des Jüdischen im Werk eines jüdischen Schriftstellers, von den Gewichtungen und Fragmentarisierungen der jüdischen Grundthemen in ihm, herausgefordert finden. Und gerade weil beim Fragment die Gefahr besteht, daß es das spezifisch Jüdische verfehlt und zu einer unspezifischen Gestalt religiöser Weltauslegung regrediert, ist es notwendig, in der Auseinandersetzung mit dem Judentum eines Schriftstellers nicht die abstrakte Gestalt des Judentums zu thematisieren, sondern die konkrete Ausprägung des Jüdischen an ihm zu verfolgen. An ihr zeigt sich, ob die Ausrichtung auf das Judentum letztlich politisch-historisch oder religiös fundiert ist, ob sie also eine säkularisierte oder eine religiöse Gestalt des Judentums zu manifestieren versucht.

Somit liegt sowohl im Titel als auch im Untertitel meines Aufsatzes eine Frage beschlossen. Denn sowohl die Gewißheit des Glaubens, als auch das jüdische Element deutscher Literatur sind in diesem Jahrhundert fragwürdige Phänomene. Woher kann z.B. der Glaube seine Gewißheit nehmen, daß es um ihn und um Gott so steht, wie es dem Gläubigen aus den Hl.Schriften, sowie aus der Tradition übermittelt worden ist? Denn es ist doch eine unabweisbare Tatsache, daß es eine Vielzahl von areligiösen Menschen gibt, in deren Leben sich keine Spur des Religiösen oder göttlicher Gegenwart finden läßt.

Aus dieser immer größer werdenden Gruppe heraus wird eben jenes Moment des Religiösen, von dem her der Glaube seine Gewißheit nimmt, in Frage gestellt: nämlich die Offenbarung. Wie kann der Offenbarung Gottes, wenn sie doch ein objektives Offenbarungsereignis ist und sich letztlich an alle Menschen richtet, irgendeiner von diesen entgehen?

Daß weder die orthodoxen noch die liberalen Strömungen im Judentum darauf eine angemessene Antwort geben konnten, hat z.B. Schalom Ben-Chorin in einem seiner frühen Bücher aus den 30er Jahren, *Jenseits von Orthodoxie und Liberalismus*, dargelegt. Während nämlich die Orthodoxie auch in der modernen Welt an einem Fortbestehen der praktizierenden Bundesgemeinde „Israel" festhält und noch immer in der Halacha das unverändert gültige Recht einer Regelung des religiös-sittlichen Lebens der Juden sieht, hat der Liberalismus die objektive Tatsächlichkeit der Offenbarung geleugnet und sie als ein subjektives Erlebnis des Religionsgründers Moses gedeutet. Für ihn wird nur noch das am Judentum sichtbar und einsehbar, was sich entweder auf den von der aufgeklär-

---

9   Zur Problematik der Fragmentarisierung der jüdischen Welt siehe Jonathan Sacks *Tradition in an untraditional Age- Essays on modern Jewish Thought*, 1990, S. XIV.

ten Moderne propagierten Gedanken einer weltbürgerlichen Humanität, oder auf das Konzept eines ethischen Monotheismus abbilden läßt.[10]

Für Denker wie Buber und Rosenzweig ist es nicht ein Defizit des modernen Menschen, Offenbarung nicht denken und nicht erfahren zu können, sondern ein Anzeichen dafür, daß diese Moderne in einer Krise ist. Daß sie sich aus ihr durch Religionssuche zu befreien versucht, hat auch Hermann Broch erkannt. Während jedoch jene die durch Liberalismus und Assimilation unterbrochene Kette des deutschen Judentums zur Tradition mittels des pädagogischen Programms des „Freien Lehrhauses" wieder zusammenfügen wollten, hat sich Broch in den 30er Jahren an die Heilkräfte der Dichtung gehalten. „Es gehört zum Wesen einer jeden Dichtung, welche zwischen zwei Kulturepochen steht, daß sie an der Religionssuche beteiligt ist; es ist dies ihr schönstes Vorrecht."[11] Jenseits konfessioneller Bindung drückt sich für Broch in dieser Suche eine ursprüngliche Tendenz des Menschen zur Zusammenfassung seiner Existenz in einer einheitlichen Gestalt aus, und sei sie nur ästhetisch geleistet.

Beer-Hofmanns *Jaákobs Traum* und Heimanns *Das Weib des Akiba* können in dieser Perspektive als Beiträge zur Religionssuche ihrer Zeit verstanden werden. Sind sie aber auch im konfessionellen Rahmen der durch Bubers Wirken neu erwachten Religiosität ohne weiteres auch als jüdische Dramen anzusprechen? Liegt in ihnen ein Beitrag zum allgemeinen Religiösen oder sind sie unmittelbar Ausdruck der modernen Religionssuche des deutschen Judentums?

Zuerst aber ist die Frage zu stellen, was eigentlich ein jüdisches Drama ist. Und gibt es das überhaupt: Jüdische Dramen? Den Ursprung dieser Fragen haben wir in einer seit der Emanzipation der deutschen Juden aktuellen Problematik zu sehen, die auch heute nichts von ihrer Brisanz verloren hat. Es geht um den Beitrag deutscher Juden zur deutschen Kultur, vor allem um den Wert ihrer Kulturleistungen. Was ist das, was deutsche Juden zur deutschen Kultur beitragen, ist es ein Teil dieser Kultur, oder ein Fremdkörper in ihr? Rosenzweig meinte, daß den Diasporajuden ihre eigenen Kulturleistungen selbst immer fremd bleiben würden.[12] Obgleich er gerade in den Galuthjuden einen Beweis für die Stärke des Judentums gesehen hat, findet diese doch nicht in kulturellen Werken ihren Ausdruck. Sie liegt vielmehr in der „aneignende(n) Selbstbehauptung"[13], mit der sich die Juden in der Fremde ihre jüdische Existenz zu bewahren vermögen.

---

10 Schalom Ben-Chorin: *Jenseits von Orthodoxie und Liberalismus*, 1964, S. 23 und S. 29.

11 Hermann Broch: *Die Verzauberung*, Kommentierte Werkausgabe Bd.3, Hg. von P.M.Lützeler, 1980, S. 385.

12 Franz Rosenzweig: *Deutschtum und Judentum*, in: Deutschtum und Judentum. Ein Disput unter Juden aus Deutschland, hg. von C.Schulte. 1993, S. 72.

13 Ebd., S. 71.

Eine andere Wurzel hat sie in der grundlegenden Differenz, die zwischen dem jüdischen Volk und jedem anderen Volk besteht. Für Rosenzweig wirkt das jüdische Volk in seiner geschichtlichen Existenz nicht schöpferisch, sondern vermittelnd.[14] Es schafft sich nicht seinen Gott, sondern es empfängt ihn. Gleiches gilt für sein Verhältnis zur Welt. Die Gottesebenbildlichkeit des jüdischen Menschen besteht nicht darin, schöpferisch an der Welt zu wirken, im kleinen Maßstab so wie Gott schaffend zu sein, sondern die Schöpfung an sich selbst zu vermitteln. Das wird vor allem am Gebot der Sabbatheiligung deutlich. Sie hat weder einen Werk-, noch einen Handlungscharakter, sondern ist ein passiv vermittelndes Geschehen, in dem Gottes Ruhetag aus dem Schöpfungswerk vom Menschen an diese Schöpfung noch einmal vermittelt wird. Nicht anders ist der Traditionsbegriff des Judentums zu verstehen. Die mündliche Torah, die sich im Anschluß an die Kanonisierung der Hl. Schrift als ein nur mündlich überlieferter Kommentar zu den Geboten und Vorschriften der Torah ausgebildet hatte, ist maßgeblich von Rabbi Akiba, den Heimann zur Hauptfigur seines Dramas gemacht hat, aufgenommen und systematisiert worden. Seine hervorragende Stellung innerhalb der jüdischen Religionsgeschichte verdankt R. Akiba nicht der Niederschrift eines Buches, sondern der Vermittlung halachischer Weisheit, die er durch eine Vielzahl von hermeneutischen Regeln mit der schriftlichen Lehre der Torah zu verbinden wußte.

Mit Jakob, dem dritten Erzvater des jüdischen Volkes, und mit R. Akiba, der einer Aggada zufolge noch vor Moses als der eigentliche Vermittler und Verkünder der Torah gilt, treten in Beer-Hofmanns und Heimanns Dramen demnach die bedeutendsten Männer der jüdischen Geschichte in die geistige Welt des deutschen Judentums zu Anfang dieses Jahrhunderts ein.

Und damit komme ich zum Fragezeichen, das dem Untertitel dieses Aufsatzes hinzugefügt werden müßte. Seine Berechtigung erhält es vor allem aus Moritz Goldsteins berühmten Kunstwart-Aufsatz *Deutsch-jüdischer Parnaß* aus dem Jahre 1912. Er vertritt die These, daß die deutschen Juden den geistigen Besitz eines Volkes verwalten, das ihm die Berechtigung und die Fähigkeit dazu abspricht. Aber nicht diese These soll hier interessieren, sondern Goldsteins Folgerungen aus der prekären Situation des deutschen Judentums.[15]

Denn daß die „deutsche Kultur zu einem nicht geringen Teil jüdische Kultur ist"[16], kritisiert Goldstein ebenso wie seine Gegner auf der nationalistischen Seite. Er vermißt die eigenständige Kulturleistung und ruft deshalb nach dem

---

14 Siehe ebd., S. 70.
15 Moritz Goldstein: *Deutsch-jüdischer Parnaß*. In: Kunstwart, 1912, S. 281-294; siehe zur Wirkung Hans Schütz: *Juden in der deutschen Literatur. Eine deutsch-jüdische Literaturgeschichte im Überblick*, 1992, S. 112-113.
16 Goldstein, a.a.O., S. 291.

jüdischen Dichter, der einen neuen Typus Jude in der Literatur schafft, der als „jüdisches Ideal des Juden"[17], als „unser Ebenbild" hervortritt. „Jüdische Dichter heran!" ruft er aus. Aber betrachten wir den Titel seines Aufsatzes, stellt sich die Frage, welch Geistes Kind diese jüdischen Dichter sein sollen. Werden sie von den Musen vom Parnaß geküßt werden, oder müssen sie nicht, um jüdische Dichter zu sein, vom Geist der Sinaioffenbarung wachgerüttelt werden? Goldstein stellt sich diese Frage nicht, so daß wir nur indirekt eine Antwort von ihm erwarten können. Sie liegt in der Bemerkung: „Wir deutsche Juden, wir heute Lebenden, wir können ebensowenig hebräische Dichter werden, wie wir nach Zion auswandern können." Die deutschen Juden müssen jüdische Dichter bleiben, Dichter, die der mächtige Geistesstrom des Abendlandes mit sich reißt. Hebräische Dichter sind sie nicht. Und selbst wenn sie Jakob und R. Akiba auf die Bühne stellen, sind ihre Dramen keine hebräischen Dramen, sondern literarische Zeugnisse des Galuthjudentums, dem letztlich, laut Rosenzweig, seine eigenen kulturellen Leistungen selbst fremd bleiben müssen.[18]

Heimann hat in seinem Aufsatz *Jüdische Kunst* sehr klar die Grenzen und Möglichkeiten einer originären jüdischen Kunst aufgewiesen. Der Charakter des Jüdischen liegt für ihn weder in der Stoffwahl biblischer Themen, noch in einem formal-ästhetischen Spezifikum jüdischer Dichter. Das geistige Moment, das Kunst zur jüdischen Kunst macht, ist rezeptionsästhetischer Natur: es liegt im besonderen Kreis des Publikums, nämlich im Geist der jüdischen Gemeinschaft, die diese Kunst rezipiert.

Heimanns *Das Weib des Akiba* und Beer-Hofmanns *Jaákobs Traum* lassen sich nur dann der Bezeichnung jüdischer Kunst zuordnen, wenn sie dem Geist der Gemeinde, der seinen Ursprung im biblischen Offenbarungsereignis hat, zu entsprechen vermögen. Für Heimann reicht z.B. die Bearbeitung einer synagogalen Melodie für das Cello nicht aus, um originäre jüdische Kunst zu schaffen. Sie muß sich schöpferisch aus der religiösen Substanz entfalten, die sie dann ihrerseits rückwirkend zu heiligen vermag. Dieser Maßstab gilt auch für Heimanns und Beer-Hofmanns Dramen. Nur wenn sie sich dem innersten Kern des Jüdischen, dem Offenbarungsereignis ästhetisch annähern, können sie auch auf den Geist der Gemeinde zurückwirken und bieten nicht bloße kulturelle Unterhaltung.[19]

---

17 Ebd., S. 294.
18 Martin Buber verwendet in seinem Aufsatz: *Hebräischer Humanismus* (1941). In: Der Jude und sein Judentum, S. 732-744, das Wort „hebräisch" als Steigerung zu „jüdisch", um die existentielle Bedeutung der jüdischen Renaissance zu verdeutlichen und ihr ihre Wurzeln in der „großen Urkunde" (733) des biblischen Glaubens zu geben.
19 Moritz Heimann: *Jüdische Kunst*. In: ders. *Was ist das: ein Gedanke?* Essays, hg. von Gert Mattenklott, 1986, S. 177-180, zuerst 1913. „So wie allein im Schutzbezirk

Ich will nur kurz auf Heimanns Persönlichkeit und sein schriftstellerisches Werk eingehen, obgleich er zu jenen vergessenen Dichtern gehört, die immer nur am Rande einer Beschäftigung mit seinen berühmten Zeitgenossen auftauchen. Man trifft auf Äußerungen über Heimann jedoch bei jedem großen Vertreter des jüdischen Denkens nach dem Ersten Weltkrieg: bei Buber, Rosenzweig, Hugo Bergmann, Ernst Simon, Gershom Scholem und bei Schalom Ben-Chorin. Außer von Buber, der einen Aufsatz über ihn geschrieben hat, erhält man jedoch von ihnen nie jene ausreichenden Informationen, die man über einen heute unbekannten Dichter gerne hätte. Denn sie zitieren ihn wie eine jedermann bekannte Geistesgröße herbei, über die man sich nicht erst ausführlich zu verständigen hat. Und heute ist es genau umgekehrt.[20]

Heimanns Wertschätzung unter seinen jüdischen Zeitgenossen beruht nicht auf seinen künstlerischen Leistungen, sondern auf seiner geistigen Erscheinung. Weil sich sein Weltbild eklektizistisch aus Jüdischem, Christlichem, aus Tolstoi, Dostojewski, Goethe und Hauptmann zusammenmischt, fallen zwei Urteile über ihn auf, die sein Denken in jüdischer Perspektive sehen. So beklagt Ernst Simon z.B., daß das prophetische Element, das in der jüdischen Tradition wirke, im modernen Judentum fehle, und daß es deshalb jetzt wieder darauf ankäme, Schüler der Propheten zu sein. Das Geheimnis echter Tradition aber erläutert er abschließend anhand von vier Versen Heimanns. Sie sprechen aus, daß jede Zeit von Gott kündet, keine ihn aber ganz enthält: „Zeit spinnt den Faden/ aus Ewigkeit her./ Die Spindel schwillt golden,/ der Wocken wird nicht leer."[21] Gershom Scholem übertrifft Simon noch in seiner Einschätzung Heimanns. „Weisheit war einer der schönsten und ergreifendsten Züge großer Sprecher der jüdischen Überlieferung. Nur selten kann man sie jedoch bei der Hauptgruppe der jüdischen Intellektuellen des 20. Jahrhunderts finden, wie etwa bei Moritz Heimann und in der nächsten Generation hie und da bei Ernst Bloch."[22]

---

des Gemeindelebens der Jude sich nicht am fremden Werte mißt (...), so kann einzig die jüdische Gemeinde die Realität sein, zu der eine jüdische Kunst sprechen und also existieren könnte." S. 179.

20 Trotzdem nur einige biographische Fakten: geb. 1868 in einem Dorf in der Mark Brandenburg. Von 1895 an bis zu seinem Tod 1925 erster Lektor des S. Fischer-Verlags. Heimann hat in der *Neuen Rundschau* zahlreiche Essays zur Kultur, Literatur und Politik veröffentlicht, aber auch Erzählungen. Seine Theaterstücke, fünf nur an der Zahl, sind meist nicht einmal uraufgeführt worden. *Das Weib des Akiba* ist nur einmal von der russisch-jüdischen Theatergruppe „Habima" 1928 einstudiert worden. Auch bei der ersten Auflage der Buchveröffentlichung 1922 ist es geblieben.

21 Ernst Simon: *Das Volk der Überlieferung*, in: ders. *Entscheidung zum Judentum*, 1979, S. 99.

22 Gershom Scholem: *Zur Sozialpsychologie der Juden in Deutschland 1900-1930*. In: ders. *Judaica 4*, 1984, S. 259.

Buber hat um Heimann eine Atmosphäre der Anonymität ausgemacht, die namenlose geistige Existenz eines Menschen, der nur Träger, nicht aber Urheber seiner Worte ist.[23] In diesem Sinne wäre in Heimann tatsächlich ein prophetisches Moment, die vermittelnde Tradition jüdischen Geistes, der sich nicht selbst mit Werken in den Vordergrund stellt, sondern eine Äußerung vorzubringen hat. Daß Buber mit seiner Charakterisierung Heimanns von 1912 zugleich schon vorab die beste Einsicht in die Hauptfigur des zehn Jahre später publizierten Dramas *Das Weib des Akiba* geliefert hat, nämlich in Akibas Frau Jaltha, zeigt, wie stark Heimann dieses Drama mit seinen ästhetischen und weltanschaulichen Intentionen verbunden hat. Daß in ihm nicht Akiba, die Vorbildgestalt jüdischer Religiosität und Gelehrsamkeit, die Antwort auf die religiösen Fragen der Zeit gibt, sondern sich in Jalthas Lebensweg die aktuelle religiöse Problematik widerspiegelt, löst die Frage aus, ob sich in Heimanns Drama ein kultureller Geist des Judentums ausgestaltet, oder ob sich hier, und dann auch in Beer-Hofmanns Drama, eine Transzendierung ins Religiöse erkennen läßt. Diese Frage soll im folgenden erörtert werden. Ihr Leitfaden ist die Art und Weise, wie beide Dichter sich ästhetisch dem Phänomen der Offenbarung angenähert haben.

II.

Die erste Szene von *Jaákobs Traum* liefert bereits einen Einblick in die religiöse Problematik des Stückes. Es ist von nicht geringer Bedeutung, daß das Stück praktisch mitten in der für Jakob prekären Lage einsetzt, die sich aus dem erschlichenen Segen des Vaters ergibt. Anstatt die Segenssituation selbst darzustellen, präsentiert Beer-Hofmann sie nachträglich im Gespräch zwischen Edoms Frauen, die sie heimlich belauscht haben, und einem Sklaven. Aber alle drei Personen sind Heiden. Und so sehen wir, bis zu Rebekkahs Auftritt, den Segen rein mit heidnischen Augen. Basmath, die eine Ehefrau, schildert ihn als göttliche Emanation, als einen mystischen Akt, in dem sich Ströme des Heils auf Jakob ergießen.[24] (V 49ff) Jizchak selbst erscheint wie ein berauschter Priester, in den sich die Götter hineindrängen, um sich den Menschen zu offenbaren. Er selbst, Jizchak, ist dabei nur Hülle, die sich dem Gott bereithält. Das Heidnisch-Mythische begegnet auch im Vergleich Edoms mit dem Gott Kesil, einem Himmelskörper der Nacht, dessen Schicksal Edoms Lebensweg wie einen Mythos wiederholt. Erst Rebekkah überwindet das mythische Denken, indem sie die Irreversibilität des Segens erklärt (V 165). Nicht ein kreishaftes, mythisches

---

23 Martin Buber: *Moritz Heimann.* In: ders. *Hinweise, Gesammelte Essays,* 1953, S. 240.

24 Richard Beer-Hofmann: *Jaakobs Traum,* 8.-12. Aufl., 1920, zitiert wird im Text nach der Verszählung.

Denken, das Edoms Frau vertritt (V 111f), zeigt die wahre Macht des Segens, sondern Rebekkahs Ausspruch „Kein Bronnen strömt zurück!" (V 165). In der heidnischen Perspektive ist der Segen Objekt von Machtkämpfen, er kann erteilt und wieder zurückgewonnen werden. In Rebekkahs Perspektive jedoch ist der Segen selbst eine Macht, denn in seiner irreversiblen Gestalt führt er die Stammväterreihe der Israeliten von Abraham über Jizchak auf Jakob fort.

Beer-Hofmann behält diese zu Anfang gesetzte Spannung zwischen Heidnischem und Jüdischem in den folgenden Szenen bei. Als zum ersten Mal von Gottes Offenbarungsmacht die Rede ist, nämlich in Jakobs Erzählung vom Urvater Abraham, ist seine Schilderung vom „fremden, unerschauten Gott" (V 557), der Verheißung geschenkt hat, ohne sie eingelöst zu haben, der erwählt hat, ohne zu fragen, ob der Erwählte dies auch will, nicht weit entfernt von jenem unheimlichen Gott des Abgrundes, von dem sein Sklave Idnibaal zuvor seinem Herrn erzählt hat. (V 470f) Und daß beide vom Felsen Moriah göttlich Unheimliches zu berichten wissen, Idnibaal eine Kosmogonie als Kampf der Götter, und Jakob die Abraham befohlene Opferung seines Sohnes, läßt diesen Felsen letztlich als einen heiligen Ort erscheinen, an dem Heidnisches und Jüdisches sich nicht nur begegnen, sondern wo das Jüdische das Heidnische überhöht. So wie die wahre Macht des Segens erst durch Rebekkahs Deutung erkennbar wird, so wird auch die heilige Macht der Opferstätte Moriah erst durch Abrahams Erlebnis mit ihr deutlich.

Aber noch ist auch dieses, das Heidnische überhöhende Göttliche, die Macht dieses Gottes in seinen Offenbarungen eine fremde, für Jakob vor allem eine zwingende, autoritäre Macht. Seine Ahnung von der Gestalt dieses Gottes ist von der Furcht vor dem Namenlosen bestimmt, den er noch nicht gesehen hat, der noch nicht zu ihm gesprochen hat, der sich aber Abraham und Jizchak offenbart hat. Es ist der Gott der Väter, der ihm, und hier gewinnt die Gottesgestalt Aktualität für das moderne Judentum, noch nicht selbst erschienen ist. Erst wenn er ihn selbst erkannt hat, ist er auch der eigene Gott, der gegenwärtige. Aber will Jakob, und damit Beer-Hofmann, tatsächlich die Offenbarung, Gottes Präsenz? Denn auf der anderen Seite ist Gott für Jakob auch jenes Sein, das sich sowohl in der beseelten Natur, als auch im grübelnden, metaphysischen Fragen nachhängenden Menschen offenbart. Es ist der göttliche Ursprung der geistigen Dimension der Welt.

Jakobs Vision vom Gang ans Meer nähert sich diesem Gott (V 681ff), der ein heidnischer sein muß, denn Idnibaal erkennt ihn und begrüßt ihn erstaunt und verzückt. „Urerste heilige Schöpfung" (V 714) ruht dort schlafend, das Unbegrenzte manifestiert sich und - es wartet, es träumt vom Menschen, ersehnt seinen Blick. (V 715) Die Beseelung der Welt ist es, die Jakob immer wieder anzieht, von der er Kunde gibt, vor allem vom Leid in der Welt. Daß er von all dem weiß, ist für Jakob Zeichen, daß in ihm etwas noch unbekanntes wirkt, das ihn über alle anderen Menschen hinaushebt und Dimensionen der Realität erkennen läßt, die anderen verborgen bleiben. Daß aber dieses Sehertum letztlich nicht heidnischen Ursprungs sein kann, zeigt Beer-Hofmann in der Szene, in der Edom um Jakob herum Geister zu erkennen glaubt, während Jakob selbst nur die Natur in ihrer materiellen Gestalt, die gänzlich stummen und ungefährlichen Dinge um sich herum sieht. (V 860ff) Die göttliche Offenbarung empfängt Jakob nicht in unnatürlicher oder übernatürlicher Weise, nicht als wundermäßige Erscheinung des Gottes, sondern dieser tritt an ihn über die Natur, bzw. über die Welt vermittelt heran. Er begegnet ihm in der Erwählung, die metaphysischen Fragen des Seins, das „warum", das „woher" und „wohin", Fragen, die sich Edom nicht stellen, beständig aus den Phänomenen der Welt ableiten zu müssen. „Bin ich erwählt?! Dazu erwählt, daß alles, dem Leid geschieht, mich ruft, mich heischt, mir klagt? Daß selbst der Blick des Tiers, das stumm verendet, mich fragt: 'Warum?!'" (V 916f)

Jakobs Erwählung ist nicht Teil einer göttlichen Emanation, oder der göttlichen Begeistung eines Mysten, sondern die Fähigkeit zu einem Blick auf die Welt, der nicht bloß ihre Phänomene konstatiert, sondern in ihre metaphysische Dimension vordringt. Sobald dieses Metaphysische in die religiöse Perspektive gestellt wird, gerät es in den Bannkreis der Theodizee, der Rechtfertigung Gottes angesichts des Leidens in der Welt. Edoms Blick auf die Welt ist dagegen von unreflektierter Schlichtheit. Ihm werden nur die Dinge sichtbar, nicht aber ihr Warum. Er ist der Materialist, der profane Mensch, der Reichtümer anhäuft, sein Anwesen bestellt und auf die Jagd geht. Wo in der Religionsgeschichte Edom für den Feind Israels steht, sei er Rom oder das Christentum, da läßt Beer-Hofmann Edom den weltlich eingestellten Menschen sein, der sich vom Metaphysischen freihält und der dennoch in dieser Profanität von Gott akzeptiert wird. „Gott braucht mich so- und anders dich!" (V 993) sagt Jakob zu Edom. Beer-Hofmann führt den Zwist und die Versöhnung zwischen Edom und Jakob auf den Unterschied des religiösen und des profanen Menschen zurück, die er letztlich beide von Gott her gerechtfertigt sieht. Jakobs Antwort auf Edoms Rat, diesem furchtbaren und schrecklichen Gott, der sich ihm beständig naht, zu fliehen (V 938), daß sie doch beide so, wie sie sind, von Gott gewollt sind, ist hier unzweifelhaft eine moderne religiöse Antwort, die in Rechnung stellt, daß es ungläubige Menschen gibt, und zum Glauben prädestinierte, so wie Jakob einer ist. Edom, der versöhnte Edom, wird dabei zum Ahnherrn des religionslosen modernen Menschen umgedeutet.

An die Begegnung mit Edom schließt sich Jakobs Traum an. Ereignet sich in ihm eine Offenbarung an Jakob, durch die er zum dritten Mann in der Reihe der Erzväter aufsteigen kann? Und vermag dann Beer-Hofmanns Jakob eine Gewißheit über den religiösen Menschen zu vermitteln, eine Gewißheit, daß der Glaube nicht bloß auf eine subjektivistische Vorstellung zurückgeht, ein psychologisches Phänomen ist, sondern eine objektive Tatsache, die vor einen sich konkret offenbarenden Gott gestellt wird? Mir scheint das hier nicht der Fall zu sein. Denn Jakob, der schon Edoms Aufforderung, Gott zu fliehen, abgelehnt hat, weil er Gott lieber doch entgegengehen will „Ihn fliehen? Nein! Ich geh Ihm noch entgegen!" (V 943), erlebt im Traum keinen anderen Gott als im Wachen, und auch die metaphysischen Einsichten sind in ihm keine anderen. Jakob gibt sich nur freiwillig demselben Gott hin, an dem er zuvor im Wachen gelitten hat. Er übernimmt die Rolle des Erwählten, ohne - wie z.B. Abraham im Befehl zur Opferung des Sohnes - mit einer neuen, unerwarteten Gestalt Gottes konfrontiert zu werden.

Am Ende des Nachtgesprächs mit den Engeln, die für und wider Gott sprechen, bekennt Jakob sich zu jenem namenlosen Göttlichen, dem er im Wachen schon immer begegnet ist. „Ich lieb ihn - wie Er ist! Grausam und gnädig, lauteres Licht - und Abgrund, finster, tief." (V 1417f) Dieses Bekenntnis zu Gott im Anschluß an den Zuspruch der Engel und an Samaels Ratschlag, der Jakobs eigene Zweifel an dem furchtbaren Gott auf die zukünftige Leidensgeschichte des Volkes Israel projiziert, ist die Quintessenz des Traumes. Was ihm zuvor aufgezwungen erschien („Was wählt er uns - und fragt nicht, ob wir wollen?!" V.574), übernimmt er nun freiwillig. Auch die Ambivalenz der Erwählung, daß sie vor den Abgrund der Welt führt, in die tiefste Erniedrigung, und doch auch wieder darin Erhöhung erfährt (V 1474f), ist schon in der Begegnung zwischen Jakob und Edom vermittelt worden. (V826f „Du stehst am Abgrund! - Nein! Auf einer Höhe!"; V 881ff „Ich steh' am Abgrund - und ich bin allein.")

Daß darin keine echte Offenbarung liegt, sondern nur eine Bestätigung von zuvor Erahntem, zeigt auch die abschließende Szene des Stückes. Erwachend begrüßt Jakob Gott nicht als Offenbarer, sondern als Schöpfer, so wie er ihm auch im Traum immer nur als Schöpfer alles Seienden, der letztlich die Verantwortung für dessen Existenz hat, begegnet ist. „Ewiger Schöpfer" (V 1484) nennt Jakob ihn. Nach seinen Nachtgesichten sieht er die Schöpfung mit ihrem Schöpfer versöhnt, denn sie ist eine „neuerschaffene Welt" (V 1481), die ihre Qual erst wieder erfahren wird, dann aber nicht mehr als hilfloses Leiden, sondern als im Leiden erhöhtes Sein.

Zuletzt salbt Jakob den Stein seines Nachtlagers, weil er in der Nacht zum Teil der heiligen Erde geworden ist. „Abschied nehm' ich nun von Erde, die heilig ward - in einer heiligen Nacht!" (V 1492f) Auch in dieser Szene ist Gott Jakob nicht in einer Offenbarung nahe, sondern nur als Schöpfer der Welt, der die Schöpfung erlösen und versöhnen soll, und sich nicht dem Menschen zum Bundesschluß offenbart. Denn Jakob salbt den Stein nur, er stellt ihn nicht auf, wie in Gen. 28,18 berichtet. In diesem kleinen Unterschied der heiligen Handlung liegt die gewaltige Differenz zwischen dem Schöpfergott und dem Offenbarergott beschlossen. Der gesalbte Stein bleibt in der Natur, in der Schöpfung an seiner alten Stelle, er wird nicht zum artifiziellen Denkmal für eine göttliche Epiphanie aufgestellt, sondern ist Zeuge für die versöhnte Schöpfung. In diesem gesalbten Stein, den niemand außer Jakob als einen gesalbten erkennen wird, ist die gesamte Schöpfung stellvertretend heiliggesprochen, während der aufgestellte Stein sichtbares Zeugnis ist für Gottes Gegenwart. Am Ende der Nacht verkündet Jakob nicht eine neue Offenbarung Gottes an Israel, sondern er wird als Israel zu dem von Gott autorisierten Sprecher der leidenden Schöpfung. So wie der Stein, der sich vom Himmel herab in den Abgrund verstoßen fühlte, jetzt zur Schwelle des Himmels wird (V 1471ff), so ist auch Jakob als Berufener erwählt und „doch ... Kind dieser Erde." (V 1486) Diese Ambivalenz von irdisch und göttlich in jedem Sein ist Jakobs letztes Wort. Ihr fehlt letztlich die Qualität eines Offenbarungsereignisses.

Im religiösen Phänomen der Offenbarung wird ja gerade die Realität auseinandergerissen, die Ordnungsverhältnisse werden aufgelöst und neu zusammengesetzt. Abrahams Opfergebot ist ein eminentes Offenbarungsereignis, da in ihm das Religiöse gegen herkömmliche Moralvorstellungen zu verstoßen scheint. Gott überwindet Abrahams menschliche Skrupel und bindet seine Moral an ein religiöses Sittengesetz, dessen Urheber nur Gott allein ist. Auch in Jakobs Kampf mit dem Engel liegt eine Offenbarungsmacht. Als der Engel sich mit Tagesanbruch zurückziehen will, verlangt Jakob den Segen des Engels. „Ich lasse dich nicht, du segnest mich denn". Der eingeforderte Segen ist hier ein Zeichen für die Objektivität des nächtlichen Geschehens, ein Zeichen dafür, daß der Kampf nicht bloß ein Traum gewesen ist. Die Segensforderung ist das Zeugnis einer wahren göttlichen Macht. Daß Beer-Hofmann sie nicht zitiert, zeigt, daß er nicht die Offenbarungsmacht Gottes sucht.[25]

Und doch gibt uns Beer-Hofmann in seinem Stück ganz nebenbei, fast unbemerkt, einen Hinweis auf die Gottesgewißheit, wie sie auch dem Glaubenden in der Moderne als Gottesoffenbarung zuteil werden kann. Nicht Jakob vermittelt sie, sondern eine Frau, seine Mutter Rebekkah. Als sie sich Edom gegenüber verteidigt, weil sie Jakob zum Segen des Vaters verholfen hat, zeigt sie eine Entschlossenheit und Sicherheit, daß sie das Richtige getan hat, die verwundern muß. Weder ist sie Prophetin, noch Priesterin, sondern ihr Wissen hat sie allein aus ihrer Gotteserfahrung. „In eherner Abweisung", wie die Regieanweisung lautet (V 274), gibt sie Edom auf seine Frage nach Gottes Gerechtigkeit ein Wort

---

25 Zur Diskrepanz zwischen Religion und Ethik, die gerade im Offenbarungsereignis zum Ausdruck gelangt, siehe Ben-Chorins Bemerkungen zur Isaak-Bindung, a.a.O., S. 76f.

zurück, daß aus Jakobs Mund anders geklungen hätte. Denn Jakob braucht ein ganzes Leben voller Zweifel um Gottes Gestalt und eine Nacht voller Visionen, um zu erkennen, wer er ist. In seinem Munde wäre Rebekkahs Gotteserfahrung nichts anderes als ein weiterer Beweis seiner Verzagtheit über seine Erwählung. Aber Rebekkah bekennt sich zu Gott, unerschütterlich wissend: „Ich weiß nicht, was Er ist! Wüßt ich's - Er wär mein Gott nicht!" (V 274)

Dieser Satz spricht die Gewißheit einer negativen Theologie aus, von Gott keine positive Aussage machen zu können und doch von ihm in höchster Gewißheit zu wissen. Eine positive Gottesgestalt - das wäre eine Götzengestalt, wie sie Rebekkahs Schwiegertöchter verehren. Rebekkah aber weiß von Gottes Gegenwart, auch wenn sie nichts von seinem Wesen erkennen kann. Ihre negative Antwort ist zugleich ein Hinweis auf die Möglichkeit des modernen Menschen, Gott zu erfahren. Seine Gottesgewißheit kann er nicht an eine positive Erscheinung inmitten der materiellen Welt festmachen, sondern sie läßt sich nur aus einer negativen Spur in der Realität erkennen. Rebekkah hat diese Gewißheit schon, während Jakob um sie ringt. Warum hat Rebekkah sie, und warum klingt sie aus ihrem Munde wie eine Selbstverständlichkeit? Weil sie als Frau einen anderen Zugang zu Gottes Gegenwart hat. Wenn man den religiösen Gehalt ihres Wissens dem zur Seite stellt, das uns Heimann in R. Akibas Frau Jaltha übermittelt, erkennen wir, daß es gerade die Frauen sind, denen in der Moderne die reinste Form einer Gewißheit Gottes zugetraut wird.

III.

Bevor ich dies bei Heimann näher darstelle, gebe ich einen kurzen Überblick über den historischen Hintergrund der Hauptfiguren seines Dramas. Heimanns Stück erzählt von R. Akibas Lebensweg, dessen Wirken nach der Zerstörung des Zweiten Tempels (70 n.Chr.) beginnt und der kurz nach Beendigung des hadrianischen Aufstandes etwa 137 n. Chr. unter der Folter stirbt. Akibas Werdegang vom unwissenden Sklaven, der aus einem heidnischen Geschlecht stammen soll, die Gelehrsamkeit der Rabbinen verachtet und sich - wie Edom - auf die praktische Weisheit mit den irdischen Dingen versteht, zum berühmtesten Gelehrten seiner Zeit, der im Synhedrion die einflußreichste Stimme besaß, schildert Heimann in Anlehnung an aggadische Quellen. Akiba gilt als Begründer der Halacha, der Sammlung und Systematisierung der mündlichen Torah, mit der er eine neue Epoche der jüdischen Geistesgeschichte eröffnet. Die Armut, die Akiba und seine Frau, die Tochter seines früheren Herrn Kalba Sabua, nach ihrer Hochzeit und ihrer Verstoßung aus dem Lebensbereich des Vaters getroffen hat, sein Auszug aus dem gemeinsamen Heim, um die Torah zu studieren, seine

Begegnung mit dem Propheten Elias, sein Wirken im Synhedrion, sowie seine Verbindung zum Bar-Kochba-Aufstand 131-135 n. Chr., der den Unterdrükkungsmaßnahmen der Römer gegen das jüdische Volk Palästinas galt, sind für Heimann die wesentlichen Stationen des Lebensweges, die er in den zwölf Szenen darstellt.[26]

Die beiden Male, in denen Heimann von der Überlieferung abweicht, gibt er seinem Stoff gerade jene Wendung, durch die er für den zeitgenössischen Leser an Bedeutung gewinnt. Zum einen überbetont er Akibas Beziehung zu Bar-Kochba. Er hat diesem zwar nach Num. 24,17 „Es ist ein Stern von Jakob aufgegangen", seinen messianischen Namen gegeben, an dessen Aufstand hat er aber nicht aktiv teilgenommen. Zum anderen läßt Heimann den sterbenden Akiba vom Propheten Elias und von Akibas Sohn Joseph aus dem Gefängnis entführen und zu seiner Frau Jaltha zurückbringen. Weil sein Körper wegen der unzähligen Folterwunden straff bandagiert ist und Elias ihn zudem in ein weißes Tuch gehüllt hat, sieht Akiba sich selbst wie ein gewickeltes Kind, das Jaltha zurückgegeben wird. „Wie ein eingewickeltes Kind liege ich vor dir, deine Übermacht spottet meiner."[27] (S. 171) Heimanns Fiktion von Akibas Todesstunde ist eine symbolische Überhöhung der uns überlieferten Legende von Akibas Ende. Nach ihr ist Akiba bereits gestorben, als ihn der Prophet aus dem Gefängnis rettet und vor der Stadt in eine sich vor ihm öffnenden Höhle bettet. Heimann hat die symbolische Bedeutung der Höhle als Geburtshöhle auf Akibas Frau übertragen, in deren Schoß Akiba letztlich zurückkehrt.

Jaltha ist es ja auch gewesen, die Akiba dazu gedrängt hat, Torahgelehrter zu werden. Als der berühmte Gelehrte, der er geworden ist, ist er somit ein Kind seiner Frau, der er alles verdankt. Obwohl Heimann in seinem Drama Jalthas Verantwortung für Akibas Werdegang eine größere Bedeutung beimißt, als dies die Überlieferung zugesteht, ist sie als Bühnenfigur doch nicht übermäßig präsent. Während Akiba in allen zwölf Szenen mitwirkt, ist sie selbst nur in sechs weniger spektakulären Szenen zu sehen. Während Akiba wiederholt im Kreise der bedeutendsten Gelehrten seiner Zeit in Gespräche über religiöse Entscheidungen verwickelt wird, in denen seine Weisheit zum Ausdruck kommen kann, während er im Gefängnis leidet und eine bühnenwirksame Sterbeszene zugesprochen erhält, begegnet Jaltha stets nur als besorgte, aber selbstbeherrschte, als liebende, aber strenge Frau. Während Akiba in seiner Wandlung von der praktischen Klugheit zur religiösen Weisheit, vom materiell Armen zum geistig Reichen, sowie in seinem unerschütterlichen Leiden unter der Folter geradezu heroische Züge gewinnt, ist Jaltha eine stille, unauffällige Figur. Sie ist eigentlich nur

---

26 Zu den Quellen siehe den Artikel *Akiba*. In: *Encyclopaedia Judaica*, 1928-1934.
27 Moritz Heimann: *Das Weib des Akiba*, 1922, zitiert wird im Text die Seitenzahl.

da, und wirkt durch ihre Gegenwart, während Akiba beständig agiert. Jaltha macht keine Wandlung durch, und sie braucht das auch gar nicht.

Von gleicher Wesensart wie Jaltha ist auch der Akiba der ersten Szene des Dramas. (S. 3ff) Hier ist er der treue und gewissenhafte Diener seines Herrn. Und er will gar nichts anderes sein, als was er ist. Er ist ein praktisch veranlagter Mensch. Gegenüber der abstrakten Gelehrsamkeit, die der Sohn seines Herrn ihm beständig vorplappert, ist Akibas Wissen auf die materiellen Erfordernisse des Lebens beschränkt. Die Vergleiche, die er in seine Reden einflicht, entnimmt er dem Naturreich. An Akiba ist also nichts Unentschiedenes. Später wird er sich nicht nur nach diesen Stunden der Unwissenheit zurücksehnen (S. 99), sondern auch erkennen, daß seine letzten Zweifel um Gott und seine Gebote gerade aus dieser Herkunft gespeist werden. Sie ist jenes unüberwindliche Moment, das es ihm nicht erlaubt, nur die Gelehrsamkeit eines Rabbiners zu besitzen.

Akiba ist bei Heimann nicht der große Gelehrte, der trotz Verbotes durch die Römer in ununterbrochener Lehrtätigkeit die jüdische Religion in gefahrvoller Zeit zu retten versuchte, sondern der Gelehrte, den seine Weisheit letztlich nicht zur Gewißheit über Gott gelangen läßt. In der Eingangsszene des Stückes dagegen läßt Heimann Akiba, der noch ein Unwissender ist, eine Weisheit aussprechen, die ihm sein Herr als rabbinische Weisheit und damit als seinem Mund nicht gemäß, verweist. (S. 6+9) Hier ist sich Akiba aber seiner Einsichten noch gewiß. In den Diskussionen mit dem Patriarchen Rabbi Gamliel und den anderen Mitgliedern des Synhedrions über die letztentscheidende Instanz in religiösen Fragen, ob sie der Vorsitzende des Synhedrions ist, der dann ein autoritärer Herrscher wäre, oder ob nicht auch das Gewissen eines jeden einzelnen zu entscheiden habe (S. 45), zeigt sich Akiba auf der Suche nach der Wahrheit. „So wollen wir forschen und suchen in dem Gesetz." (S. 46) Das Streben nach der Wahrheit, nicht die Weisheit, die entscheidet, ist die religiöse Gestalt, die Heimann Akiba zugesteht. Er ist sowohl Torahgelehrter, der Gottes Gebote erkundet, als auch Gottsucher, weil er den Zwiespalt zwischen Gottes Geboten und seinem Walten (S. 45) erkannt hat. Er ist deshalb beständig auf der Suche nach den Verbindungen zwischen dem irdischen Geschehen mit Gottes Allgegenwart.

Auf diesem Weg verteidigt er, immer voller Zweifel, zum einen das pessimistische Kohelet-Buch, das er in den Kanon der Hl. Schriften aufgenommen haben will, denn es ist besser, „Unheiliges zum Heiligen (zu) deuten, als (...) das kleinste Stäubchen vom Heiligen (zu) versäum(en)" (S. 51), und das Hohelied, weil es das verständlichste Buch der Schrift ist, das ihm schon als Unwissenden nahe gewesen ist, zum anderen versteigt er sich im Synhedrion in der Diskussion, ob ein Jude einem Ketzer die Hl. Schrift abkaufen dürfe, so weit, daß sein unerkannt anwesender Sohn ihn verlacht: „Schaffet euch eine jüdische Sonne, einen jüdischen Mond und jüdische Sterne, damit ihr nicht zu lesen braucht, was auch andere Augen lesen." (S. 88) Daß Akiba trotz dieser radikalen Abgrenzung eigentlich nur Suchender und Fragender ist, nie der von Gewißheit erfüllte, zeigt sich daran, daß er, als er später im Triumphzug mit seinen Schülern zu Jaltha zurückkehrt, ihr gegenüber diese Hohnworte des Sohnes als eigene erwähnt, in denen er die Lehre allzu stark gegen die Heiden abzugrenzen versuchte. Während Akiba mit der Lehre einen Zaun um Israel zieht, entzieht sich ihm auf der anderen Seite unaufhörlich der göttliche Wille. Gott ist ihm immer voraus, „er entfernt sich von mir vor mir her." (S. 75)

Auch hier kündigt sich wie in Beer-Hofmanns Rebekkah-Gestalt eine negative Theologie an. Akiba erkennt, daß die Wahrheit, die ihm die göttlichen Gebote geben, nicht Gott selbst ist. Diese Differenz läßt ihn zum beständig Suchenden werden, der seine Erfüllung in einer messianischen Stunde erwartet.

Obwohl Heimann Akibas Methode der Schriftauslegung zitiert, daß nämlich „kein Satz (...) gelten (darf), der nicht zurückfindet zu einem Zeichen Gottes, und wäre es nur ein Buchstabe in seinem Buch; denn keiner steht vergeblich darin" (S. 58), so daß jede Weisheit eines Gelehrten letztlich ihren Ursprung in der Weisheit der geoffenbarten Gebote, in Gottes Torah findet, obwohl er sich also der Offenbarung nähert, will sie ihm nicht als letzte Wahrheit Gottes genügen. Heimann gibt Akibas Gottsuche stattdessen eine messianische Tendenz, vor allem in Person des Propheten Elias, mit dem sich in der jüdischen Tradition die messianische Zeit verbindet, sowie mit Bar-Kochba, dessen Aufstand messianische Züge trug. Während Beer-Hofmann der Offenbarung, der eigentlichen Stunde der Gewißheit von Gott, durch den Rückzug auf den Schöpfer und seine Schöpfung ausweicht, schiebt Heimann sie durch die eschatologische Tendenz seines Stückes in die Zukunft. Wenn er jedoch den Propheten Elias, der selbst eine Offenbarung Gottes in einem „sanften Säuseln" (1.Kön. 17) empfangen hat, und dessen Wanderschaft auf Erden in wechselnden Gestalten für das jüdische Volk seit je Garant dafür gewesen ist, daß zwischen Gottes Offenbarung und seinem Erlösungswerk ein ununterbrochenes Band verläuft, wenn er diesen Elias zu Akiba sagen läßt: „Tu deine Tat, dann erst erkenne Gottes Willen" (S. 71), dann entgleitet Heimann vollends die Gewißheit, daß sich Gott schon offenbart hat und er gibt Akiba die Gestalt eines modernen Gottsuchers, so wie er sie z.B. in Leo Tolstoi gesehen hat.[28]

In der Figur der Jaltha haben wir jedoch ein Gegengewicht zu den messianischen Gedanken Akibas. Denn Jaltha verweist die Gegenwart des Messias aus ihrem Gedankenkreis. „Was würde, wenn er ewig lebte, aus deiner Lehre, aus deinem Volk?" (S. 140) fragt sie Akiba. Während er davon „Segen ohnegleichen" erwartet, erkennt sie, daß es nur Greuel sein können, denn ein Glaube, der

---

28   Moritz Heimann: *Briefe von Tolstoi.* In: ders. *Prosaische Schriften*, Bd.2, 1918, S. 111.

nur messianisch ausgerichtet ist, verliert seinen Halt in der Realität. Deshalb ist es auch nur ihr allein vorbehalten, in dem Mann, der ihr den sterbenden Gatten ins Haus bringt, den Propheten Elias zu erkennen, und damit die Brücke zwischen den Zeiten der Offenbarung und der Erlösung Gottes zu schlagen. (S. 163)

In Jaltha gibt Heimann damit auch eine Antwort auf die Glaubensnot des Diasporajudentums. Wenn es keine Propheten mehr gibt und wenn die Gelehrten wie Akiba sich in dialektischen Erörterungen ergehen, ohne in ihren Weisheiten Gottes Nähe zu erreichen, wer vermag dann die Gewißheit des Glaubens zu verkünden, wer hat den Zugang zum Göttlichen, den auch der Ungläubige noch verstehen kann? Sowohl für Beer-Hofmann als auch für Heimann ist der neue Träger der Gewißheit die Frau, Rebekkah und Jaltha, die Mutter und die Ehefrau.

Jalthas strenges und demütiges Ausharren in ihrer ärmlichen Behausung, ihre stille Geduld sind Zeichen für die Gegenwart Gottes. Während Akiba nur der Zweifel bleibt: „Ist Gott wohl das, was mich treibt - oder was mich lockt. Treibt vor sich her, lockt zu sich hin" (S. 171), erkennt er, daß im Munde seiner Frau jedes Wort gewiß ist. (S. 170) Wenn Akiba seine Zweifel über Gott ausspricht, dann entfernt Gott sich von ihm. Als ihm jedoch Jaltha auf seine Frage, wo denn Gott sei, antwortet: „Wenn du ihn sähest, was wäre es denn? Wäre nicht alles zu Ende mit uns? Und alles hätte seinen Sinn verloren?" „Wer sicher ist, und wenn er Gottes sicher wäre, ist ein Verderber" (S. 172), da ist in ihren Worten trotz der Ungewißheit Gott nahe. Die gleiche Bedeutung hat auch Rebekkahs Satz: „Ich weiß nicht, was Er ist! Wüßt ich's - Er wäre mein Gott nicht!" (V 274) Beide Frauen haben ihre Gottesgewißheit aus der gewissen Ungewißheit, wer Gott ist und wo er ist. Beide handeln aber so, daß Gott in ihrer Nähe erkannt werden muß.

Dieses negative Gottesbild vermitteln Beer-Hofmann und Heimann dem modernen Menschen, dem Gläubigen, wie dem Ungläubigen, die beide die Offenbarung Gottes in der Welt nicht mehr verstehen können. Es gibt keine Gewißheit über Gott, keine letzte Sicherheit, weil er sich nicht unmittelbar offenbart. Und doch gibt es Spuren seiner unablässigen Gegenwart. Nicht die Gottsucher Jakob und Akiba entdecken sie, denn Gott ist ihnen immer voraus, sondern die Frauen Rebekkah und Jaltha. Heimann hat dieser Gottesgewißheit der Frau ein würdiges Denkmal gesetzt, indem er jenes Erlebnis, das Akiba zur Veränderung seines Lebens drängte und ihn zum Gelehrten werden ließ, auf Jaltha zurückgehen läßt. Während nach der Überlieferung Akiba selbst an dem Seil, das am Brunnen stetig den Stein glattschleift, die Tugend der Ausdauer und des Fleißes, sowie den Mut, die Torah zu lernen, erkannt hat, führt bei Heimann Jaltha Akiba an den Brunnen und zeigt ihm dieses Wunder der Kräfteverhältnisse, das zugleich ein Wunder der Beharrlichkeit ist. „Komm an den Brunnen. Siehst du hier den

Stein, siehst du das Seil, das über ihn läuft, den Eimer hinabzusenken und heraufzuholen? Siehst du die glatte Rinne in dem Stein?" (S. 16)

Daß diese Weisheit des Seils nicht Sinnbild ist für Akibas Lebensweg, sondern für den seiner Frau, das zeigt Heimann im Verlaufe des Stückes. Jaltha ist es, die mit ihrer Geduld jene Spur im Ablauf der Zeit hinterläßt, die ein Zeichen für Gottes Gegenwart ist.

Auch in diesem Bild liegt eine negative Theologie der Gottesgewißheit verborgen: Nicht angehäufte Gelehrtheit, nicht Weisheit und nicht die hohe Stellung als Gelehrter sind Zeugnisse für Gottes Gegenwart, sondern jene Spuren, die ein unscheinbares, aber gerechtes Leben hinterläßt. Um in Heimanns und Beer-Hofmanns Bild zu bleiben: nicht der Stein, den Jakob salbt und als Stück der von Gottes Nähe gesegneten Erde proklamiert, ist ein Zeichen Gottes, sondern die Vertiefung in ihm, jene Spur, die eine unaufhörliche Geduld hinterläßt.

Günter Helmes

„Qual und Leiden ließen meine Flügel neu sprießen"[1]

Über Entwürfe und Skizzen zu Richard Beer-Hofmanns

Die Historie von König David.

Im Januar 1908 gibt Richard Beer-Hofmann in einem Interview folgendes zu
Protokoll:

> Mein nächstes Werk ist großangelegt [...]. Es soll eine Folge von fünf Vers-
> dramen werden, eine - Pentalogie, die den Gesamttitel führt: 'Die Historie
> des Königs David'. Als die drei letzten Teile [...] sind 'Der junge David',
> 'König David' und 'Davids Tod' gedacht. Diesen dreien gehen als eine Art
> Vorspiel 'Jakobs Traum' und 'Ruth und Boas' [...] voran. [...] Ich habe schon
> eine Fülle von Studien, Skizzen und Entwürfen einzelner Teile gemacht.
> Schon über hundert verschiedene Gestalten stehen jetzt bereits lebendig vor
> meinem inneren Auge und gewinnen immer mehr feste Gestalt [...].[2]

Nun, wir wissen, daß Beer-Hofmann zu diesem Zeitpunkt bereits seit etwa zehn
Jahren über die *Historie* nachdachte - unter anderem hatte er schon im Spät-
sommer 1898 erste Einfälle zu einem Stück über König Saul (*Scha-ül*) notiert -
und daß er über das nächste Jahrzehnt die Konzeption seines Großwerks der
Historie von König David noch mehrfach verändert hat. Zuletzt war es - wie
Jahrzehnte zuvor - als Pentalogie geplant, die nun allerdings aus den Stücken
*Jaákobs Traum. Ein Vorspiel, Der junge David. Sieben Bilder, Vorspiel auf dem
Theater zum König David, König David* und *Davids Tod* bestehen sollte. Der
Plan zu dem Stück *Scha-ül* und der zu *Ruth und Boas* also war aufgegeben wor-
den, der zu dem *Vorspiel auf dem Theater zum König David* neu hinzugetreten.

Und wir wissen auch, daß Beer-Hofmann sein Großwerk nicht zu einem Abschluß hat bringen können. Abgeschlossen wurden lediglich *Jaákobs Traum*,
erschienen 1918, *Der junge David*, erschienen 1933, und das *Vorspiel auf dem*

---

1 So die „Stimme des jungen Sterndeuters, die sich in Davids Traum in die Stimme
   eines Engels verwandelt", in ihrer Anrede an David in einer nachgelassenen Arbeitsnotiz Richard Beer-Hofmanns. In: Hans-Gerhard Neumann: *Richard Beer-Hofmann.
   Studien und Materialien zur „Historie von König David".* München 1972, S. 241
   (Dokumentation).

2 Paul Wilhelm: *Bei Richard Beer-Hofmann.* In: Neues Wiener Journal, Nr. 5123 vom
   26.01.1908, S. 3.

Theater zum König David, erschienen 1936.[3] Die beiden restlichen Stücke hingegen, die im Umfeld des Bathseba- und des Absalom-Stoffes (2. Sam. 11-19) und von Konzepten wie „Treue" und „Macht" Davids Verstrickung in Schuld, seinen Hader mit Gott und schließlich die Rückbesinnung des alten David auf die Ideale seiner Jugend enthalten sollten, blieben unausgeführt.[4]

Doch liegen uns neben Skizzen und Entwürfen zu *Jaákobs Traum*, *Der junge David* und zu dem aufgegebenen Stück *Ruth und Boas* auch Skizzen und Entwürfe zu den beiden unausgeführten Stücken *König David* und *Davids Tod* vor. Ja, Beer-Hofmann selbst ließ diese und die anderen Skizzen und Entwürfe, die ich hier vorstellen möchte, in den 10er, 20er und vor allem in den 30er Jahren erscheinen. Bedenkt man, wie selbstkritisch Beer-Hofmann gewesen ist - zu seinen hochartifiziellen frühen Novellen wollte er sich ja bekanntlich im Alter (vermutlich aufgrund der bloß 'weltlichen' Novellen-Schlüsse) nicht mehr bekennen - dann läßt sich das eigentlich nur dadurch erklären, daß die Mehrzahl dieser Texte für Beer-Hofmann zum unverzichtbaren Bestandteil seiner ab ca. 1905 religiös geprägten, seiner das Selbstverständnis wie das Bild der Öffentlichkeit weitgehend bestimmenden Auseinandersetzung mit dem Judentum gehörten, und daß er diesen Texten angesichts des immer brutaler werdenden Antisemitismus der 20er und 30er Jahre eine politisch-gesellschaftliche Funktion im Sinne einer selbstbewußten Repräsentation zumaß.

Im einzelnen handelt es sich bei den von mir diskutierten Skizzen und Entwürfen - ich nenne erst das Entstehungsjahr und dann das Erscheinungsjahr - um „Aus einem Entwurf zu *Jaákobs Traum*" 1906 / 1937,[5] „Aus *Davids Tod*: Gesang während des Rauchopfers" ca. 1906/07 / 1911,[6] „Aus einem frühen Entwurf der vorletzten Szene aus *Davids Tod*" ca. 1906/07 / 1934,[7] „*Ruth und Boas*. Aus

---

3   Zur Entstehungsgeschichte der *Historie* vgl. u. a. Hans-Gerhard Neumann (Anm. 1), S. 12 u. S. 234 (Dokumentation), Richard Beer-Hofmann: Daten, mitgeteilt von Eugene Weber. In: *MAL* 17 (1984), Nr. 2, S. 27ff., und Jeffrey B. Berlin: *Zur Korrespondenz zwischen Paula und Richard Beer-Hofmann*. In: *Das magische Dreieck. Polnisch-deutsche Aspekte zur österreichischen und deutschen Literatur des 19. und 20. Jahrhunderts*, hg. von Hans-Ulrich Lindken. Frankfurt, Bern, New York, Paris 1992, S. 123.

4   Vgl. dazu Viktor Polzer: *Der junge David. Von Richard Beer-Hofmann*. (Aus einem Gespräch). In: Neue Freie Presse, Nr. 24898 vom 06.01.1934, S. 27.

5   Erschienen in: Die Rappen. Jahrbuch 1937. Wien, 1937, S. 14-15. - Alle im folgenden aufgelisteten Skizzen und Entwürfe sind in dem Norbert O. Eke übertragenen Band 5 (1996) der von Andreas Thomasberger, Michael Matthias Schardt und mir herausgegebenen *Werke-Ausgabe Richard Beer-Hofmann* im Paderborner Igel-Verlag enthalten.

6   Erschienen in: Almanach. Das 25. Jahr [S. Fischer]. Berlin 1911, S. 130-131.

7   Erschienen in: Jüdische Rundschau 39 (1934), Nr. 96 vom 30.11.1934, S. 6.

einem aufgegebenen Stück" 1913/17 / 1979,[8] „Fragment aus *Die Historie von König David [Der junge David]*" 1916 / 1924,[9] „Prolog-Entwurf zu *Der junge David*" 1916 / 1931,[10] „Sang der Ahnen. Zu Davids Geburt" 1926 / 1963[11] und um „Aus *König David*: Vom guten Hirten" von 1934.[12]

Bevor ich aber im einzelnen auf diese Skizzen und Entwürfe zu sprechen komme, möchte ich neben eigenen Erwägungen noch kurz das auf zentrale Thesen kondensierte Bild präsentieren, das die Forschung - jüngst vor allem Norbert O. Eke und Stefan Scherer - unbeschadet aller Differenzen im Detail von der *Historie von König David* entwickelt hat, ein Bild, das zusammen mit den abgeschlossenen Stücken selbst und den ein- wie *ausgeblendeten* biblischen Referenztexten den Rahmen absteckt, in dem die Fragmente zu verorten sind.

Das im Jahre 1915 abgeschlossene und ursprünglich erst mit der gesamten *Historie* zur Publikation vorgesehene Stück *Jaákobs Traum*, in dem im besonderen Beer-Hofmann „durch die Wiederbelebung des jüdischen Erwählungsmythos die Rolle und den Standpunkt des Judentums in seiner Zeit zu bestimmen"[13] suchte, ist von Stefan Scherer mit ganzem Recht als Beer-Hofmanns „deutlichste Stellungnahme zum Antisemitismus"[14] bezeichnet worden. Wie in diesem Stück, geht es dem „Schöpfer" und dem „Erwählten"[15] Beer-Hofmann auch in den anderen Stücken der *Historie* zunächst einmal um die „plastische Vergegenwärtigung"[16] der in der *Bibel* geschilderten Ereignisse. „Plastische Vergegenwärtigung": das meint sowohl die barocken, die sich unter anderem in detailliertesten Regieanweisungen niederschlagenden Ausdrucksformen des Stückes als auch

---

8 Richard M. Sheirich hat das vorhandene Material zu diesem Drama aus dem Nachlaß veröffentlicht: *Ruth und Boas*. Ein unbekanntes Drama von Richard Beer-Hofmann. In: Neue Zürcher Zeitung, Nr. 250 vom 27./28.10.1979, S. 67-68.

9 Erschienen in: Eranos. Festschrift für Hugo von Hofmannsthal zum 50. Geburtstag. München, 1924, S. 61-70.

10 [Aus: Drei Prologe / Von Richard Beer-Hofmann]. Erschienen in: Corona 1 (1930/31), S. 418-421.

11 Erschienen in: Richard Beer-Hofmann: *Gesammelte Werke*. Frankfurt 1963, S. 662-663.

12 Erschienen in: Die Neue Rundschau 45 (1934), S. 633-634.

13 Norbert O. Eke: *Rettung des Sinns. „Jaákobs Traum" und das Projekt einer Geschichtstheodizee.* In: Richard Beer-Hofmann (1866-1945). Studien zu seinem Werk, hg. von Norbert O. Eke u. Günter Helmes. Würzburg 1993, S. 129.

14 Stefan Scherer: *Richard Beer-Hofmann und das Judentum.* In: Eke / Helmes (Anm. 13), S. 21.

15 Vgl. Beer-Hofmanns Aufzeichnung „Form-Chaos". In: *Gesammelte Werke* (Anm. 11), S. 628. Vgl. u. a. auch Antje Kleinewefers: *Das Problem der Erwählung bei Richard Beer-Hofmann.* Hildesheim, New York 1972, Alex Bein: *Richard Beer-Hofmann - der Dichter und der Mensch.* In: Zeitschrift für Religions- und Geistesgeschichte 45 (1983), H. 1, S. 61, und Martin Nickisch: *Richard Beer-Hofmann und Hugo von Hofmannsthal. Zu Beer-Hofmanns Sonderstellung im „Wiener Kreis".* Diss. München 1980. Vgl. auch Anm. 30.

16 Scherer (Anm. 14), S. 18.

die „von meinem heutigen Weltbild"[17] bestimmte Konzeptualisierung der biblischen Texte und Figuren. Insofern läßt sich die *Historie* in einem ersten Näherungsversuch als der weder „an der jüdischen Mystik" noch am „biblischen Wortlaut" klebende Versuch beschreiben, die „Wirkung des biblischen Wortes durch die sinnlichen Vermittlungsweisen der Bühne zu steigern",[18] um eine - wie Beer-Hofmann es selbst in einem Brief an Erich von Kahler formuliert hat - „organischere, gottgewolltere Relation zwischen allem Geschautem, Geatmetem, Gerochenem, Getastetem, Geschwiegenem, Getanem und dem schließlich dann Gesprochenem herzustellen."[19]

Im eigentlicheren Sinne aber ist die *Historie* wie jede andere Form von Geschichtsschreibung auch Konzeptualisierung des historisch-textlichen Ausgangsmaterials, ist allerdings konkret - und im 20. Jahrhundert rar - der „eminent politische" Versuch, der jüdischen Geschichte, und damit der Geschichte überhaupt, „von ihrem Ausgangspunkt her Sinn"[20] zuwachsen zu lassen. Damit soll letztlich die Kluft zwischen (den positiven Anteilen der) Verheißung und stets gegenläufiger geschichtlicher Erfahrung geschlossen werden, jene Kluft, die in den 30er und 40er Jahren unseres Jahrhunderts auf ebenso bestialische wie gezielte Weise zu einem infernalischen Abgrund aufgerissen wurde. Beer-Hofmann versucht dies, indem er in *Jaákobs Traum* vor allem des träumenden Jakobs Begegnung mit dem Herrn in Beth-El (Genesis 28, 10ff.) und seinen Kampf mit dem Engel bzw. mit Gott am Jabbok (Genesis 32, 23-33) kollagiert und die dort zentralen Konzepte „Erwählung", „Treue" und „Verheißung" neuerlich bedenkt und gestaltet.

Ergebnisse dieses Bedenkens sind ein dialogisches, auf Gleichberechtigung zielendes Verständnis des Konzepts „Erwählung", ein janusköpfiges Konzept „Verheißung", in dem das Leiden sogar stärker betont wird als das nach landläufigen Begriffen allein Wünschenswerte und Zuträgliche - zumal stärker als die nun als „Sühne" Gottes ausgelegte „Erhöhung" Israels -, und ein Konzept „Treue", das keine Bedingungen stellt und das nicht aufrechnet, sondern das - in Jaákobs Worten - auf „selige[m] Vertrauen" beruht.

Es ist dieser re-formulierte Gründungsmythos, ist diese geschichtsphilosophische Gelenkstelle schlechthin, die es Beer-Hofmann im weiteren erlaubt, in das Jaákob-Stück und in die David-Stücke „die jahrtausendelange Leidengeschichte der Juden im allgemeinen und die Frage der Theodizee im besonderen" zu projizieren.[21]

---

17 Karl Marilaun: *Gespräch mit Richard Beer-Hofmann.* In: Neues Wiener Journal, Nr. 10754 vom 26.10.1923, S.4.
18 Scherer (Anm. 14), S. 19.
19 Brief an Erich von Kahler von 1933. In: *Gesammelte Werke* (Anm. 11), S. 878.
20 Eke (Anm. 13), S. 145.
21 Ebd., S. 130.

Soweit zum Bild der Forschung, das ich - und mit Blick auf Thesen Norbert O. Ekes - in drei allerdings zentralen Punkten zur Diskussion stellen möchte.

Zum einen kann die Erschleichung des väterlichen Segens durch Jaákob nicht pauschal - wie Eke das tut - als das markanteste Beispiel für Beer-Hofmanns „mystische Konzeptualisierung" der biblischen Ereignisse bezeichnet werden.[22] Wohl hat Beer-Hofmann *seinen* Jaákob bzw. *seine* Rebekah im Umfeld der väterlichen Segnung deutlich aktiver bzw. passiver ausfallen lassen als die biblischen Figuren, doch gibt es hinsichtlich dieser Erschleichung für die im Stück Rebekah in den Mund gelegten Argumente im Kontext des alttestamentlichen Jakobszyklus sehr wohl eine Begründung: Genesis 25, 22f. nämlich läßt uns wissen:

Und die Kinder [Jakob und Esau; d. V.] stießen sich miteinander in ihrem Leibe. Da sprach sie: Da mir's also sollte gehen, warum bin ich schwanger geworden? Und sie ging hin, den Herrn zu fragen. Und der Herr sprach zu ihr: Zwei Völker sind in Deinem Leibe, und zweierlei Leute werden sich scheiden aus deinem Leibe; und ein Volk wird dem anderen überlegen sein, und der Ältere wird dem Jüngeren dienen.

Rebekah im Stück kann also Esau gegenüber, dem Sohn, der allein schon durch seine Heirat mit den Hettiterinnen Judith und Basmath „Isaak und Rebekka eitel Herzeleid" bereitet hatte,[23] mit einigem Recht behaupten, daß des *Herren* Segen bereits lange vor Isaaks faktischer, auf Täuschung beruhender Segnung an Jaákob vergeben war, und daß derjenige des *'Privatmannes'* Isaak für Esau allerdings noch „frei" sei: „Des rechten Erben Stimme", so schließt Rebekah diese Anrede an den älteren Sohn, „rief die Ahnen -- / Die segneten - und die belog ich *nicht!"* Sie nimmt damit für ihr Verhalten jene Verheißung in legitimierenden Anspruch, die der Herr ihrem alttestamentlichen Vorbild zur Zeit der Schwangerschaft hatte zuteil werden lassen.

Zum anderen: Wohl ist es so, wie Eke das ausgeführt hat, daß Beer-Hofmann in und mit der *Historie* und in „einer Situation, in der eine Versöhnung der geschichtlichen Widersprüche unmöglich erscheint", eine „Transzendenz" entwirft, „die Geschichte als sinnvolles Geschehen *behauptet*", und „die *geglaubt* werden *will.*" Doch rechtfertigt das nicht, diese „Transzendenz" deshalb und im Namen der „Wissenschaft", im Namen einer 'nüchternen' Glaubensform also, als bloße „Illusion" abzuwerten, als eine solche zumal, die „die Notwendigkeit der Sinngebung durch ein handelnd-aktives (historisches) Subjekt" negiert.[24] Und es trifft auch nicht zu, daß diese „Transzendenz", wie Eke weiter ausgeführt hat, „die Utopie einer trotz aller Widersprüche ihr Ziel erreichenden Geschichte zwingend voraussetzt."[25] Ist es nicht Beer-Hofmann selber, der in seinen Stücken, zumal in

---

22 Ebd., S. 131.
23 Genesis 26, 34f.
24 Eke (Anm. 13), S. 146.
25 Ebd., S. 149.

der als Beziehung zwischen Freien konzipierten und als stellvertretende Entsühnung Gottes verstandenen Erwählung Jaákobs / Israels, immer und immer
wieder auf die Unverzichtbarkeit handelnd-aktiver Subjekte aufmerksam gemacht hat? Wie sonst wäre es etwa zu verstehen, daß Beer-Hofmann aus dem
passiven Offenbarungsempfänger, aus dem auf die listenreichen Vorschläge
Rebekkas zögerlich reagierenden Jakob der *Bibel* eine aktive, entschlossen han-
delnde Figur gemacht hat?

Und ist es nicht Beer-Hofmann selber, der den gefallenen Engel Samáel, *das
Gegenprinzip* zu Gott und den Erzengeln also und in psychologisch-funktionaler
Perspektive zugleich das „Sprachrohr von Jaákobs eigenen Zweifeln und seiner
Verzweiflung",[26] mit messerscharfer Unerbittlichkeit die unwidersprochene, die
vielmehr erst Jaákobs Bekenntnis zu Gott ein für allemal zementierende und die
im Dritten Reich grauenhafteste Wahrheit gewordene Prognose herausschreien
läßt:

Wohl neigt man deinem Wort sich - / Doch blutig schlägt den Mund man, der
es sprach! *Wohl* darfst du wandern! Aber rasten? Heimat? / Sie wird die Wort
- du sinnst ihm ewig nach! [...] Erwähltes du - du Segen aller Völker - / *Wo
wächst* die Schmach denn, die dir *nicht* geschah? [...] Jedes Volk, dran du
dich schmiegst, / Es brennt dich aus, wie eitriges Geschwür. [...] Du Lieb-
ling Gottes, wirst der Welt verhaßter, / Als Pest - als giftiges Kraut - als tolles
Tier! [...] Von Gott erkorener Prügelknabe! / An *deinem* Dulderleibe peitscht
er ewig / Sein Gotttum allen andern Völkern ein! [...] Und immer hoffst du:
Letzte Prüfung wär' es, / Gott hätte nur noch diesmal dich versucht.[27]

Jaákob jedenfalls antwortet auf diese Prognose und damit auch auf die Frage der
Theodizee „in seligem Lächeln", „inbrünstig", „in letzter Hingabe" und „in aus-
brechendem Jubel":

Ich *kann* nicht von ihm lassen! [...] Ich lieb Ihn - *wie Er* ist! Grausam und
gnädig [...] Ich weiß: Zu *Ihm* gehör' ich! / Mich lockt Verheißen nicht - mich
schreckt nicht Grauen [...] Hör' mich mein Gott! [...] Ich laß Dich nicht allein! [...] Hör mich mein Gott! [...] Du, der mich wählt - Du, den ich wähle -
sprich! / Sag ihnen, daß wir - zweifelnd - zürnend - hadernd - / Doch aneinander hangen, ewig -- *Du* und *ich*!

Ein vielmaliges, auf Leiden bezogenes „ewig" in der Rede Samáels und Jaákobs
- an eine „Utopie einer trotz aller Widersprüche ihr Ziel erreichenden Geschichte" hat Beer-Hofmann offensichtlich weder gedacht noch geglaubt noch gar
diese Utopie für das liebende Bekenntnis Jaákobs zu Gott „zwingend vorausgesetzt" - im Gegenteil. Die an *Jaákobs Traum* anschließenden vollendeten wie

---

26 Ebd., S.. 135.
27 Alle Zitate aus *Jaákobs Traum* und aus den Skizzen und Entwürfen zur *Historie von
König David* sind dem Band 5 der Werke-Ausgabe Richard Beer-Hofmann (Anm. 5)
entnommen. Wie dort, werden auch hier Sperrungen im Original kursiv wiedergegeben.

unvollendeten Texte der Davids-Triologie - vor allem das *Vorspiel auf dem Theater zu König David* - lassen es vielmehr als sehr wahrscheinlich erscheinen, daß Beer-Hofmann an der überragend-exemplarischen Figur David und deren Entwicklung vom charismatisch-utopistischen Verkünder eines Friedensreiches auf Erden über den schieren diesseitigen Machtpolitiker zum idealisch gestimmten Skeptiker gerade zeigen wollte, daß der im *Mythos* von Samáel 'offenbarte' Weltengang der *geschichtlichen Erfahrung* des einzelnen und des Kollektivs auf eine ebenso unausweichliche wie ernüchternde Weise entspricht.

Das David in einer Arbeitsnotiz zu *Davids Tod* in den Mund gelegte „Nun weiß ichs: es gibt kein Ziel - doch gibt es ewigen Weg"[28] stützt nicht nur diese Vermutung auf eine eindrucksvolle Weise, sondern läßt auch - zum dritten - Norbert O. Ekes These problematisch erscheinen, Beer-Hofmann sei in einem Akt der „Überhebung" an der *Historie* gescheitert, habe die *Historie* deshalb nicht mehr vollenden können oder wollen, weil der Nationalsozialismus die Utopie eines Friedensreiches und damit die einer sinnvollen Geschichte in einer Weise unterminiert habe, der „das Ästhetische kein Ganzes mehr entgegenzusetzen" gehabt habe.[29]

Demgegenüber wird hier vorgeschlagen, das Abbrechen der Arbeit an der *Historie* vor allem aus der *persönlichen* Situation des greisen Beer-Hofmann nach 1936 heraus zu verstehen, das heißt es nicht als ein „Scheitern" des Projektes als solches im Sinne einer modernitätstheoretisch begründeten Fragment-Ästhetik zu werten. Erinnern wir uns: Auf die noch glückliche Palästina-Reise 1936 folgt für Beer-Hofmann die bittere Erkenntnis, aus Österreich und damit aus dem sein Leben prägenden Erfahrungs- und Kulturraum fliehen zu müssen, folgen schwierige Fluchtvorbereitungen, auf der Flucht der plötzliche Tod der geliebten Paula (der die Bibeldramen gewidmet waren!) in Zürich und dann ein - nach unseren Maßstäben - in mehrfacher Hinsicht depraviertes Leben im fremden New York. Wie lassen sich solche Erfahrungen und ein solches Leben - zumal am Lebensabend - ertragen, Erfahrungen und Umstände, auf die prominente Zeitgenossen wie Stefan Zweig, Ernst Toller, Walter Benjamin und mit ihnen viele andere nur durch den Freitod zu reagieren vermochten? Beer-Hofmanns - gelebte! - Antwort auf diese Frage wurzelt in jener Grundeinstellung dem eigenen Leben gegenüber, die *Dankbarkeit* heißt. *Dankbar auch* für das eigene Überleben, lebt Beer-Hofmann - letztlich *eben* - in New York weiter, glaubt dort und schreibt dort weiter. Der Glaube, die auf Bewahrung und damit auf den Sinn der Gegenwart gerichtete Erinnerung und vor allem das nun freilich nicht länger mehr als (frevlerisches) ästhetisches Handeln gemeinte Schreiben[30]

---

28 Quelle wie Anm. 1.
29 Eke (Anm. 13), S. 149.
30 Zur Kunstauffassung Beer-Hofmanns vgl. u.a. die Notiz „Form-Chaos" (Anm. 15), in der das Dichten als moralisches Problem angesprochen wird. „Form-Geben", das

werden seine Gegenwart. Das *Erinnerungsbuch Paula* entsteht, jener zutiefst anrührende, jener angesichts des Lebens als dem anderen zur Kunst notwendig Fragment bleibende Versuch einer Sinnstiftung und -entfaltung für das eigene Leben durch das Gedenken an den Segen, den die Liebe ihm und seiner Frau Paula über mehr als vier Jahrzehnte gewährte. Beer-Hofmann erschafft damit einen Text, der - entgegen der Intention des Autors zweifelsohne Dichtung - keinesfalls das schlechthin andere zur *Historie* ist, sondern der diese bewahrend überschreibt, die poetische 'Theodizee' und 'Teleologie' zweier Leben nämlich, die im Glauben aneinander unerschütterlich zusammenwuchsen und so - en miniature - stellvertretend von einer *erfahrenen*, von einer seit der Überwindung des Chaos durch Gott auf Moriah (Genesis 22) immer schon (als Möglichkeit) gegebenen Ordnung und damit auch von einem Sinn menschlichen Lebens zeugen.

Doch damit genug der Vorrede und zu den Skizzen und Entwürfen selbst. Ich beginne mit „Aus einem Entwurf zu *Jaákobs Traum*" von 1906, drei vierzeiligen Strophen, die Beer-Hofmann 1937 im *Rappen-Jahrbuch* veröffentlicht hat. Die Regieanweisung zu diesem Text lautet: „Aus der Höhe erklingt - näherkommend - hell und leise ein Chor herabsteigender, noch ferner Engel:" Dann schließen sich die folgenden Verse an:

Sieh! Von hohen Stufen / Träuft herab das Klar, / Zu dir - *ungerufen* - / Steigt der Engel Schar! // Gläubigem Bejahen / Bleiben wir versagt. / Wollen *dem* nur nahen, / Der in Sehnsucht fragt! // Zweifle, träume weiter - / Zweifel, Traum und Qual / Bau'n die Himmelsleiter / Auf - zu Gottes Saal!

Beer-Hofmann, der sich hier der *Situation nach* offensichtlich auf Genesis 28, 10ff. bezieht, hat dieser Situation *dem Inhalt und dem Gehalt nach* aber eine deutlich andere Wendung gegeben. Dort nämlich bestätigt der Herr Jakob im Traum die gesamte Abrahamsverheißung, während hier die Engel Jaákob eine himmlische Maxime und eine auf Erkenntniszuwachs zielende Handlungsanweisung wissen lassen. Beide Texte kommen nur darin überein, daß sie dem Traum, das heißt einem intentionslosen Zustand von mystisch-numinoser Empfänglichkeit, eine eminente Bedeutung für die Wahrheit vermittelnde 'Kontaktaufnahme' des bzw. mit dem Herrn zusprechen. - Die angesprochene Maxime und die angesprochene Handlungsanweisung erinnern sehr an das berühmte, auf *Der Graf von Charolais* bezogene „Seid nicht so sicher" aus Beer-Hofmanns Rechtfertigungsbrief an Hugo von Hofmannsthal von 1919,[31] das Charolais selbst im Stück ganz zum Schluß in die Worte faßt:

---

heißt Dichten, wird als „ein sich Überheben gegenüber dem Leben", und „die seelische Einstellung des Schaffenden" wird als „Hybris" bezeichnet.

31 Brief vom 07.05.1919. In: *Hugo von Hofmannsthal - Richard Beer-Hofmann: Briefwechsel*, hg. von Eugene Weber. Frankfurt 1972, S. 152.

Es scheint, er liebt es nicht, wenn man zu viel / von ihm spricht - sei's Beten oder Fluchen! / Zu Sich'res haßt er - und ein allzusehr / auf ihn vertrauen -- nennt er: Ihn versuchen!

Wie hier, so wird auch in „Aus einem Entwurf zu *Jaákobs Traum"* die für Erkenntnisgewinn und Erkenntniszuwachs ebenso produktive wie unverzichtbare Kraft des Mangels betont. Es ist der Mangel, sei es der an Wissen, an Glaubenskraft, an Sicherheit, an Identität, an emotionaler oder sozialer Stabilität, an Materiellem und so fort, der den Menschen *als Menschen* definiert und der ihn zu einem selbstbewußt Tätigen und Strebenden werden läßt, zu einem, dem dann Antwort und damit auch wachsende Nähe zum Herrn *widerfährt*, wenn er das Fragen provozierende Bewußtsein von Ungenügen und Mangel *erleidet*.

Ich komme zu *Ruth und Boas*. Aus einem aufgegebenen Stück" von 1913/17 und zu „Prolog-Entwurf zu *Der junge David"* von 1916. Diese beiden Texte gehören insofern zusammen, als Teile des „Prolog-Entwurfs" nach Form und Gehalt bereits in den Aufzeichnungen zu *Ruth und Boas* enthalten sind. Die Aufzeichnungen selbst sind meistenteils Notizen und Skizzen, die sich erst auf der Grundlage des „Prolog-Entwurfs" und des Stückes *Der junge David* zu einem fragmentarischen Entwurf ordnen lassen. Ein solcher Entwurf untergliedert sich dann in vier Teile: in einen in Strophen gehaltenen Prolog-Text, der von einer Figur Naemah - möglicherweise die biblische Naemi - gesprochen wird und der zentrale Geschehnisse und Figuren seit Beth-El zum Gegenstand hat, in ein teils dialogisch gehaltenes Erzählfragment, in dessen Zentrum Ruth steht, die aus dem *heidnischen Moab* gebürtige Stammesmutter des jüdischen Königshauses, in eine hitzige Dialogpartie zum dritten zwischen Boas, dem zweitem Ehemann Ruths, Dienern des Boas und dem Propheten Samuel, die dem dritten Akt des Stückes angehören sollte, und viertens in einen Epilog, der ebenfalls von der Figur Naemah gesprochen wird.

Der von der Figur Naemah gesprochene Epilog, um 'das Pferd von hinten aufzuzäumen', verhandelt die gedoppelte Dialektik von Lust und Leid und Eigenem und Fremdem. Die eigene Lust wird als das Resultat fremden Leides, die eigene Entbehrung als das Ergebnis fremder Lust gedacht: „Denkt: auf jedes Glückes Grunde / Liegt ein Leichnam und ein Leid", heißt es am Schluß, der ein offenbar bewegtes, doch eben nicht ausgeführtes Binnengeschehen im Sinne einer Lehre bewahrend transzendieren soll.

In der Dialogpartie, zu der es nach meiner Kenntnis in der *Bibel* keine unmittelbare Referenzstelle gibt, hat sich der Prophet Samuel, so läßt uns die Regieanweisung wissen, ungestüm und mit messianischer Unbedingtheit Zugang zu Boas erzwungen, um diesen - gegen die entschiedenen Warnungen der Diener - von einem gemeinsamen Eintreten für den Herrn zu überzeugen. Samuel nämlich, so wissen wir aus Beer-Hofmanns Nachlaß, geht irrtümlicherweise davon aus, daß es sich bei Boas, dem Urgroßvater Davids, bereits um den verkündeten

Führer Israels handelt.[32] Der nur zwei Seiten lange Text bricht ab, ohne daß wir detaillierte Aussagen über den weiteren Fortgang des Geschehens machen könnten.

Das teils dialogisch gehaltene Erzählfragment zum dritten, in dessen Zentrum Ruth steht, ist bis auf minimale redaktionelle Änderungen mit den entsprechenden Passagen des „Prologs" aus *Der junge David* identisch, jenem Text, der unter Verzicht auf vergegenwärtigende Perspektivierungen das „Buch Ruth" des *Alten Testaments* widergibt. Das Erzählfragment muß daher in dem hier zur Rede stehenden Kontext nicht weiter bedacht werden.

Der von der Figur Naemah gesprochene Prolog-Text aus *Ruth und Boas* schließlich liegt uns, wie bereits angedeutet, in abgeschlossener, doch nun nicht mehr an eine benamte Sprecherin gebundener Form in „Prolog-Entwurf zu *Der junge David*" vor. Nicht zuletzt das erklärt, warum Beer-Hofmann zu Lebzeiten von einer Veröffentlichung der Textpartikel aus *Ruth und Boas* abgesehen hat. Diese Textpartikel hatten für ihn weder unter ästhetischer, konzeptioneller noch gesellschaftlich-funktionaler Perspektive genügend Gewicht, um eigens den Lesern der 20er und 30er Jahre präsentiert zu werden.

Ich komme daher nun auf den „Prolog-Entwurf zu *Der junge David*" zu sprechen. Dieser „Prolog-Entwurf" rekapituliert - teils unter namentlicher Nennung von Abraham, Lea, Rahel, Jakob, Joseph, Moses, Elias, Deborah, Gideon und Samuel - mythisches und historisches Geschehen aus der *Bibel* wie Verheißung in Beth-El, ägyptische Gefangenschaft, Auszug aus Ägypten, Baal- und Astarte-Kult in Kanaan, Richterzeit, Kampf gegen die Kanaaniter bis hin zur Geschichte von Ruth und Boas. Der Prolog hat also die Funktion, die im Stück selbst dem 1. Bild vorangestellte, die *erzählte* Geschichte von Ruth und Boas im Mythos (Ursprung) und in der Geschichte (Bewährung) zu verwurzeln, das heißt ihr vor allem auch die überindividuelle Tiefendimension zu verleihen. Wichtig in unserem Zusammenhang ist eine Zeile gegen Ende des Prologs, die aussagt, daß sich der Herr dem Volk Israel trotz dessen Verfehlungen in Kanaan „*erbarmen*" wollte und deshalb „Richter - Führer - mehr und mehr" „*aufweckte*" (Kusivierungen d. V.). Diese Zeile steht konzeptionell in Widerspruch zu den Aussagen, die der Herr und die Jaákob gegen Ende von *Jaákobs Traum* tätigen. Dort nämlich spricht der Herr zu Jaákob:

Wenn andre, kniend, zum Erbarmer flehen, / Üb ich Erbarmen - wie der Herr am Knecht! / Doch *du* - sollst aufrecht vor dem Vater stehen, / Erbarmen - weig're ich!

Und Jaákob läßt wenig später hören:

Laß Deiner heiligen Wahl - Herr - *nie* vergessen / Was fern und spät noch meinem Blut entstammt! / Doch *wenn* sie es vergessen [...] Herr - rufe, *rufe* - und aus meinem Blute / Wird immer wieder einer dann erstehen, / Anfachen

---

32 Vgl. Neumann (Anm. 1), S. 232 (Dokumentation).

das, was - Herr - von Dir entzündet - / Heilige Glut - noch unter Trümmern schwält, / Und ihnen sagen - [...] sagen - sagen .. / *Wozu* sie Gott - in alle Zeit - erwählt.

Ein *Erbarmen* also zum einen wird gerade und ausdrücklich verweigert. Zum anderen wird das „Rufen" aus *Jaákobs Traum* im „Prolog-Entwurf" zu einem „Aufwecken" verstärkt, zu einer Handlung, die Israel deutlich passiver und den Herrn deutlich aktiver sein läßt, zu einer Handlung zumal, die nichts mehr von der Bedürftigkeit des Herrn verrät, der ja nach *Jaákobs Traum* auf die Entschuldung durch Jaákob bzw. Israel angewiesen ist. Aufs Ganze gesehen nimmt also der „Prolog-Entwurf" die Konzepte „Erwählung" und „Verheißung" aus *Jaákobs Traum* wieder zurück, die ich eingangs skizziert habe und die ja für Beer-Hofmanns Konzeptualisierung von Mythos und Geschichte in der *Historie* essentiell sind. Warum Beer-Hofmann den „Prolog-Entwurf zu *Der junge David"* dennoch 1931 veröffentlichte? Möglicherweise deshalb, weil er zum einen davon ausging, daß Anfang der 30er Jahre bei 'seinem Volk' die Rückbesinnung auf Abraham und die auf ihn Folgenden und eine Vokabel wie „Aufwecken" einen stärkeren Appell darstellte und eine größere, eine handlungsorientiertere Signalwirkung ausübte als das kühne Konzept einer zwiefachen Erwählung. Möglicherweise auch deshalb, weil er zum anderen die Hoffnung hatte, daß eine die Forderung nach selbstbewußter Repräsentation (s.o.) im übrigen keinesfalls einschränkende Vokabel wie „Erbarmen" im feindlichen, im sich auf christliche Werte berufenden antisemitischen Lager eine besänftigende Wirkung haben könnte.

Zum „Fragment aus *Die Historie von König David"* von 1916, erschienen 1924: Das knapp zehn Seiten umfassende „Fragment" gibt den Beginn des ersten Bildes aus *Der junge David* wieder, das den Titel „Straße bei Rahels Grab" trägt. Wie allein schon aus den Veröffentlichungsdaten des „Fragments" und des Stückes vermutet werden kann, haben konzeptionelle oder gesellschaftlich-funktionale Gründe für die Entscheidung eines vorzeitigen Abdrucks keine Rolle gespielt. Beer-Hofmann, der für den schleppenden Fortgang seiner Arbeiten berühmt-berüchtigt war, ging es sechs Jahre nach Erscheinen von *Jaákobs Traum* wohl darum, eventuellen Zweifeln am Fortgang seiner Arbeit an der *Historie* zu begegnen. Das Fragment gibt einen Dialog zwischen der Figur Abjathar, dem verwaisten dreizehnjährigen Sohn des Hohepriesters von Nob und glühenden Anhänger Davids bzw. Feind Sauls, und der Figur Timnah wieder, die seine „Pflegerin" ist. Wie ein Vergleich des „Fragments" mit der schließlichen Textfassung in *Der junge David* zeigt, hat sich Beer-Hofmanns Arbeit am Fragment über das knappe nächste Jahrzehnt auf redaktionelle Veränderungen beschränkt. Diese Veränderungen betreffen im wesentlichen die Interpunktion - Kommata werden aus sprachdramaturgischen Gründen durch Gedankenstriche ersetzt und umgekehrt -, die Syntax - die Figurenrede im Stück lehnt sich deutlicher an gesprochene Sprache an -, die Heraushebung einzelner Wörter durch

Kursivierung - Beer-Hofmann setzt Akzente und gliedert den Text damit gehaltlich -, und die Regiebemerkungen - das gestische, mimische und sprachliche Verhalten der Figuren wird dem Gehalt ihrer Rede und der nicht zuletzt auch durch Emotionen mitbestimmten Redesituation 'naturalistisch' angeglichen. In der Zusammenschau bestätigen diese Beobachtungen die eingangs bereits angeschnittene Forschungsthese, daß Beer-Hofmann „dem freien Spiel der Imagination [...] des Rezipienten und damit dem Austausch zwischen Bühne/Text und Zuschauerraum/Leser keinen Raum läßt"[33] - im fertigen Stück noch weniger Raum als im „Fragment".

In das Umfeld des Stückes *Der junge David* gehört auch *Sang der Ahnen*. Zu *'Davids Geburt* von 1926, vier vierzeilige Strophen, denen (ebenfalls) eine überdeterminierte, selbst Gerüche nicht aussparende Szenenanweisung vorausgeht. Diese Szenenanweisung, die mikroanalytisch nicht zuletzt auch vor dem Hintergrund der in Lukas 2, 7-16 wiedergegebenen Umstände der Geburt Jesu zu diskutieren wäre, fokussiert in einem fulminanten Zusammenspiel räumlicher, optischer, klanglicher und figuraler Elemente den in einer Wiege liegenden Säugling David als den Adressaten des Gesangs. Einen Säugling als Adressaten einer Botschaft: Allein dieser kommunikationsstrukturelle Umstand läßt vermuten, daß *Sang der Ahnen* in mehr oder minder einschlägiger Verwandtschaft zum *Schlaflied für Mirjam* steht. Diese Vermutung erhärtet sich bis zu einem gewissen Grade, wenn beide Texte einem gehaltlichen Vergleich unterzogen werden. Ist es im *Schlaflied* vor allem der Privatmann, der selig-stolze Vater Richard Beer-Hofmann, der in den ersten drei Strophen bis dato quälend übermächtige Gefühle von Erkenntnisleere, Vergeblichkeit, Vereinzelung und Vergänglichkeit in einem Akt sprachmagischer Fixierung (ver-)bannt und der seiner erstgeborenen Tochter Mirjam in der triumphalen vierten Strophe von dem sinnerfüllte Individual- wie Kollektivgeschichte stiftenden Aufgehobensein des einzelnen im Kontinuum der Generationenfolge und von dem Aufgehobensein der Generationen im einzelnen kündet, so ist es hier das Kollektiv-Subjekt Israel, repräsentiert im besonderen in den Stamm- und Erzvätern, das David - „Enkel du - und einstens Ahne"- das mythische, das teils unter mystischen Umständen erworbene Wissen um die Möglichkeit von Geschichte als die Überwindung von Diskontinuität, Solipsismus, Chaos und Ziellosigkeit in die Wiege legt. Doch lassen es die *Ahnen* nicht wie Beer-Hofmann im *Schlaflied* bei dieser tröstlichen, bei dieser unbeschwerten Schlaf spendenden 'Wiegengabe' bewenden. Sie treten an den Säugling David auch - und vor allem! - als Fordernde heran -

Leben - uns zu früh beschlossnes -
Unser Blut du - leb es du!
Sehnen - ruhlos, unerfülltes --
Du erfüll es - brings zur Ruh!

---

33 Eke (Anm. 13), S. 146.

lautet die erste Strophe -, als solche, denen keine Absicht ferner steht als jene, die zum Schlaf, im übertragenen Sinne also zum privatistischen Glück 'in der windstillen Ecke' beitragen will. Und Schlaf kann der Angesprochene, der von den „Ahnen" auserwählte David angesichts dieser ungeheuren Forderung, die die erste Strophe darstellt, auch keinesfalls finden. „Mit offenen Augen, aber *unbewegt ruhend* [Unterstreichung d. V.]', von einem geradezu *eingefleischten* Wissen von der eigenen Sonderexistenz *gelassen durchpulst*, läßt ihn Beer-Hofmann in der Wiege liegen und im Fortgang gar noch vernehmen, daß er „Flamme" und „Schrei" für „gottgewollte[s] Sich-Empören" zu werden und sich, „*mehr noch*", „*Allem* [...] *ganz*, in Liebe" hinzugeben habe.

Im *Sang der Ahnen* also wird jenes Konzept „Erwählung" und dessen Dialektik noch einmal aus einer anderen Perspektive präsentiert, das schon in *Jaákobs Traum* zentral war. Ging es dort im Umfeld von Begriffen wie „Bekenntnis" , „Treue" und „Entsühnung" zunächst einmal um die Abklärung des grundsätzlichen Verhältnisses zwischen Gott und Jaákob/Israel als der Voraussetzung für jeweilige *Verhaltensdispositionen*, so geht es hier nun um die unmittelbaren Folgen einer solchen 'Rahmenrichtlinie' für einen einzelnen, das heißt um die Abklärung von „Erwählung" als der Alternativen ausschließenden, nomothetischen Präskription *konkreten Handelns* und gar eines *ganzen Lebensentwurfs*. „Erwählung" bedeutet in dieser Hinsicht im *Sang der Ahnen* vor allem Verzicht, Pflicht und Dienst, bedeutet, dem gleißnerischen Wortklang und den durch ihn ausgelösten Assoziationen zum Trotz, ein Maß an Selbstaufgabe und Uneigennutz, dem, wie uns das *Alte Testament* berichtet, selbst David auf Dauer nicht gerecht zu werden vermochte.

Schließlich die drei Skizzen und Entwürfe zu den unausgeführten Stücken *König David* und *Davids Tod*. Zu den Fragmenten „Aus einem frühen Entwurf der vorletzten Szene aus *Davids Tod*" und zu „Aus *Davids Tod*: Gesang während des Rauchopfers" nur soviel:

Der fragmentarische „Entwurf der vorletzten Szene aus *Davids Tod*" zum ersten schlägt einen Bogen zum „Sang der Ahnen" und reflektiert noch einmal auf David als den der messianischen Prophezeiung des *Alten Testaments* zufolge Auserwählten schlechthin. In dem Vers „Bruder Töpfer! - *der* stirbt! - er löste es ein / Was der HERR seinem Volke versprach" wird vor allem der *Staatsmann* David, der Gründer des „ersten wirklich israelitischen Staatsgebildes selbständiger Potenz"[34] angesprochen. Derjenige David hingegen, der sich aus mehrfach motiviertem Eigennutz in Schuld verstrickte und der sich von Gott entfremdete, bleibt ausgespart.

Der „Gesang während des Rauchopfers" aus *Davids Tod* zum zweiten handelt von der rituellen Verbrennung von „schwarzen Samenkörnern" auf der

---

34 Siegfried Hermann: *Geschichte Israels in alttestamentlicher Zeit*. München 1973, S. 206.

einen und von „honigfarbenem Harz" auf der anderen Seite. Beide Opfergaben symbolisieren die zwei möglichen Seinsweisen und Seinserfahrungen, die menschliches Leben ausmachen. Sie werden - indirekt - auf ihren Status im Weltenplan des Herrn hin befragt. „Samen", „Ende - Anfang, du", heißt es, steht im Sinne eines organizistischen, eines an das *Schlaflied für Mirjam* erinnernden Geschichts- und Weltbildes für das schöpferische, fruchtbare Kontinuum der Generationen, zu dem der einzelne beiträgt und in dem er sich aufgehoben weiß. „Harz" hingegen, „du Wundenquell", „du Träne" und „du Baumesblut, das nie geblüht" heißt es, steht für individuelle und kollektive Versehrungen, für ein um die zentralen Kategorien „Möglichkeit" und „Zukunft" beraubtes Leben, das durch Versagung, durch Diskontinuität, durch Vereinzelung und durch Trauer, ja, das eigentlich nur durch das Sterben in Permanenz gekennzeichnet ist. Und dennoch: „Lobdufte nun dem HERRN!", weisen „Stimmen der Knaben" am Altar das Harz an, so wie zuvor die „Stimmen der jungen Priester" den Samenkörnern aufgetragen hatten, „dem HERRN" zu „loblodern". *Beide* Seinsweisen und Seinserfahrungen gehören für Beer-Hofmann *gleichgewichtig* zum Schöpfungsplan *seines Herrn,* und beiden Seinsweisen und Seinserfahrungen ist es aufgetragen, von der Sinnhaftigkeit dieses Schöpfungsplanes zu zeugen.

Ich komme zum letzten der mir vorliegenden fragmentarischen Texte. In dem zweiseitigen Fragment „Aus *König David*" von 1934, das mit einer Regieanweisung anhebt und mit einem Dialog zwischen einem „jungen Hirten" und einem „alten Wächter" endet, läßt Beer-Hofmann den „jungen Hirten" das „Lied vom guten Hirten" singen. Das Lied, eine „freie Bearbeitung" des von David verfaßten 23. Psalms, ist dem Andenken des im gleichen Jahr verstorbenen Samuel Fischer gewidmet, in dessen Verlag Beer-Hofmanns Bücher seit *Der Tod Georgs* erschienen waren. Beer-Hofmann poetisiert und veranschaulicht den berühmten Text zugleich. Urteilt die Figur des alten, wissenden Wächters, daß es sich um ein „frommes" und ein „stolzes" Lied handele, so läßt die Figur des „jungen Hirten", der nicht darum weiß, daß das Lied erstmals vom jungen David gesungen wurde, naiv-keck verlauten, es sei ein „Wanderlied", nach dem es sich „gut" gehe. Und recht hat er, der junge Hirte, wenn er auch den Doppelsinn seiner Rede nicht einmal erahnt. *Uns* aber ist klar, nicht zuletzt auch ob der dem „Andenken" verschriebenen Widmung, daß Beer-Hofmann mit dieser Bearbeitung des 23. Psalms nicht allein eine nur ihn und vielleicht auch Samuel Fischer betreffende Erfahrung bekennen wollte, sondern sich auch, *gleich David,* als ein ermunternder, erfahrungsgesättigter Künder mit dem Anspruch auf Verbindlichkeit präsentieren wollte. Um so gespannter dürfen wir auf das sein, was Beer-Hofmann aus seiner Vorlage gemacht hat. Sieht man von den angesprochenen stilistischen Veränderungen ab, sind Vers 1 bis 3 in beiden Texten identisch. Beide Texte sprechen in ihrer Weise davon, daß der Herr „mein Hirte ist", daß er mich „weidet" und 'tränkt' und das er „meine Seele" erquickt. Dann aber gehen die Wege beider Texte auseinander. Beer-Hofmann führt sein Lied zunächst mit Vers 5 des Psalms fort, der von den leiblichen Wohltaten berichtet, die der Herr selbst „im Angesicht meiner Feinde" gewährt. Dann erst kommt er auf Vers 4 des Psalms zurück, jenes „Und ob ich schon wanderte im finstern Tal", das den Trost hervorhebt, den der Herr in jeder Lebenssituation spendet. Doch klingt dieser Vers bei Beer-Hofmann nicht allein anders, er hat auch einen anderen Gehalt. „Und *müßt* [Kursivierung d. V.] ich auch wandern / Im finsteren Tal" hebt es bei Beer-Hofmann „jauchzend" an; von *Trost* ist dann im Fortgang keine Rede, nur von „Stütze" und von „zur Seite stehen"; und es endet, ja, es endet schon bald darauf mit dem „jubelnd" herausgetragenen „Der HERR ist mein Hirte - / Es *ist* mir nicht bang!" Den 6. Vers des Psalms nämlich - „Gutes und Barmherzigkeit werden mir folgen mein Leben lang, und ich werde bleiben im Hause des Herrn immerdar" - hat Beer-Hofmann *in keiner Weise* in *sein* „Lied vom guten Hirten" übernommen. Was also hat Beer-Hofmann hier zu verkünden?

Vor allem doch dies - ex negativo nämlich und durch die beredte Auslassung des 6. Verses -, daß es von Seiten des Herrn kein Versprechen auf ein nach gemeinen Begriffen gutes und zuträgliches Leben gibt, und daß wir, solange wir hier auf Erden sind, wohl nicht weiter gelangen als weiland *der der Heimat beraubte*, der *träumende* Jakob in Beth-El (Genesis 28): An den Fuß jener den Engeln vorbehaltenen Leiter nur, die „auf der Erde" steht und die mit „der Spitze an den Himmel" rührt.

Alexander Košenina

Richard Beer-Hofmann – Lebensbilder aus Briefen *

I. Briefkultur

Kein anderer Teil von Beer-Hofmanns œuvre ist so unterschätzt wie seine Briefe. Wundern wird das jeden, der sich in die Lektüre seiner bereits gedruckten Korrespondenz etwa mit Hermann Bahr, Georg Brandes, dem Verlegerehepaar Fischer, Theodor Herzl, Hugo von Hofmannsthal, Rainer Maria Rilke, Arthur Schnitzler, Thornton Wilder oder Stefan Zweig vertieft. Über weite Strecken erscheint sie als maßgeblicher Teil des dichterischen Werkes. Die rhythmische Schönheit der Sprache wie die bildliche Dichte geraten aber nirgendwo zur Manieriertheit. Die Ehrfurcht gegenüber der sprachlichen Gestaltung, die sich auch in Selbstkorrekturen wie „Dieser Brief ist unanständig wegen der vielen 'hier'"[1] artikuliert, gehört vielmehr untrennbar zu dieser Persönlichkeit. Der Stil verdeckt nie das Wesen dieses Mannes, im Gegenteil: seine Kultiviertheit, sein großes Vermögen zu menschlicher Nähe und sein hoher Begriff von freundschaftlicher Loyalität und Aufrichtigkeit kommt wohl nirgends deutlicher zum Ausdruck als in seinen Briefen.

Besonders eindringlich prägen sich diese Züge in Krisendokumenten aus, etwa in Beer-Hofmanns ausführlicher Entgegnung auf Hofmannsthals unmotivier-

---

* Das folgende Arrangement aus bislang unpublizierten Briefen und kommentierenden Überleitungen wurde als Lesung auf dem Beer-Hofmann-Symposion in Heidelberg präsentiert. In Hinblick auf das Tagungsthema wurden nur Briefe von jüdischer Thematik bzw. von oder an jüdische Korrespondenzpartner ausgewählt. Für den Druck wurde der mündliche Charakter der Lesung beibehalten, lediglich die Auswahl erfuhr einige Modifikationen, und zusätzliche Erläuterungen traten in den Fußnoten hinzu. Die als eine Art Werkstattbericht vorgelegte Sammlung ist Teil einer umfassenderen – auf Edition zielenden – Erschließung der Beer-Hofmannschen Korrespondenz. Zu einer ersten Bestandsaufnahme vgl. Vf.: *Richard Beer-Hofmann-Briefverzeichnis*. Erscheint in: Modern Austrian Literature 29 (1996), Für ergänzende Hinweise auf weitere Briefbestände, auch aus Privatbesitz, wäre ich außerordentlich dankbar. Für die freundliche Genehmigung zur Publikation der Dokumente gilt mein besonderer Dank dem Nachlaßverwalter Herrn PD Dr. Andreas Thomasberger sowie den jeweils angeführten Verwahrbibliotheken. Die Transkriptionen der Originale erfolgen diplomatisch getreu, Unterstreichungen und Sperrungen erscheinen in *Kursivdruck*, Eingriffe oder Ergänzungen des Herausgebers sind durch [eckige Klammern] gekennzeichnet.

1 Arthur Schnitzler–Richard Beer-Hofmann: *Briefwechsel 1891-1931*, hg. von Konstanze Fliedl. Wien, Zürich 1992, S. 59 (Beer-Hofmann an Schnitzler, September 1894).

te Vorwürfe des jüdischen Chauvinismus und Nationalismus in dessen „Unglücksbrief"[2] vom 20. April 1919. Selten schreibt er so ausführlich, von Regelmäßigkeit ganz zu schweigen. Meist ist er mit seinen Antworten im Verzug, sich selbst nennt er wiederholt „schreibfaul"[3] und bekennt seine „Abneigung Briefe zu schreiben".[4]

Angesichts so wunderbarer und Persönlichkeiten wie die Zeit so tief erschließender Briefwechsel wie denen Hofmannsthals ist es wohl nur noch eine Frage der Zeit, bis die Briefkultur des Fin de siècle ein ähnlich euphorisches Interesse erweckt, wie gegenwärtig diejenige der Spätaufklärung unter Dixhuitièmisten. Um 1900 war der Brief noch nicht so stark von konkurrierenden Kommunikationsmedien bedrängt wie heute, aber sein Verständigungsmonopol gegenüber der Zeit um 1800 hatte er gleichwohl eingebüßt. Während die in Wien seit 1875 installierte Rohrpost den raschen und mehrmals täglichen schriftlichen Austausch beförderte, trat der zunehmend sich etablierende Fernsprecher zum Brief in – zunächst zwar schnarrende – aber merkliche Konkurrenz. Dazu hier zwei Karten Beer-Hofmanns an Leopold von Andrian[5], die sehr typisch für die ständigen, ebenso kurzfristigen wie kurzzeiligen Terminabsprachen unter den Jungwienern sind. Der erste Kurzgruß erfolgte 'pneumatisch', es ist eine vorgedruckte „Correspondenz-Karte N° 100 zur pneumatischen Expressbeförderung. Die Aushebung der pneumatisch zu befördernden Correspondenzen aus dem Sammelkasten erfolgt täglich in der Zeit von 7 Uhr früh bis 8 1/2 Uhr abends alle 20 Minuten." Das zweite Dokument mußte die neuen technischen Medien auf konventionellem schriftlichen Wege ersetzen, weil sie wieder einmal nicht funktionieren wollten.

Beer-Hofmann an Leopold von Andrian, [Stempel:] 22. Dezember 1895
Lieber Poldi! *Nicht morgen* (Sonntag) wie Hugo Ihnen schreiben wird[6]
sondern *Montag.*   Herzlichst Richard

---

2 Hugo von Hofmannsthal–Richard Beer-Hofmann: *Briefwechsel*, hg. von Eugene Weber. Frankfurt 1972, S. 167. Zu der Auseinandersetzung vgl. Stefan Scherer: *Richard Beer-Hofmann und die Wiener Moderne.* Tübingen 1993, S. 404-410.

3 Beer-Hofmann an Schnitzler, 19. August 1892, in: *Briefwechsel* (Anm. 1), S. 36.

4 Beer-Hofmann an Hofmannsthal, 7. Mai 1919, in: *Briefwechsel* (Anm. 2), S. 147.

5 Die beiden Karten Beer-Hofmanns befinden sich – wie fünfzehn weitere, meist sehr kurze Korrespondenzstücke aus der Zeit von 1895-1933 – im Deutschen Literaturarchiv / Schiller Nationalmuseum, Marbach a.N. (A: Andrian, Nr. 7105; 7119). Aus dem Bestand wurden bisher eine Karte und ein Brief publiziert, in: *Correspondenzen. Briefe an Leopold von Andrian 1894-1950*, hg. von Ferruccio Delle Cave. Marbach 1989, S. 65f., S. 138f.

6 Die angekündigte Mitteilung Hofmannsthals ist im gedruckten *Briefwechsel* (hg. von Walter H. Perl. Frankfurt 1968) nicht enthalten.

Lieber Poldi! Es war in den letzten 4 Tagen absolut unmöglich Sie telephonisch zu erreichen. Der App. schnarrte, aber es meldete sich niemand. Bitte, verständigen Sie mich ob Dienst. od. Mittw. nächster Woche (21.-22.) Ihnen passt. Um 5. Uhr. Ich freue mich, dass in Salzburg Alles gut ablief. Ich grüsse Sie herzlich. Ihr

Richard

Wien 14.II.28.

II. Publikationstätigkeit um 1900

Die 1895 von Otto Julius Bierbaum und Julius Meier-Graefe gegründete Berliner Kunst- und Literaturzeitschrift *PAN* gehörte, was die Erlesenheit der Buchausstattung und den Rang der Beiträger betrifft, sicher zu den feinsten Publikationsorganen des Fin de siècle.[7] Hier verbanden sich die Berliner und Wiener Moderne mit europäischen Autoren wie Björnson, Maeterlinck, Kipling oder Verlaine. Hofmannsthal war es schon mit seinen Gedichten *Terzinen IV* (1895), *Jüngling in der Landschaft* (1896) sowie dem lyrischen Drama *Die Frau im Fenster* (1898) gelungen, im *PAN* zu publizieren. Beer-Hofmann folgte im 2. Heft des 4. Jahrgangs 1898 mit dem *Schlaflied für Mirjam* und einem Fragment aus *Der Tod Georgs*, über dessen Lektüre Rilke im Tagebuch vom 2. Dezember 1899 festhält:

> Und gleich darauf kam mir das Fragment aus Richard Beer-Hofmann, 'Der Tod Georgs', in die Hände, und ich mag es kaum mehr fortlegen. Ich halte es wie einen Brief; eine Schrift spricht mit, das Papier, der Duft, der beim Umblättern wach wird, – alles das spricht dafür, daß es etwas Vertrauliches ist, an uns gerichtet und an viele, zu denen wir gehen werden wie Sendboten und Vorläufer.[8]

Die folgenden beiden Briefe stammen von Cäsar Flaischlen (1864-1920)[9], der seit dem 4. Heft 1895 die Literatur im *PAN* als Chefredakteur verantwortete.

---

7   Zum PAN vgl. Gisela Henze: *Der PAN. Geschichte und Profil einer Zeitschrift.* Freiburg 1974; Jutta Thamer: *Zwischen Historismus und Jugendstil. Zur Ausstattung der Zeitschrift PAN* (1895-1900). Frankfurt 1980; Catherine Krahmer: *Die Zeitschrift PAN und das Ausland* (1894-1895). In: Jahrbuch der Deutschen Schillergesellschaft 39 (1995), S. 267-292.

8   Rainer Maria Rilke: *Tagebücher aus der Frühzeit.* Frankfurt 1973, S. 173.

9   Die Abschriften finden sich in Kopierbüchern von der Redaktionskorrespondenz des *PAN* im Deutschen Literaturarchiv / Schiller Nationalmuseum, Marbach a.N. (Kopierbuch VI, S. 742 und VII, S. 561). Zu Flaischlen vgl. den Artikel von Rolf

Beer-Hofmanns Honorarerwartung von vierzig Mark pro Seite erfüllte sich übrigens nicht, in einem etwas kühl-bürokratischen dritten Schreiben räumte Flaischlen dieses „Mißverständnis" – wie er es nennt – durch eine genaue Aufstellung der gültigen Honorarsätze aus.[10]

Cäsar Flaischlen an Beer-Hofmann, 6. April 1898

6/4 98

Herrn D$^{\underline{r}}$ Richard Beer-Hofmann
Wien-Wollzeile 15

Sehr geehrter Herr!
In Beantwortung Ihrer freundlichen Zusendung vom 21/2 ds – Schlaflied für Mirjam – teile ich Ihnen mit, daß wir das Gedicht für den Pan erhalten haben. In welchem Heft es zum Abdruck gelangt, kann ich allerdings noch nicht mit Bestimmtheit angeben – wenn möglich in unserem neuen Heft I.
Korrektur u. Revision erhalten Sie im Lauf dieses Monats; das Honorar nach Ausgabe des betreffenden Heftes.

Mit vorzüglicher Hochachtung
D$^{\underline{r}}$ Cäsar Flaischlen

Flaischlen an Beer-Hofmann, 2. November 1898

2/11 98

Herrn D$^{\underline{r}}$ Richard Beer-Hofmann
Wien-Wollzeile 15

Sehr geehrter Herr D$^{\underline{r}}$!
Wir haben von den uns freundlichst gesandten Manuskripten das eine Fragment „aus dem dritten Kapitel" für das nächste Heft behalten. Der Korrekturabzug ist bereits in Ihren Händen – zugleich mit dem Ihres „Schlafliedes".

Selbmann in: Walther Killy (Hg.): Literatur-Lexikon. Autoren und Werke deutscher Sprache, Bd. 3. Gütersloh, München 1989, S. 406f.
10 Vgl. den Brief Flaischlens an Beer-Hofmann vom 7.12.1898 (Kopierbuch VII, S. 755).

Die beiden andern Manuskripte sende ich Ihnen in Anlage mit verbind-
lichstem Dank zurück.

Mit vorzüglicher Hochachtung
D$^{\underline{r}}$ Cäsar Flaischlen

Nach dem großen Erfolg des Gedichtes wurde es immer wieder in Anthologien aufgenommen. Einer der ersten, der Beer-Hofmann um eine Nachdrucker-
laubnis bat, war Berthold Feiwel (1875-1937), Chefredakteur des zionistischen
Zentralorgans *Die Welt*, später Gründer des jüdischen Verlags in Berlin und
Mitglied der zionistischen Exekutive in London.[11] Beer-Hofmann traf ihn auf
seiner Palästinareise 1936 in Tiberias.[12] Im folgenden Schriftstück vom 10. Januar 1903[13] werden Feiwels *Jüdischer Almanach* von 1902 und *Junge Harfen.
Eine Sammlung jungjüdischer Gedichte* von 1903 erwähnt.

Berthold Feiwel an Beer-Hofmann, 10. Januar 1903

Zürich, Zürichbergstrasse 19.   10.I.1903

Sehr geehrter Herr,
ich gebe jetzt eine Gedichtsammlung heraus, in der moderne Schöpfun-
gen jüdischer Poeten vereinigt sind. Obwohl diese Sammlung bei allen
nicht seinerzeit für den „Jüd. Almanach" oder unsere Blätter beigesteuer-
ten Gedichten die Quelle genau angibt und damit der rechtlichen Verpflichtung Genüge geleistet ist, möchte ich Sie doch mit Rücksicht auf
unsere s[eine]rz[ei]t[i]ge Correspondenz noch ausdrücklich um die Er-
laubnis bitten, Ihr *Schlaflied für Mirjam* bringen zu dürfen. Ich glaube, Sie
werden Sie mir diesmal ertheilen[14]; denn, wie gesagt, handelt es sich nicht
um Beiträge, die von den Verfassern herrühren, sondern um eine kleine
von mir zusammengestellte Anthologie.

Mit vorzüglicher Hochachtung
Ihr sehr ergebener Berthold Feiwel

---

11 Zu Feiwel vgl. *Encyclopaedia Judaica* (Jerusalem 1971), Bd. 6, Sp. 1215f.
12 Vgl. Sarah Fraiman: *Richard Beer-Hofmanns Palästina-Tagebuch.* In: Jüdischer
    Almanach 1996/5756 des Leo Baeck Instituts, hg. von Jakob Hessing. Frankfurt
    1995, S. 36-51, hier: S. 48.
13 Die Postkarte befindet sich in den Central Zionist Archives in Jerusalem (A 398/4).
14 Vgl. Berthold Feiwel (Hg.): *Junge Harfen. Eine Sammlung jungjüdischer Gedichte.*
    Berlin: Jüdischer Verlag [1903], S. 41. Der im gleichen Verlag erschienene und von
    Feiwel im literarischen Teil redaktionell betreute *Juedische Almanach 5663*
    [1902/03] enthält keinen Text Beer-Hofmanns.

Das *Schlaflied für Mirjam* war einer der größten Erfolge Beer-Hofmanns, übrigens auch im Ausland. Davon zeugt etwa die wunderschöne Erinnerung Rilkes aus dem Jahre 1922, der das Gedicht auswendig konnte:

Als ich ein halbes Jahr lang in Schweden wohnte, ging das so weit, daß man mir nach unserem Gute hin, von anderen Gütern her den Wagen schickte, wie man einen Arzt holen läßt, nur damit ich sonst fremden Menschen, die von der außerordentlichen Schönheit dieses Gedichtes gehört hatten, die Verse vorspräche –: eine Forderung, der ich mich jedesmal ergriffen und mit dem ganzen Glück meiner eigenen Bewunderung unterzog![15]

III. Paula Beer-Hofmann

Neben dem *Schlaflied* für die Tochter ist Beer-Hofmanns Erinnerungsbuch an seine Frau Paula, die auf dem Weg ins amerikanische Exil in Zürich starb, das gewichtigste persönliche Zeugnis. In den letzten sechs Jahren in Amerika war dieses Buch *Paula, ein Fragment* Beer-Hofmanns einzige Chance, mit dem nicht nachlassenden Schmerz des Verlustes so gut es eben ging zu leben. Das Seitenstück zu dem tief ergreifenden Erinnerungsbuch ist der eheliche Briefwechsel, von dem Jeffry B. Berlin 1992 über hundert Stücke aus den Jahren 1896-1916 publizierte.[16] Um einen Eindruck von dem Ton zu vermitteln, werden hier drei ergänzende Dokumente publiziert. Paulas Brief vom 13. Juli 1902 ist typisch für die familiären Nachrichten, die Richard bei jeder Abwesenheit von zuhause erreichten. Jeffry B. Berlin versammelt in seiner Edition viele Zeugnisse dieser Art. Paulas Schreiben vom 5. Oktober 1919[17] übermittelt die entsetzliche Angst vor Pogromen an Richard nach Berlin, der sich dort bei Max Reinhardt zu Proben von *Jaákobs Traum* aufhielt. Der dritte, über dreizehn Jahre später verfaßte Dankesbrief Richards vom 21. Februar 1933[18] ist um „12.30 Nachts" mit der Fertigstellung seines Dramas *Der junge David* entstanden. Mit den beiden zu-

---

15 Rilke an Ilse Blumenthal-Weiß, 25.4.1922. In: Rainer Maria Rilke: *Briefe aus Muzot 1921 bis 1926*, hg. von Ruth Sieber-Rilke und Carl Sieber. Leipzig 1935, S. 131f.

16 Jeffry B. Berlin (Hg.): *Zur Korrespondenz zwischen Paula und Richard Beer-Hofmann*. In: Das magische Dreieck. Polnisch-deutsche Aspekte zur österreichischen und deutschen Literatur des 19. und 20. Jahrhunderts, hg. von Hans-Ulrich Lindken. Frankfurt 1992, S. 76-151.

17 Die Briefe vom 13. Juli 1902 und 5. Oktober 1919 (Kopie) werden in den Central Zionist Archives Jerusalem (A 398/6) verwahrt.

18 Eine maschinenschriftliche Abschrift (?) befindet sich in der Jewish National and University Library, Jerusalem (Arc. 4° 1585 / 9). Am 23. Februar meldet Beer-Hofmann auch Herbert Steiner: „In der Nacht vom 20. zum 21. – genau um 12 Uhr – habe ich den jungen David – abgeschlossen – nicht 'vollendet'." (Hs. in: Deutschen Literaturarchiv / Schiller Nationalmuseum, Marbach a.N.: A: Steiner / Corona, 57.2899)

letzt genannten Briefen sind zwei wichtige Werkstationen des auf fünf Teile angelegten, leider unvollendeten biblischen Dramenzyklus' markiert: die Aufführung der 1918 erschienenen Eröffnung *Jaákobs Traum*, auf die *Ruth und Boas* folgen sollte, sodann die Fertigstellung von *Der junge David*. Aus der *König David* erschien 1934 lediglich die erste Szene und 1936 ein Vorspiel und aus dem abschließenden *Davids Tod* nur die vorletzte Szene 1934.

Paula an Richard Beer-Hofmann, 13. Juli 1902 [mit hs. Vermerk: Von Rodaun nach Salzburg]

13.7.1902

Lieber Richard!
Deine liebe Karte habe ich erhalten wie gehts Dir bitte schreibe mir recht bald. ich bin leider sehr nervös und grantig die Kinder sind gesund Bubi[19] hat heute sehr eifrig nach Dir gefragt „Papa wu Papa wus." Hugo und Gerty[20] sind heute in die Brühl gefahren ich bin sehr froh. Die paar Tage wo Du weg bist erscheinen mir so lang („Mutter ist daas noch immer die selbige Katz") ich komm mir wie der arme Flirt[21] vor, der immer bewusst oder unbewusst gesucht hat, wenn Du weg warst. Papa Herrmann[22] war Freitag da um Dir zu gratulieren, hast Du ihm schon geschrieben? Papa L[uis][23] geht es gut. Dein Zimmer habe ich abgesperrt es macht mich so traurig wenn ich zufällig hinein komme. Also bitte schreibe mir recht bald und ausführlich so viel Zeit wirst Du schon haben ich umarme Dich
                                                                    Paula
Mirjam lasst Dich tausendmal grüssen und küssen.

Paula an Richard Beer-Hofmann, 5. Oktober 1919

Sonntag d. 5/X [1919]

Liebster Richard!
Es ist eine Woche seit Du weg bist, und ich ohne Nachricht bin. Ich telegrafiere und schreibe täglich und denke mir immer – am Ende weiss[t]

---

19 Die Kinder sind die beiden Töchter Mirjam (1897-1984) und Naëmah (1898-1971) sowie der Sohn (Bubi) Gabriel (1901-1971), der später als englischer Schriftsteller unter dem Pseudonym Gabriel Marlowe veröffentlichte.
20 Gertrud Schlesinger (1880-1959) war seit dem 8. Juni 1901 mit Hofmannsthal verheiratet.
21 Hund Beer-Hofmanns.
22 Beer-Hofmanns Vater Hermann Beer (1835-1902), Hof- und Gerichtsadvokat.
23 Der Fabrikant Alois Hofmann (1830-1907) war Beer-Hofmanns Adoptivvater.

Du auch nichts von uns, und bist beunruhigt – und dass*[sic]* ist mir noch schrecklicher.

Man muss jetzt viel viel auf Gott vertraun – aber recht müd wird man dabei.

Nächstens schicke ich Dir einen Zeitungsausschnitt über die „Weihnachtsspiele in Salzburg" vom Hugo dem „Tausendhändler".

Heute sollte eine grosse Demonstration mit heftigster Aufforderung zu Pogrom sein. Die Häuser sind alle mit Hetzmarken beklebt so zum Beispiel im Cottage „Was ist an der Wohnungsnot die Schuld? Der Jud!" Die Polizei hat die Versammlung verboten. Wie lange n[och?] Wenn bis nachmittag alles ruhig bleibt gehe ich zu Rahler. Ich habe bis jetzt noch gar niemanden von Bekannten gese[hn] und bin von Herzen froh. Goldmann[24] telephonirte mir dass er erst ab 15 d. in Berlin ist. Nun weiss ich nicht[s] mehr, als dass wir uns bestimmt zu lieb haben.

Paula

Richard an Paula Beer-Hofmann, 21. Februar 1933

Dienstag 21.II.33
12.30 Nachts.

Liebe – Liebe! Um 12 Uhr habe ich die letzten Verse die fehlten erhascht, niedergeschrieben – und so ist „Der junge David" nun doch da.

Liebe – was daran gut ist – das ist ja doch von Dir – und Du hast fuer ihn von Deinem Leben hergegeben soviel – und *mehr* – als ich. „Ich dank Dir" das sagt nicht was ich sagen möchte, und „verzeih mir's" – das sagt es ja doch auch nicht. Es muss schon ungesagt bleiben – aber Du weisst es ja doch auch so! Ich schreib es Dir nur, weil ich ja morgen früh doch heulen würde, wenn ich Dir's sagen wollte. –

Schreib es auch, dass Du es gleich morgen früh findest, und ein Bandl bind ich drum, weil ein Brief Dich erschrecken könnte – aber eine Rolle doch eher freundlich aussieht.

Dein Richard

IV. Nach der Machtübernahme der Nationalsozialisten

Der von Hedwig Fischer (der Frau des Verlegers Samuel Fischer) am vorletzten Tag des Jahres 1932 an die Beer-Hofmanns übermittelte Wunsch, daß im näch-

---

24 Paul Goldmann (1865-1935) war Korrespondent der Wiener *Neuen Freien Presse* in Berlin.

sten Jahr „Vernunft und Einsicht wieder die Oberhand erhält über den Ungeist und die Verblendung"[25], blieb unerfüllt. Aus den Reichstagswahlen vom Juli und November 1932 sowie Januar 1933 gingen die Nationalsozialisten als Sieger hervor, auf die demokratische Machtübernahme folgte die gleichschaltende Machtergreifung. Nur selten und meist indirekt kommentiert Beer-Hofmann die Herrschaft der Nationalsozialisten in Deutschland. Seinem Freund Martin Buber dankt er wiederholt „für alle Befriedung, die Ihre Worte und die tröstliche Gewissheit Ihres Da-Seins in dieser Zeit geben", für die „Kraft [...], die Last dieser Zeit zu tragen, und nicht mutlos unter ihr zusammenzubrechen."[26] Und im März 1934 schreibt er an den Germanisten Sol Liptzin (1901-1995), der seit 1930 immer wieder Texte von und über Beer-Hofmann publizierte, u.a. 1936 eine der ersten Monographien über den Dichter.

Ich hoffe aus ganzem Herzen, dass vor uns wieder, vor allem, *befriedete* Tage liegen – „hoffe", – ersehne es zumindest. Ich hoffe es um meinet – um unser Aller willen, um dieses Landes – wenn Sie wollen – um dieser Landschaft willen, die meinen Vorfahren, vielleicht seit Römer-Tagen – aber, mit Namen nachweisbar, zumindest seit mehr als drei Jahrhunderten, Landschaft ihres Lebens, ihres Sterbens, ihrer Gräber war, und deren Leib so, in die Erdkrume dieses Landes eingegangen ist.[27]

In lebenspraktischer Hinsicht scheint Beer-Hofmann in dieser Zeit hauptsächlich eine Empfehlung Stefan Zweigs berücksichtigt zu haben, der ihm am 30. Dezember 1933 riet:

[...] aber da uns jetzt reines Atmen nicht gegönnt ist, so tun wir besser, die einzige Art der Flucht zu wählen, die nicht unziemlich ist: die Flucht in die Arbeit. Nichts scheint mir unfruchtbarer als die heute üblichen Diskussionen mit Deutschland. Hass und Erbitterung ist unfruchtbar. Wir haben nur eine Antwort, einen Rechtfertigungsbeweis, stärker als alle Argumente und diese Antwort heisst: Leistung.[28]

---

25 Hedwig Fischer an Beer-Hofmann, 31.12.1932. In: Samuel Fischer, Hedwig Fischer: *Briefwechsel mit Autoren*, hg. von Dierk Rodewald und Corinna Fiedler. Mit einer Einführung von Bernhard Zeller. Frankfurt 1989, S. 518-520.

26 Beer-Hofmann an Buber, 14.7.1933 und 28.1.1934. In: Alexander Košenina: „... was wir Juden tun, vollzieht sich auf einer Bühne – unser Los hat sie gezimmert". Richard Beer-Hofmanns Briefwechsel mit Martin Buber (1910-1936). Erscheint in: Modern Austrian Literature 29 (1996), H. 2, S. 45-81

27 *The Correspondence of Stefan Zweig with Raoul Auernheimer* (ed. with an introduction and notes by Donald G. Daviau and Jorun B. Johns) *and with Richard Beer-Hofmann* (ed. with commentary and notes by Jeffrey B. Berlin) (= Studies in German Literature, Linguistics and Culture, Bd. 20). Columbia, South Carolina 1983, S. 165-235, hier: S. 189.

28 Ebd., S. 193.

Spätestens seit dem Anschluß Österreichs 1938 war diese scheinbare Flucht-möglichkeit allerdings verwirkt, das Tagebuch vermerkt mit lapidarer Schärfe: „März – Hitler".[29]

Die folgenden zwei Dokumente stammen aus diesen Jahren. Der erste Brief an Julius Bab (1888-1955)[30] ist wohl die Antwort auf eine Aufführungsanfrage. Bab arbeitete an dem im Juni 1933 von Kurt Singer gegründeten „Jüdischen Kulturbund"[31] im Theaterbereich mit und suchte thematisch passende Stücke. Beer-Hofmann verweist bei seiner Absage auf den Violinisten Bronislaw Hu-bermann (1882-1947)[32] – den späteren Gründer des israelischen Philharmonieorchesters –, der es 1933 abgelehnt hatte, unter dem Schutz Furtwaenglers aufzutreten. Er erklärte dazu in der englischen Zeitung *The Manchester Guardian*, die deutschen Intellektuellen hätten stillschweigend den Nationalsozialismus hingenommen. Beer-Hofmann läßt es mit der Andeutung auf Hubermann bewenden; ähnlich weitgreifend und damit grundsätzlich ist seine abschließende Klage über die „geistigen wie materiellen" Zustände der Zeit schlechthin. – Der zweite Brief ist an den blinden Prager Dichter Oskar Baum (1883-1941)[33] gerichtet, der Beer-Hofmann im Mai oder Anfang Juni 1935 ein Buch, vermutlich den Ende 1934 erschienenen Roman *Zwei Deutsche*, übersandt hatte. Darauf ließ er seine Einla-

---

29 Richard Beer-Hofmann: *Daten*. Mitgeteilt von Eugene Weber. In: Modern Austrian Literature 17 (1984), S. 13-42, hier S. 34.

30 Der maschinenschriftliche Brief mit handschriftlichem Zusatz wird in der Stiftung Archiv der Akademie der Künste, Berlin (Julius Bab-Archiv), verwahrt. Zu Bab vgl. den biobibliographischen Überblick in: Renate Heuer (Hg.): *Archiv Bibliographia Judaica. Lexikon deutsch-jüdischer Autoren*. Bd. 1. München, London u.a., 1992, S. 272-279. Babs gefahrvolle und langwierige Emigration ist dokumentiert in: *Deutsche Intellektuelle im Exil. Ihre Akademie und das „American Guild for German Cultural Freedom". Eine Ausstellung des deutschen Exilarchivs 1933-1945 der Deutschen Bibliothek Frankfurt.* München, London u.a. 1993, S. 439-447.

31 Vgl. E. Geisel und H. M. Broder: *Premiere und Pogrom. Der jüdische Kulturbund 1933-1941. Texte und Bilder.* Berlin 1992; Jörg. W. Gronius: *Klarheit, Leichtigkeit und Melodie. Theater im Jüdischen Kulturbund Berlin.* In: *Geschlossene Vorstellung. Jüdischer Kulturbund in Deutschland 1933-1941*, hg. von der Akademie der Künste. Berlin 1992, S. 67-94. In der Spielzeit 1934/35 stand von Beer-Hofmann *Jaákobs Traum* auf dem Programm. Neben den (teilweise im Ausstellungskatalog publizierten) Dokumenten aus der Berliner Akademie der Künste vgl. die höchst aufschlußreichen Textstreichungen durch den Staatskommissar Hans Hinkel in den von Kurt Singer zur Genehmigung vorgelegten Typoskripten, die sich in der Sammlung „Jüdischer Kulturbund 57" der Wiener Library an der Universität Tel Aviv befinden.

32 Zu Hubermann vgl. *Encyclopaedia Judaica* (Jerusalem 1971), Bd. 8, Sp. 1055f.

33 Der maschinenschriftliche Brief befindet sich in der Jewish National and University Library, Jerusalem (Dr. Abraham Schwadron Autograph Collection, file: Beer-Hofmann, Richard). Zu Baum vgl. den biobibliographischen Überblick in: R. Heuer (Hg.): *Archiv Bibliographia Judaica*, Bd. 1 (Anm. 30), S. 398-404, sowie die zweiteilige Monographie von Sabine Dominik: *Oskar Baum (1833-1941), ein Schriftsteller des „Prager Kreises".* Phil. Diss. Würzburg 1988.

dung zu einer Lesung in Prag folgen, der Beer-Hofmann wegen der Verpflichtung im November in Luzern oder wegen seiner Honorarerwartungen offenbar nicht folgen konnte.

Beer-Hofmann an Julius Bab, 10. November 1933

Wien, 10.XI.33

Lieber sehr verehrter Herr Bab!
Ich habe im Juli versucht Ihnen zu sagen, warum ich jetzt gar keine Aufführung in Deutschland möchte. Ein Teil – nur ein Teil – meiner Motive deckt sich mit denen Hubermanns. Aber darüber hinaus, sprechen Gründe mit, die ich Ihnen (und vielleicht noch einigen wenigen andern Menschen) mündlich mitteilen könnte, die ich aber kaum niederschreiben kann.
So muss ich wiederum, wie im Sommer, Sie bitten mir zu glauben, dass es mir schwer fällt „nein" zu sagen – gerade Ihnen, der neben vielem Andern, auch den wundervollen Dialog zwischen dem alten und dem jungen Juden schuf.
Ihnen und Ihrer verehrten Frau die herzlichsten Grüsse vonn mir und den Meinen!

Ihr Richard Beer-Hofmann

Sie fragen, sehr freundlich, nach meinem Befinden; der Arzt ist zufrieden, – ich, nicht. Auch nicht mit allen andern – geistigen wie materiellen – Dingen, die der Kontrolle des Arztes entzogen sind.

Beer-Hofmann an Oskar Baum, 25. September 1935

Alt-Aussee, 25.IX.35

Sehr verehrter Herr Oskar Baum!
Die Sache steht so: Ich soll eine Vorlesung in der Schweiz und eventuell mehrere in Holland halten. Es ist noch Alles im Ungewissen, aber ich musste zusagen, mich jedenfalls von Mitte Oktober bis Mitte Dezember freizuhalten, damit die beiden Sachen womöglich zeitlich sich aneinander reihen können. So ist es mir leider jetzt nicht möglich, nach Prag zu kommen. Aber ich freue mich dass Sie so freundlich daran dachten – vielleicht ergiebt sich im Frühjahr die Möglichkeit.
Sie fragen nach den Honoraransprüchen. Wie ich merke, steht für Sie wie für mich bei solchem Anlass das Citat aus dem II. Teil Faust bereit: „Von

ihnen sprechen ist Verlegenheit".[34] Nur zur Information: Ich las diesen
Januar im Radio knapp 20 Minuten – Honorar 200 Schillinge. Im selben
Monat war das Honorar für eine Abendfüllende Vorlesung im Industrie-
haus 500 Schill. Die Auslagen für die Prager Vorlesung (die immerhin
mit der Reise drei Tage beanspruchen würde) wären: Bahnfahrt und Hote-
laufenthalt für zwei Personen. Nun möchte ich, dass ausser diesen Auslagen mir ein Honorar zugesichert wird, dass *[sic]* zumindest nicht zu sehr
unter das Wiener Honorar herabgeht – schon aus Prestigegründen, um
anderer Vorlesungen willen.
Vielleicht gienge es Winterende oder Frühjahr, durch Zusammenschluss
einiger Institutionen, eine materiell mögliche Basis zu schaffen.
All diese Daten, nur um Ihre Frage nicht unbeantwortet zu lassen. Aber –
ob es nun zu dieser Vorlesung kommt, ob nicht – nehmen Sie jedenfalls,
verehrter lieber Oskar Baum, für Ihr freundliches Interesse so warmen
Dank, als wäre es schon dazu gekommen.
Ich grüsse Sie und Ihre verehrte Frau Gemahlin[35] herzlich.

Ihr
Richard Beer-Hofmann

V. Palästinafahrt 1936

Im April 1936, zu Pessah, reisten Paula und Richard Beer-Hofmann auf Einladung des 1901 auf dem 5. Zionistenkongreß gegründeten Keren Kayemeth Leis-
rael, dem jüdischen Nationalfond[36], für fast drei Wochen nach Palästina. Beer-
Hofmann führte ein Tagebuch, das sich in der Jewish National and University
Library erhalten hat.[37] Begleitet ist es von vielen Postkarten, Prospekten und
Skizzen. Im Unterschied zu achtunddreißig anderen, teils prominenten Zeitgenossen, deren Reiseberichte aus der Zeit vor dem Zweiten Weltkrieg jüngst vor-
gestellt wurden,[38] liegt von Beer-Hofmann keine derartige Veröffentlichung vor.
Sein Diarium dokumentiert in skizzenhafter, teilweise lyrischer Kürze Reisesta-
tionen und die Eindrücke von der Landschaft, den Menschen und den landwirt-
schaftlichen Siedlungen.

---

34 Vgl. *Faust II*, V. 6215.
35 Margarete Schnabel (1874-1943 KZ Theresienstadt).
36 Vgl. dazu *Encyclopaedia Judaica* (Jerusalem 1971), Bd. 10, Sp. 77-80.
37 Sarah Fraiman, die über Beer-Hofmann promoviert, ist meinem Hinweis auf das
    Tagebuch durch eine Teilpublikation gefolgt (s. oben Anm. 12).
38 Vgl. Wolf Kaiser: *The Zionist Project in the Palestine Travel Writings of German-
    speaking Jews*. In: Leo Baeck Institute Year Book 37 (1992), S. 261-286.

Die Beer-Hofmanns kamen zusammen mit dem Ehepaar Altmann am 2. April 1936 mit dem Schiff in Haifa an und mußten am folgenden Tag, einem Freitag, vor Eintritt des Sabbat, Jerusalem erreichen. In diesem Jahr 5696 fiel Pessah auf den nachfolgenden Dienstag, den 7. April; Beer-Hofmanns verbrachten den Sederabend mit Altmanns bei David Yellin (1864-1941), einem der führenden Philologen, Spracherzieher und Schulgründer in Erez Israel.[39] Bislang fand sich nur ein Brief, den Beer-Hofmann von dort absandte. In dem auf den Pessah-Tag datierten Schreiben an Herbert Steiner heißt es: „Wir sind seit 3. hier. Und sind von *Allem* recht aufgewühlt und moutiert und müde – Beides. [...] Ich bin froh, dass sie *[Paula; A.K.]* das Klimatische gut verträgt (740-830^m circa 25 Kil. Luftdistanz vom Meer.) Ich schätze, dass wir 22. od. 23. reisen werden also Ende des Monates in Wien sind."[40] Herbert Steiner (1892-1966)[41], der besonders durch seine Hofmannsthal-Ausgabe wie als Herausgeber der Literaturzeitschriften *Corona* (1930-42), *Aurora* und *Mesa* bekannt ist, war einer der wichtigsten Korrespondenten Beer-Hofmanns, dessen Werke er auch durch Editionen und Nachworte bekannt machte. – Ausführlichere Berichte über die Palästinafahrt als dem Brief an Steiner kann man dem folgenden Korrespondenzstück entnehmen, das Beer-Hofmann an den befreundeten Wiener Textilhersteller Bernhard Altmann (1888-1960) richtete[42], dessen Vater gut ein Jahr nach der gemeinsam mit den Beer-Hofmanns unternommenen Palästinafahrt verstorben war. Gerade die genaue Beobachtung scheinbarer Nebensächlichkeiten in einer fast lyrischen Diktion teilt dieses Dokument mit dem Tagebuch Beer-Hofmanns.

Beer-Hofmann an Bernhard Altmann, 14. Juni 1937

Wien, 14.6.37.

Lieber, verehrter Bernhard Altmann!

Dies ist kein Beileids-Schreiben, kein Versuch, Schwerem das Sie erfahren haben, mit freundlichen Worten die Schwere nehmen zu wollen – ich

---

39 Zu Yellin vgl. *Encyclopaedia Judaica* (Jerusalem 1971), Bd. 16, Sp. 736f.
40 Das Brieforiginal befindet sich im Deutschen Literaturarchiv / Schiller Nationalmuseum, Marbach a.N. (A: Steiner / Corona, 57.2917).
41 Steiner war als Siebzehnjähriger im März 1909 und Februar 1910 Stefan George begegnet, was ihn tief beeindruckte (vgl. H. Steiner: *Begegnung mit Stefan George.* New York 1942). Auf diesem Wege lernte er Friedrich Gundolf persönlich kennen, mit dem er schon zwei Jahre früher zu korrespondieren begonnen hatte. Ein fast fünfjähriger Briefwechsel schloß sich an: Friedrich Gundolf: *Briefwechsel mit Herbert Steiner und Ernst Robert Curtius.* Eingeleitet und hg. von Lothar Helbing und Claus Victor Bock. Amsterdam 1963. Zu Steiner vgl. in Helbings *Einführung*, S. 44-57.
42 Eine Abschrift des Briefes findet sich in den Central Zionist Archives in Jerusalem (A 398/5).

glaube nicht, dass man das kann. Ich will Ihnen nur sagen, dass die Erinnerungen an das Beisammensein mit Ihrem Vater im Frühling des vergangenen Jahres, sich als lieber freundlicher Besitz, den ich nicht missen moechte, meinem Leben eingefügt haben.

Wir waren nur fünf Wochen beisammen – aber fast ununterbrochen, mehr als mit vielen Menschen im Laufe eines Lebens, und näher beisammen, als wir es sonst mit Menschen sind. Die Bahnfahrten im selben Zug, auf dem Schiff die Kabinen benachbart – Mahlzeiten am gleichen Tisch – in Haifa, Jerusalem, Tel Aviv, die gleichen Gaststätten – auf Fahrten durchs Land viele Tage, von Morgens bis Abends im selben Wagen – – so anhaltendes Zusammensein ist sonst Beziehungen zwischen Menschen nicht günstig. Denn wer erträgt es, fortwährend so nahe gesehen zu werden? – Nun: Ihr Vater ertrug es. Er war immer derselbe naturhaft gütige friedvolle Mensch, dessen Gütigsein so wurzelhaft tief in ihm ruhte, dass es noch im geringsten Tun, in den unwesentlichsten Worten milde leuchtete.

Er gab dem Stewart einen Auftrag – und in einem Neigen des Kopfes, im Blick, lag schon ein „im Vorhinein danken". – Er reichte auf der Strasse Almosen – und sein Blick glitt, an dem Empfänger vorbei, ins Leere – als wollte er nicht wissen wer der Bettler sei. Am Landungsplatz, umdrängt von lästigen Händlern, die den Weg sperrten, milderte er die leicht abwehrende Geste noch durch ein freundlich bedauerndes Lächeln.

Er kam vom oberen Deck die Treppe herab, an deren Fuss ich stand. Er hielt sich am Geländer fest, aber trotzdem wurde er vom Schleudern des Schiffes hin und her geworfen. Er sah meinen Blick, wusste, dass ich wieder einmal unmutig dem Schiff sein bescheidenes Format im Stillen vorwarf – „Die Wellen sind sehr hoch!" sagte er, und schon hatte er das Schiff vor mir in Schutz genommen, und sein Blick rief meine Nachsicht für dies altmodische Schiff an, das erst aus der Not der Zeit heraus, „auf seine alten Tage", ein „jüdisches" Schiff mit blauweisser Flagge geworden war.

Ihr Vater sitzt uns gegenüber bei Tisch. Er greift nach einer Schnitte Brot – aber, ehe er es bricht, halten die feingegliederten Finger beider Hände, einen Augenblick lang das Brot umspannt – fast scheint es als schlängen sie sich zu einem Gebet ineinander, oder ist es nur ein Innehalten, ein ehrfürchtiges Besinnen, *was* Brot ist – ein Leben voll harter Arbeit hat ihn gelehrt, zu danken, dass es einem gegeben war.

Das ist gleich zu Beginn – die Fahrt von Haifa nach Jerusalem. Der Wagen steigt, von Wegkehre zu Wegkehre, eilend hinauf – noch vor Sabbat-Eingang die Stadt zu erreichen. Der Lenker spricht zu ihrem Vater, der neben ihm sitzt. Ihr Vater wendet sich zurück, nach uns im Wagen. Mit einer leichten Kopfbewegung weist er auf die Hoehe des Hanges, wo Mauerwerk sichtbar wird. „Jerusalem" sagt er, leise, gedämpft, ehrfürchtig, wie man Heiliges ausspricht, und schon wendet er den Kopf, und man fühlt ein Schamhaftes, das eigenes Erschüttertsein verbergen, und auch nicht Zeuge fremden Ergriffenseins sein moechte. –

Und der Passah-Abend in Jerusalem: Der Herr des Hauses ist David Yellin. Die schneeweisse Blüte des Haares und seines Bartes rahmt sein wunderschoenes ruhiges gebräuntes Patriarchenantlitz, die von überlangen Wimpern überschatteten dunklen Augen haben noch das – an grenzende Mauern nicht gewoehnte – Weithinausschauende Sinnende des Hirten, und grüssen immer wieder uns, die Gäste. Da steigt – inmitten der Stimmen der Beter – die Stimme Ihres Vaters auf. Ich habe sie nur gedämpft und verhalten gekannt – nun ist nichts Verhaltenes mehr in ihr. Mit uralt überkommenen Worten, überkommenem Tonfall dankt das Gebet dem Herren, dass er einst sein Volk aus Sklaverei zurückgeführt in die Heimat hat – aber die Stimme Ihres Vaters ist durchbebt von einer Inbrunst, einem Entfesseltsein, dass es scheint, als wäre dies Gebet nur da, um ein grosses eigenes Danken Ihres Vaters emporzutragen zu dem Herren, der ihn bis hierher geführt hatte, durch alle Fährnisse eines Lebens. –

– Dass es ein gesegnetes war – das wusste Ihr Vater. –

Ich grüsse Sie, mein lieber Bernhard Altmann, Sie und die Ihren, von Herzen!

Ihr

Richard Beer-Hofmann

Ob Beer-Hofmann auf seiner Reise außer den – ihm aus der Überlieferung vertrauten – Orten seiner Väter auch ein mögliches Land der Zuflucht suchte, ist schwer zu sagen. Eines der noch ungedruckten Dokumente spricht jedenfalls dafür, daß die Entscheidung für Amerika nicht von vornherein feststand oder zumindest schon vor der erzwungenen Emigration Auswanderungswünsche bestanden. Es handelt sich dabei um einen fragmentarisch überlieferten Brief an den Berliner Grafiker Hermann Struck (1876-1944)[43], der 1923 nach Israel ausgewandert war und sich in Haifa niedergelassen hatte. Struck, der sich früh in der zionistischen Bewegung engagiert hatte, könnte mit Beer-Hofmann etwa durch Martin Buber oder Theodor Herzl bekannt gemacht worden sein. Der Brief deutet darauf hin, daß die Beer-Hofmanns in Berlin mit Struck zusammen-

---

43 Der Briefbeginn ist abgetrennt; die Handschrift befindet sich in der Bayerischen Staatsbibliothek München (Ana 321; I, Beer-Hofmann, Richard). In der gleichen Mappe wird eine Photographie Beer-Hofmanns mit Widmung an Struck verwahrt. Zu Struck, der neben anderen Dichtern auch Beer-Hofmann porträtierte, vgl. *Encyclopaedia Judaica* (Jerusalem 1971), Bd. 15, Sp. 443f.

trafen und auf der Rückreise mit dem Gedanken an eine Übersiedlung auf den Karmelberg spielten. Vermutlich fand die Begegnung 1918 oder 1919 statt, da Beer-Hofmann sich in diesen Jahren jeweils den ganzen Oktober zu Proben von *Jaákobs Traum* in Berlin aufhielt und über München/Salzburg nach Wien zurückreiste.[44]

[...]

Auf der Fahrt Berlin-München stellte sich mir der Vater eines Ihrer Freunde Kommerzienrath Fraenkel[45] vor. Die Strecke München–Salzburg fuhr ich, bis Traunstein, mit Martin Buber und Frau – Sie sehen, ich einfacher Jude stand die ganze Zeit unter zionistischem Schutz. – Vielleicht aber wird es Sie interessieren zu hören, dass ich *ernstlich* daran denke Ihr Nachbar – auf dem Berge Karmel – zu werden, wenn es meine Vermögensverhältnisse erlauben. Ich will Ruppin[46], den ich morgen kennen lernen soll, darüber befragen.

Lassen Sie mich Ihnen noch sagen, dass ich mich freue, dass wir uns begegnet sind. Meine Frau und ich grüssen Sie herzlich!

Ihr

Richard Beer-Hofmann

VI. Der schwere und langwierige Weg in die Emigration 1939

„,'carpe horam' wie weit sind wir noch davon" – mit diesem an den nach Zürich emigrierten Herbert Steiner gerichteten Seufzer sehnt Beer-Hofmann Ende Februar 1939 die lang erwartete Ausreise in die Schweiz herbei. Richard und Paula befinden sich seit dem 23. Dezember 1938 – nach einem längeren Klinikaufenthalt Paulas – in der Wiener Pension Atlanta. Ursprünglich waren die ersten De-

---

44 Vgl. *Daten* (Anm. 29), S. 29f.: „Am 30. September [1918] fahre ich zu den Proben von 'Jaákobs Traum' nach Berlin [...], reise am 1. November, über München, Salzburg – da Reise durch Böhmen sehr unsicher ist – nach Hause." – „Reise 27. September [1919] [...] nach Berlin [...] zu den Proben von 'Jaákobs Traum' (29. September bis 7. November). [...] Paula kommt (drei Tage reisend, da Bahnsperre ist) zur Première. Zurück über München (Park Hôtel)."

45 Unter den zahlreichen Fraenkels, die S. Winingers *Große Jüdische National-Biographie* (Bd. 2 und Nachträge in Bd. 6+7) verzeichnet, läßt sich der erwähnte – vermutlich zionistisch eingestellte – Kommerzienrat nicht eindeutig ausmachen. In Jerusalem traf Beer-Hofmann auf seiner Palästinareise mit dem Mathematikprofessor Adolf [nicht Abraham] Fraenkel zusammen, vgl. Fraiman (Anm. 12), S. 42.

46 Arthur Ruppin (1876-1943), der Vater der zionistischen Siedlungsbewegung, war seit 1908 Leiter der palästinensischen Landerschließungsbehörde in Jaffa. Zu seinen vielfältigen öffentlichen Funktionen vgl. *Encyclopaedia Judaica* (Jerusalem 1971), Bd. 14, Sp. 430ff. sowie Arthur Ruppin: *Briefe, Tagebücher, Erinnerungen*, hg. von Schlomo Krolik. Mit einem Nachwort von Alex Bein. Königstein/Ts. 1985 (keine Erwähnung Beer-Hofmanns).

zembertage für die Abreise geplant, dann kam aber Paulas Herzattacke am 30. November dazwischen. Die Zeit in der Pension wurde lang, erst am Abend des 19. August 1939 konnte das Ehepaar in Begleitung des Arztes Aristid Kiss die Stadt verlassen. Von der unerträglich unabsehbaren Wartezeit in Wien, gleichsam auf den Koffern sitzend, zeugt ein Brief Beer-Hofmanns an den New Yorker Rechtsanwalt Samuel Wachtell (1886-1943), den er seit 1932 persönlich kannte und der sich noch im März 1939 für zwei Tage bei ihm in Wien aufgehalten hatte. Er kümmerte sich später um viele Details der Einwanderungsformalitäten. Das Dokument vom 13. Januar 1939 markiert den Beginn einer tragischen Flucht, schon die ersten Sätze vermitteln eine Ahnung von der Mischung aus nervlicher Anspannung und Niedergeschlagenheit:

> Mein lieber Sam, es gibt Tage an denen Paula und ich so müde und hoffnungslos sind, daß wir glauben wir können nicht mehr weiter, und unsere Angst ist, daß einmal der Wille zum Leben in uns zu schwach wird.
>
> Wird das, was noch vor uns liegen kann, diesen widerlichen, schweren, verzweifelten Kampf noch wert sein? Niemand kann auf solche Fragen Antwort geben.[47]

Sam Wachtell und Herbert Steiner kamen den Beer-Hofmanns an der Schweizer Grenze in Buchs entgegen. In Zürich erwartete sie Bernhard Altmann am Bahnhof. Die folgenden beiden Briefe berichten im Februar und August 1939 von der ersten Etappe auf dem Weg in die Freiheit. Das erste Schreiben ist wieder an Herbert Steiner adressiert[48], den wichtigsten Helfer und Briefpartner in diesen Monaten der Flucht. Steiner folgte erst 1942 ins amerikanische Exil. Der zweite Brief geht an den Zionisten und Schriftsteller Samuel (Sammy) Gronemann (1875-1952)[49], der 1933 nach Frankreich und 1936 nach Palästina emigriert war, wo Beer-Hofmann ihn auf seiner Reise traf. Erwähnt wird darin als Grußbotin die Schauspielerin Ruth Klinger (1906-1989), die ebenfalls 1933 nach Palästina ausgewandert war.[50]

---

47 Richard Beer-Hofmann: *Briefe, Reden, Gedichte aus dem Exil. Zum dreißigsten Todestag mitgeteilt und erläutert von Eugene Weber.* In: Literatur und Kritik 10 (1975), S. 469-479, hier: S. 471.

48 Die handschriftliche Karte (Adresse: „Herrn Dr Herbert Steiner / Zürich / Winkelwiese 5") befindet sich im Deutschen Literaturarchiv / Schiller Nationalmuseum, Marbach a.N. (A: Steiner / Corona, 57.2937).

49 Der handschriftliche Brief auf Papier des Hotels „BAUR AU LAC ZURICH" befindet sich in der Stadtbibliothek Tel Aviv (Achad Ha'am Bibliothek). Zu Gronemann vgl. *Encyclopaedia Judaica* (Jerusalem 1971), Bd. 7, Sp. 930f.

50 Vgl. Ruth Klinger: *Die Frau im Kaftan. Lebensgeschichte einer Schauspielerin,* hg. und eingeleitet von Ludger Heid. Gerlingen 1992.

Beer-Hofmann an Herbert Steiner, 20. Februar 1939 aus Wien

Lieber! Ach – „carpe *horam*" wie weit sind wir noch davon. Wir wären glücklich wenn wir Sie in acht Wochen sehen würden. Wagen nicht es zu hoffen. Es liegt – weiss Gott – nicht an uns. Wenn Sie Mi[rjam] wieder mit ein paar Zeilen, wie seinerzeit, über Scotts Lehr-Tätigkeit berichten würden, wäre es sicher eine Freude für sie. Aber Sie müssen nicht eilen, Sie haben ja immer bis 10. oder 12 so viel mit der Redaktion des Heftes zu tun. Alles Liebe! Herzlich und dankbar

Ihr R.

Beer-Hofmann an Samuel Gronemann, 29. August 1939

Mein lieber Sami Gronemann!
Dank für Ihr[e] lieben Grüsse die mir Frau Ruth Klinger bringt. Ich nehme es als gutes glückliches Omen dass – ehe wir unsern neuen Weg antreten – Ihr Wort freundlich zu uns kommt.
Man fliegt in 36 Stunden von Amerika nach Europa, so wird es ja auch für Sie nicht allzuschwer sein zu uns zu kommen. Wir hoffen es – von ganzem Herzen. Seien Sie von uns Beiden umarmt!

In treuem Gedenken,
Ihr Richard Beer-Hofmann

Zürich 29/VIII. – 39

In Zürich verbrachten Paula und Richard zunächst gut zwei Wochen in dem Hotel Baur au Lac, wechselten dann am 7. September in die Pension Seegarten-straße, wo Paula nach wenigen Tagen erneut zusammenbrach. Sie wurde von Doktor Manes Kartagener in der „Schwesternschule vom Roten Kreuz" in Flundern untergebracht, starb aber am 30. Oktober. Der nächste Brief an Sylvain S. Guggenheim (1882-1948)[51] ist ein wichtiges Erinnerungszeugnis an die noch hoffnungsvollen Tage im Hotel Baur au Lac, also an die letzte noch gemeinsam mit Paula verbrachte Zeit.

---

51 Die Handschrift wird im Deutschen Literaturarchiv / Schiller Nationalmuseum, Marbach a.N. (B: Beer-Hofmann, 83.673/1) verwahrt. Guggenheim ist in Nachschlagewerken nicht verzeichnet, vgl. zu ihm *Zum Andenken an Sylvain S. Guggenheim, geboren 4. August 1882, gestorben 28. Januar 1948.* o.O. 1948 (mit Porträt).

New-York 13.V.40

Sehr Verehrter! Heute sind es sechs Monate, dass ich von Ihnen Abschied nahm. Lassen Sie mich Ihnen sagen, wie sehr ich Ihnen, für Alles Sorgen um mich, danke. Noch auf dem Schiff suchte mich ein Herr aus Basel auf, der in Ihrem Auftrag fragte, ob er mir irgendwie dienlich sein könne. Ich bin dem Schicksal dankbar, dass es es so fügte, dass ich – dass *wir* – in schwersten Tagen Ihnen begegnet sind. Ich sagte Ihnen ja, dass meine Frau – als ich ins Zimmer zurückkkam, nachdem ich Sie bis zur Treppe begleitet hatte – dass sie mit einem leichten Nicken sich lächelnd zu mir wandte, und – meine Frage vorwegnehmend – sagte: „Ja! – der gehört wol zu uns." Ich sagte es Ihnen, und ich schreibe es nun nieder. Weil ich möchte, dass es Ihnen eingeprägt bleibe, dass mein Erinnern diese Worte, wie ein Kostbares mit sich trägt. – Sie können nicht wissen, wie sehr sonst meine Frau vor fremden Menschen stolz und scheu sich verschloss. Dass damals Sie – nur durch Ihr Wesen – der, das Kommende ahnenden und bangenden Seele meiner Frau, irgendetwas wie ein wenig Zuversicht und Ruhe gaben – wird mich in alle Zeit dankbar Ihrer gedenken lassen. – Leben Sie wohl, lieber, verehrter Silvain Guggenheim, nur – vielleicht finden einmal ein paar Worte von Ihnen den Weg zu mir. Alle meine guten Wünsche sind mit Ihnen.

Ihr

Richard Beer-Hofmann

Am 2. November wurde Paula beigesetzt, Beer-Hofmann verblieb noch bis zum 13. November im Hotel Excelsior, um sich sodann in Genua auf der „Conte di Savoia" nach New York einzuschiffen. Am 14. November war es endlich soweit, ein letzter Gruß ging an diesem Dienstagmorgen um halb elf an Herbert Steiner ab, der auch zehn Tage später als erster von der sicheren Landung und schließlich von der ersten wohnlichen Etablierung in New York Nachricht erhielt.[52]

---

52 Die Karte aus Genua (Adresse: „Herrn D̲r̲ Herbert Steiner / Winkelwiese 5 / Zürich") und die beiden Briefe aus New York befinden sich im Deutschen Literaturarchiv / Schiller Nationalmuseum, Marbach a.N. (A: Steiner / Corona, 57.2938; 57.2939; 74.2405). Das erste Schreiben aus New York ziert der schmuckvolle Briefkopf des riesigen „Hotel Pennsylvania" („2,200 Rooms") in der 7th Ave – 32nd/33rd Street.

Beer-Hofmann an Herbert Steiner, 14. November 1939 (Stempel aus Genua)

Dienstag 10 1/2 Vorm.

Ich bin an Bord. Nachträglich kam mir zu Bewusstsein dass der Aufenthalt v. Hans im Hospital jede Credit-Intervention bei der Speditionsfirma in N.Y. unmöglich macht, so dass doch grössere Zahlungen als erwartet, nötig werden. Vielleicht wäre es geraten jedenfalls 1000 Frcs. nach N.Y. zu überweisen. Die restlichen bleiben den 2763. – Werden ja auch von Mirjam und den Büchern nicht aufgegessen werden. Nochmals Dank für Alles Liebe dieser letzten Monate u. hoffentlich können Sie bald nachkommen.

Herzlichst Ihr
Richard Beer-Hofmann

Beer-Hofmann an Herbert Steiner, 24. November 1939

Freitag 24.XI.39

Mein lieber Herbert Steiner!

Dank für Alles – von mir und von Paula! – Ich bin seit gestern 9[h] Vorm. hier, Zimmer neben Erich. Voraussichtlich kom[m]t Mirjam heute an – „Präsident Harding". Dann würden wir morgen in ein 2 Zimmer Aparte-ment übersiedeln das Herr Graf (Sams G.) im Haus wo er wohnt für uns aufgenommen hat. Nacht-Kabel gieng gestern an Sie ab, mit der Bitte, die Freunde zu verständigen. Sam hat für Mirjam Geld für die Reise abgehoben. Der gestrige Tag war eine starke Belastungsprobe. Um 4 Uhr morgens aufgestanden, vor der Landung 7 oder 8 Interwiewer, dann am Pier Sam, Rose[53], S. Beer[54], Olga Schnitzler[55], Auernheimer[56], Frau Liptzin,

---

53 Samuel Wachtell (1886-1943) und seine Frau Rose. Wachtell kam 1896 mit seinen Eltern aus Österreich nach New York, wo er nach dem Jurastudium als Rechtsanwalt tätig war. Er kümmerte sich besonders um europäische Emigranten, so auch um Beer-Hofmann, den er 1932 durch Arnold Höllriegel in Wien kennengelernt hatte und mit dem er in Amerika eng verbunden blieb. Vgl. aus der von Eugene Weber hg. Korrespondenz (Anm. 47), S. 469-473; ein weiterer Brief in: *Zweig-Correspondence* (Anm. 27), S. 199.

54 Möglicherweise der Arzt Sanel Beer (* 1886), der langjähriger Vertreter der jüdischen Gemeinde in Wien war und 1938 über Italien in die USA emigrierte.

Lothar[57] u. Frau. Nachm. Besuche, die man nicht abweisen konnte zumindest nicht alle.

[...]

Beer-Hofmann an Herbert Steiner, 28. November 1939

New-York 28.XI.39.

Lieber Herbert Steiner! Dank für den Brief vom 18., der am 24. eintraf. Gleichzeitig mit dem nachgeschickten Brief Sams. Sonst noch keine Nachricht von Ihnen. Wir sind seit zwei Tagen hier – *„11 Waverly Place"*, *„Tel: Gramercy 7-90-60-"*. Im 12. St. eines App. house in ruhiger Gegend nahe dem Washington Square. Es kann jetzt Post direkt an uns hieher adressiert werden. Es wollen sehr viele Menschen – liebe und gleichgültige – an jedem Tag uns sehen. Alle freundlich und bereit einem so viel als möglich zu erleichtern. Flock ist nicht hier – gieng gleich zu seinem Wiener Arzt nach Boston und geht dann zu seinem Freund Hans Kohn nach Northampton. So werden wir wol selber die Lift u. Rotterda-

---

55 Olga Schnitzler (1882-1970), geborene Gussmann, war von 1903 bis 1921 mit Schnitzler verheiratet, über den sie später das *Spiegelbild der Freundschaft* (1962) schrieb. 1939 emigrierte sie nach England, danach in die Vereinigten Staaten, in den fünfziger Jahren kehrte sie nach Wien zurück. Den im Brief geschilderten Empfang nimmt Olga Schnitzler zum Ausgangspunkt ihrer *Erinnerungen an Richard Beer-Hofmann* (in: *Almanach* [des S. Fischer Verlags]. Das neunundsechzigste Jahr. Frankfurt 1955, S. 25-32): „Das Schiff hatte vor kaum einer Stunde in New York angelegt. In der großen offenen Halle der Landungsstelle, inmitten von allem Drängen, Suchen und Rufen umstand eine kleine Gruppe von Männern und Frauen einen stattlichen alten Mann. Gesten und Worte einer besonderen Liebe und Verehrung hatten ihn willkommen geheißen, – Ausrufe der Erleichterung, nach vielen Wochen der Angst um ihn, die seine Reise begleitet hatten. / Da stand er nun, tief traurig, mit verschleiertem Blick, – und mit einem Mal rannen ihm Tränen über die Wangen, und er sagte kaum hörbar: 'Wozu? – wozu?'"

56 Der Jungwiener Literat Raoul Auernheimer (1876-1948) wurde 1938 für fünf Monate ins KZ Dachau verschleppt, konnte dann aber auf Intervention Emil Ludwigs und des amerikanischen Generalkonsuls Raymond Geist in die USA emigrieren. Hier gründete er mit dem nachfolgend genannten Ernst Lothar ein Theater. Vgl. Donald Daviau: *Raoul Auernheimer.* In: Deutsche Exilliteratur seit 1933. Bd. 1, hg. von John M. Spalek, Joseph Strelka. Bern, München 1976, S. 234-246; Renate Heuer (Hg.): *Archiv Bibliographia Judaica*, Bd. 1 (Anm. 30), S. 253-259.

57 Ernst Lothar (d.i. E. L. Müller, 1890-1974), der Theater- und Literaturkritiker der Wiener *Neuen Freien Presse* und Nachfolger Max Reinhardts am Theater in der Josefstadt, emigrierte wie Beer-Hofmann im Jahre 1939, kehrte aber 1946 als amerikanischer Kulturbeauftragter nach Wien zurück. Vgl. Donald B. Daviau, Jorun B. Johns: *Ernst Lothar.* In: Deutsche Exilliteratur seit 1933. Bd. 2, hg. von John M. Spalek, Joseph Strelka. Bern 1989, S. 520-553.

mer Angelegenheit in Ordnung bringen müssen. Nach Stockholm[58] habe ich noch nicht geschrieben – ich schrecke vor allem was Konzentration verlangt, noch zurück. Sie merken es ja diesen Zeilen an. Hoffentlich bekomme ich mich wieder ein bischen mehr in die Hand. Seien Sie – mein Lieber – von Herzen gegrüsst. Mirjam setzt mich fort.

Ihr R. B-H.

VII. Letzte Jahre in Amerika

Beer-Hofmanns letzte Jahre im amerikanischen Exil sind bestimmt durch die Nähe zu Mirjam und dem Kulturhistoriker Erich v. Kahler – dem Sohn seiner Kusine Antoinette –, den Umgang mit befreundeten Emigranten, Sommeraufenthalten in Woodstock, Saranac und Lac Placid sowie der Vertiefung ins Erinnerungsbuch *Paula*. Die Einbindung in die 'German-Jewish Community' bewahrte ihn vor dem völligen Rückzug und der Vereinsamung.

Der folgende Brief[59] stammt von dem aus Mannheim emigrierten Gymnasiallehrer Karl Darmstaedter (* 1892), einem wahren Liebhaber von Beer-Hofmanns Dichtungen, die er als Bibliothekar der Jewish Community in Washington wie einen Schatz hütete. Seine Nachricht, daß *Jaákobs Traum* 1943 in einem Schweizer Flüchtlingslager zur Aufführung kam, wird dessen Schöpfer sicher erfreut haben. Und auch seine Bemerkungen über die Schwierigkeiten von Übertragungen ins Englische wie seine Frage nach Übersetzungen ins Hebräische dürfte Beer-Hofmann aus der Seele gesprochen sein. Schon 1934 äußerte er gegenüber Buber den Wunsch, daß „ich ja noch gerne zu Lebzeiten (nehmen Sie diese Wendung nicht sentimental, blos sachlich) 'J. Tr.' unter das Dach hebräischer Sprache gebracht haben möchte".[60] Während wenigstens einige Texte in englischer Übersetzung zu Lebzeiten erschienen, wurde *Jaákobs Traum* erst 1949 von Josef Lichtenbeum und *Der junge David* 1981 von Manfred Winkler ins Hebräische übertragen.

---

58 Dort befand sich seit 1938 der S. Fischer-Verlag, den Gottfried Bermann Fischer zunächst aus Berlin nach Wien (1936-38) gerettet hatte. Von dort gelang der Familie 1940 die Flucht über Rußland und Japan in die USA, der Verlag blieb bis 1947 in Stockholm und wurde dann wieder mit dem in Deutschland zurückgelassenen, von Peter Suhrkamp verwalteten Teilunternehmen vereinigt. Vgl. die eindrucksvolle Verlegerautobiographie von G. Bermann Fischer: *Bedroht – Bewahrt. Weg eines Verlegers*. Frankfurt 1967.

59 Eine maschinenschriftliche Abschrift (?) befindet sich in der Jewish National and University Library, Jerusalem (Arc. 4° 1585 / 17).

60 Vgl. Beer-Hofmanns Brief an Buber vom 11.7.1934. In: A. Košenina (Anm. 26).

Karl Darmstaedter   Nov 14. 1943
1719 Lanier Pl.NW
Washington, D.C.

Verehrter Herr Beer-Hofmann,
Ich moechte Ihnen eine kleine Freude bereiten mit einer Notiz, die ich im
„Isrl. Wochenblatt", Zürich 43/14, 9.IV.1943 fand.
Im Flüchtlingslager Prêtes über dem Bielersee „war für die Insassen ein
grosser Tag. Eine Gruppe von jungen Menschen, hauptsächlich Emigranten, war von Basel gekommen, um das biblische Drama „Jaákobs Traum"
von Beer-Hofmann zur Aufführung zu bringen. Rabb. Dr. Rothschildt
führte in das Drama ein. Die Aufführung war hervorragend. Alle ... gestalteten den Nachmittag zu einem bedeutsamen Erlebnis. ..."

Dem begnadeten Dichter, für den, wie ich glaube, schwere und traurige
Erinnerungen mit dem Lande Schweiz verbunden sind, moege es doch in
dieser Zeit eine beglückende Stunde sein, zu wissen, dass in „Flücht-
lingslagern" seine Jaákob und Esau Gestalten den Wandernden, Fliehen-
den, Rastenden nahe gebracht werden. Müssen Amerikas Juden erst
schrecklich aufgerüttelt werden, um die Gewalt ihrer Dichtung schick-
salshaft zu erkennen?

In der jüdischen Bibliothek der Jewish Community, Washington D.C. die
ich als Bibliothekar leite, fehlt „Jaakobs Traum". (Koenig David) Der
junge David und der „Graf von Charolais" nicht. Freilich es sind meine
geretteten Ausgaben in deutscher Sprache. Wer immer kommt und in
deutscher Sprache Schoenstes lesen will, dem vertraue ich sie an. Schon
manche Rabbiner hier haben zum ersten Mal Ihr Werk durch mich kennen gelernt. Ich bin stolz darauf.

Dass freilich jemals die Schoenheit Ihres Wortes in die „neue" Sprache
eingebracht werden koennte, glaube ich kaum. Und so wird leider der
Kreis derer, die Ihr Werk lieben werden, in diesem Lande beschränkt
bleiben auf die alten Getreuen, die das Erbe treu hüten.

Moegen Sie aber trotz allem gesegnet bleiben, um weiter und zu Ende
schaffen koennen was Sie begonnen haben unter glücklicheren Auspizi-
en.

Ich lese in palästinensischen Blättern ausgezeichnete Übertragungen klassischer deutscher Dichtungen. Wo bleibt die klassische Übertragung von Mirjams Schlaflied, von Jaákobs Traum in die hebräische Sprache?

Mit sehr ergebener Wertschätzung und
[V]erehrung verbleibe ich
Ihr
Karl Darmstaedter

Im Jahre 1944 folgte Beer-Hofmann einer Reihe von Einladungen zu Lesungen. In den *Daten* hält er fest: „Vorlesung Harvard University (Houghton Library) am 22. März. Vorlesung Universität Yale (German Club – Professor Weigand) am 25. April. Vorlesung, Universität Columbia (German Graduates Club – Sekretär J. M. Moore) um Mitte Mai. Vorlesung Smith College, Northampton am 12. Oktober."[61] Die zuletzt genannte Lesung arrangierte sein alter Freund Herbert Steiner, an den er am 22. September den folgenden Brief[62] richtete, in dem auch der aus Prag stammende Historiker Hans Kohn (1891-1971)[63] erwähnt wird. Beer Hofmann war schon 1912 von Buber gebeten worden, das von Kohn für die Studentengruppe 'Bar Kochba' herausgegebene Sammelbuch *Vom Judentum* durch einen Beitrag zu unterstützen[64], er kannte ihn also – möglicherweise sogar persönlich – bereits aus dieser Zeit.

Beer-Hofmann an Herbert Steiner, 22. September 1944

22.IX.44

Lieber Herbert Steiner, ich komme gerne, aber *nur* wenn es möglich ist die Vorlesung *noch vor 10-12 Oktober* anzusetzen – ich muss die Gefahr von schlechtem Wetter, oder auch nur Kälte, möglichst vermeiden. Die Vorlesung zwischen *Goethe und mir teilen* möchte ich nicht – ich möchte nicht als „Rezitator" auftreten, der sein kleines Wägelchen an die Staatskarosse Goethe anhängt – ich muss doch Mut genug haben, allein die 50 Minuten zu bestreiten – es ist doch nicht das erstemal, auch nicht hier in Amerika. Programm? Sicher die kleine Goethe-Rede, aber keinesfalls den dekorativen und deshalb ein wenig kältenden Mozart. Vielleicht doch die I Szene aus „der junge David" (menschlich einfacher als das „Vorspiel") und Gedichte (darunter die helleren Farben des Ariadne-Prologes) – aber

61 Vgl. Richard Beer-Hofmann: *Daten* (Anm. 29), S. 36.
62 Der Brief liegt (Briefkopf: 412 CATHEDRAL PARKWAY, APT. 92 NEW YORK 25, N. Y.) im Deutschen Literaturarchiv / Schiller Nationalmuseum, Marbach a.N. (A: Steiner / Corona, 60.570/2).
63 Zu Kohn vgl. *Encyclopaedia Judaica* (Jerusalem 1971), Bd. 10, Sp. 1144f.
64 Vgl. Bubers Brief vom 15.12.1912. In: A. Košenina (Anm. 26).

das lässt sich noch an Ort und Stelle festsetzen. Im übrigen bin ich herzlich gern bereit nachher im Hause Hans Kohn vorzulesen: mich, Goethe – wonach sein Herz verlangt – so lange – und länger noch als er will – Prolog im Himmel – Vorspiel auf dem Theater – ad libitum.

Ich freue mich, dass Sie eingewandert sind. Grüssen Sie Hans Kohn und Frau sehr herzlich – ich freue mich auf Northampton. Ihnen – vielen Dank, guter „Mittler", und herzliche Grüsse!

Ihr R. B-H

Das wichtigste publizistische Integrationsmedium der 'German-Jewish community' in New York war und ist bis heute die Wochenzeitung *Aufbau*.[65] Sie wurde 1934 zunächst als monatliches *Nachrichtenblatt des German-Jewish Club* gegründet. Im März 1939 übernahm der aus Prag emigrierte Berliner Journalist Manfred George (1893-1965)[66] – „Mr. Aufbau" – das Blatt als Chefredakteur. Die Zeitung erreichte Auflagen bis zu 40.000 Stück im Jahre 1944. Unter Alfred Werners Nachruf auf Beer-Hofmann im *Aufbau* vom 5. Oktober 1945 plazierte der Chefredakteur George den folgenden Text in schwarz umrandetem Kasten:

Wieder hat das Judentum einen seiner Grössten verloren. Richard Beer-Hofmann ist nach einem von schöpferischer Arbeit erfüllten Leben von uns gegangen. Der „Aufbau" und seine Leser beklagen nicht nur den Verlust eines Gestalters höchst vollendeter Sprachkunst und eines Dichters, der den jüdischen Namen in der Welt glanzvoll vertrat, sondern auch einen treuen Freund. Richard Beer-Hofmann gehörte dem Advisory Board des „Aufbau" an, dem der Tod in den letzten Wochen bereits mehrere unersetzliche Mitarbeiter genommen hatte.

Die Güte seines Herzens und die Freundschaft, die den Dichter mit unserer Arbeit verband, hat uns oft seines Rates und seiner Hilfe teilhaftig werden lassen.[67]

Es folgt hier die umgekehrte Anerkennung Beer-Hofmanns für den *Aufbau* in seinem Brief an den Chefredakteur George[68]:

---

65   Zum Aufbau vgl. jetzt Susanne Bauer-Hack: *Die jüdische Wochenzeitung Aufbau und die Wiedergutmachung.* Düsseldorf 1994.

66   Zu George vgl. *Deutsche Exilliteratur seit 1933. Bd. 4: Bibliographien*, hg. von John M. Spalek, Konrad Feilchenfeldt, Sandra H. Hawrylchak. Bern, München 1994, S. 490-498.

67   *Aufbau*, Freitag, 5. Oktober 1945, S. 3. Der Artikel, der zufällig einem antiquarisch erworbenen Exemplar der *Paula* (1944) beilag, ist in der Bibliographie von Kathleen Harris und Richard M. Sheirich (in: MAL 15, 1982, S. 1-60) nicht aufgeführt.

68   Das Dokument (Briefkopf: 412 CATHEDRAL PARKWAY, APT. 92 NEW YORK 25, N. Y.) befindet sich im Deutschen Literaturarchiv / Schiller Nationalmuseum, Marbach a.N. (A: George, 75.2184).

27.XI.44

Sehr verehrter Manfred George,
hier, der Beitrag.

Meine besten Wünsche dem „Aufbau", dessen rastloses helfendes Tun aus der Geschichte dieser furchtbaren Jahre nicht wegzudenken ist.

Mit den herzlichsten Grüssen
Ihr
Richard Beer-Hofmann

Die folgenden beiden Briefe stammen von dem russischen Zionistenführer Leib Jaffe (1876-1948)[69], der 1920 nach Erez Israel ging, dort die Zeitung *Haaretz* (Das Land) mitherausgab und am Keren Hayesod[70], dem zionistischen Finanzierungsfonds, mitwirkte. Im Krieg von 1948 wurde er durch ein Attentat getötet. Beer-Hofmann kannte Jaffe wahrscheinlich vom Karlsbader Zionistenkongreß 1921 oder von seiner Palästinareise.[71] Die beiden Briefe zeigen, daß die freundschaftliche Beziehung in jedem Falle die Gratulation zum Geburtstag einschloß und daß Jaffe im Sommer 1945 bei Beer-Hofmann zu Gast war. Sein Dankesschreiben vom 2. August 1945 dürfte einer der letzten Briefe gewesen sein, der Beer-Hofmann vor seinem Tod am 26. September erreichte.

Leib Jaffe an Beer-Hofmann, 10. Juli 1944

L. JAFFE
JERUSALEM, PALESTINE

10 VII 1944

Lieber und hochverehrter Herr Doctor.

Ich schicke Ihnen zu Ihrem Geburtstag meinen liebevollen Gruss und Segen. Mögen Ihnen noch viele gesunde und schöpferische Jahre gegönnt

---

69 Die beiden Briefe liegen in den Central Zionist Archives Jerusalem (A 398/2). Zu Jaffe vgl. *Encyclopaedia Judaica* (Jerusalem 1971), Bd. 9, Sp. 1262f.

70 Vgl. dazu *Encyclopaedia Judaica* (Jerusalem 1971), Bd. 10, Sp. 914ff.

71 Es ist wahrscheinlich, daß Jaffe, der 1909 in den zionistischen Generalvorstand gewählt wurde, am 12. Zionistenkongreß in Karlsbad teilnahm. Es war der erste Kongreß nach dem Weltkrieg und der Balfour Declaration (1917) – der britischen Anerkennung Palästinas als Heimstatt der Juden –, mithin von besonderer Bedeutung, vgl. *Encyclopaedia Judaica* (Jerusalem 1971), Bd. 16, Sp. 1171. Beer-Hofmanns trafen dort u.a. mit Martin Buber zusammen, vgl. Buber an Beer-Hofmann, 28.9.1921, in: A. Košenina (Anm. 26). In Jerusalem begegneten sie Jaffe auf ihrer Reise 1936, vgl. Fraiman (Anm. 12), S. 42.

sein. Ich denke mit Freude und Dank an die Stunden meiner Besuche bei Ihnen. Sie waren für mich herzerfrischend und wohlthuend.

Mit innigstem Gruss
Ihr L. Jaffe

Gruss an Frau Mirjam

Leib Jaffe an Beer-Hofmann, 2. August 1945 aus Jerusalem

Keren Hayesod Ltd.
POB 583
Jerusalem
2nd August, 1945.

Lieber, verehrter Freund,

Ich sende Ihnen meinen herzlichen Gruss aus Jerusalem.

Mit einem guten Gefühl denke ich an die Stunden zurück, die ich in Ihrem Hause verbracht habe. Ich pflegte dort die grosse, kalte und geräuschvolle Stadt zu vergessen. Die Gespräche mit Ihnen haben mein Herz erwärmt.

Ich möchte wissen, was Sie tun und wie es Ihnen geht.

In diesem Herbst feiern wir das fünfundzwanzigjährige Bestehen des Keren Hayesod. Zum fünfzehnjährigen Jubiläum haben Sie uns ein herrliches message geschickt. Wir möchten auch diesmal einige Worte des Grusses und Segens von Ihnen bekommen. Das wäre für uns eine Freude und Ermutigung.

Um Sie nicht allzusehr zu bemühen, habe ich mein dortiges Büro gebeten, Sie gelegentlich anzufragen, ob Sie ein message für uns bereit haben. Dann wird mein Büro alles Weitere besorgen.

Ich bin schon fast zwei Monate wieder im Lande zurück. Alles hat sich verändert und ist gewachsen. Sie würden das Land nicht wiedererkennen.

Mögen uns nur ruhige Tage zum Weiterschaffen beschieden sein und die Möglichkeit die Reste unseres Volkes, deren letzte Hoffnung Palästina ist, hierher zu bringen.

Im Juli war Ihr Geburtstag. Meine herzlichsten Glückwünsche.

Gruss an Frau Miryam
Ihr ergebener,
L. Jaffe

Der letzte hier vorzustellende Brief Beer-Hofmanns datiert genau sechs Monate vor seinem Tod.[72] Als ob er das Ende bereits vorausgeahnt hätte, drückt er nach fast siebzehn Jahren dem Exilschriftsteller Berthold Viertel (1885-1953)[73] erneut seine tiefe Dankbarkeit für dessen Fürsorge gegenüber Gabriel aus. Viertel, Mitarbeiter am *Simplicissimus* und der *Fackel*, hatte 1912 die Wiener Volksbühne mitbegründet und wirkte von 1928 bis 1933 als Filmregisseur in Hollywood. Seit 1933 produzierte er beim BBC in London Programme gegen den Nationalsozialismus, lebte dann aber von 1939 bis zu seiner Rückkehr nach Wien 1947 wieder in Amerika.

Beer-Hofmann an Berthold Viertel, 26. März 1945

26.III.1945

Sehr verehrter Herr Berthold Viertel,

als im Mai 1928 mein Sohn in Hollywood einen schweren Auto-Unfall erlitt, waren Sie es, dessen Berichte, immer wieder uns Beruhigung brachten. Lassen Sie heute – nach so vielen Jahren mich nochmals Ihnen sagen, wie dankbar wir es damals empfanden.

Ausser Ihrem schönen und nach vielen Seiten ausgreifenden Schaffen, war Ihr Name immer zufinden, wo Neues sich vorzubereiten schien. Ich wünsche Ihnen herzlich, dass diese starke Freude an, Zukunft in sich tragendem Werden, Ihnen weiter erhalten bleibe.

Ihr

Richard Beer-Hofmann

Am Schluß dieses Lebensbildes aus Briefen soll eine Bemerkung Beer-Hofmanns über den weiteren Weg der jüdischen Exilanten stehen, die er im Gespräch mit Alfred Werner vom *Aufbau* drei Monate vor seinem Tod machte:
So wenig über das Schicksal der Juden als Gesamtheit ausgesagt werden kann, ebenso wenig lässt sich dem einzelnen ein Weg vorschreiben, den er zu gehen hat, noch einen Rat geben, den er befolgen soll, wenn aus keinem anderen Grunde, schon aus dem, weil der Abend eines jeden Tages in dieser schicksalsvollen Zeit das, was am Morgen ausgesagt wurde, überholt. Das

---

72 Eine Kopie der Handschrift (Briefkopf: 412 CATHEDRAL PARKWAY, APT. 92 NEW YORK 25, N. Y.) befindet sich im Deutschen Literaturarchiv / Schiller Nationalmuseum, Marbach a.N. (A: Viertel x, x 69.5).

73 Vgl. Eberhard Frey: *Berthold Viertel*. In: Deutsche Exilliteratur seit 1933. Bd. 2 (Anm. 57), S. 957-976; Bd. 4 (Anm. 66), S. 1876-1889.

Einzige, was gesagt werden kann, weil es in dieser Zeit zutrifft, wie es in aller Vergangenheit zugetroffen hat, und in aller Vergangenheit anzutreffen war, ist, den Juden zu sagen: Bewahrt Haltung! Bewahrt die Noblesse eurer Haltung, zu der euch das jüdische Schicksal durch Jahrtausende unnachgiebig verpflichtet hat.[74]

---

74 Vgl. *Aufbau*, Freitag, 5. Oktober 1945, S. 3.

Werner Vordtriede

Gespräche mit Beer-Hofmann

Die folgenden „Gespräche" sind wörtlich Tagebuchheften entnommen. Ursprünglich waren sie natürlich nicht als Veröffentlichung gedacht. Leider nicht, denn wieviel mehr, wieviel Genaueres hätte dann festgehalten werden können! Die Besuche bei Beer-Hofmann sowie andre Ereignisse des Tages wurden meist erst am folgenden Tage oder noch später eingetragen. Einige längere Zitate und einige wenige Ergänzungen aus dem Gedächtnis haben nun die Tagebuchstellen etwas erweitert.

Woodstock, wo ich Beer-Hofmann kennenlernte, ist eine Künstlersiedlung und Sommerfrische im Catskill-Gebirge des Staates New York. Er war nur im Sommer 1941 kurze Zeit dort als Gast in einem befreundeten und verwandten Hause. Als ich ihn zum erstenmal sah, kannte ich außer dem Schlaflied für Mirjam und „Jaákobs Traum" keines seiner Werke. Die lernte ich erst im Laufe der Bekanntschaft kennen, das wunderbare „Vorspiel auf dem Theater zu König David" zufällig erst nach seinem Tode. Immer war es mehr der Mensch, der lebendige Dichter und seine bestätigende Gegenwart, was mich zu ihm führte. Da ich nie in New York gewohnt habe, sah ich ihn nicht regelmäßig; von New Brunswick aus an bestimmten Wochenenden, von dem weiten Mt. Pleasant aus nur in den Ferien.

In seinem ganzen Gespräch war nie ein bittrer, hämischer oder kleinlicher Ton, nie eine Klage. Wenn er von den Menschen sprach, denen er in seinem Leben begegnet war, war es nie deshalb, um ihre peinlichen Geheimnisse oder bedenklichen Menschlichkeiten auszuplaudern, sondern immer nur, um ihre wesentliche Seite, die ihm bedeutend geworden war, darzustellen.

Der Traum, am Schluß, in dem der Träumende selbst eine so zweideutige Rolle spielt, schien mit in die Reihe der Gespräche zu gehören.

Woodstock, den 8. September 1941

Gestern abend bei Richard Beer-Hofmann, dessen schönes, mächtiges Gesicht mir sogleich sehr gefiel. Es ist eines jener Gesichter, die ein Glücksfall sind, weil alles an ihnen stimmt. Keine entstellende Kahlheit oder Verfärbung der Haut, nichts worüber das Auge peinlich hinwegsehen müßte. So, denkt man, hat er sein Gesicht gewollt, und so ist es auch geworden.

Es war oben in F. v. K.s Sommerhaus. Mirjam, F. v. K. mit seiner Frau und die alte Frau v. K. waren auch da, außer S., der das Zusammentreffen so freundlich bewirkt hatte. Beer-Hofmann war bester Laune und voller Gespräch, witzig und geistvoll, die Unterhaltung beherrschend, sehr unfeierlich im ganzen. Zum Schluß bat S. ihn, mir sein Gedicht *Abbild* vorzulesen, das ich am selben Morgen zum erstenmal gelesen hatte. Er ging sofort bereitwillig in sein anstoßendes Arbeitszimmer; S., K. und ich folgten. Dort las er halb stehend, halb auf dem Schreibtisch sitzend *Abbild*, *Altern*, dann auf meinen besonderen Wunsch den Opfergesang aus *Davids Tod* und zum Schluß den *Beschwörer*. Zuerst war es sehr befremdend, ihn lesen zu hören. Sehr vertraulich, gesprächshaft, aber mit starken Betonungen, wie in einem schauspielerischen Dialog. Für den trotzigen, triumphierenden Ton von *Altern* (der mir beim eignen Lesen am Morgen nicht bewußt geworden war) schien sich mir diese Art des Vorlesens gut zu eignen.

Beer-Hofmanns Deutsch ist völlig rein; weder Tonfall noch Dialektworte verrieten den Österreicher. Auch bedient er sich nie irgendwelcher gängiger Lässigkeiten, benennt und verknüpft alles genau, wie aus großer Vertrautheit mit der Sprache heraus, die er achtungs- und liebevoll zu kräftiger Bildhaftigkeit heraufführt.

Woodstock, den 15. September 1941
Schöne Erwartung: den Waldweg auf den Berg, nach Byrdcliffe, heraufzusteigen und gewiß sein zu können, daß da oben in dem braunen Holzhaus Beer-Hofmann, gesprächsfroh und voller höflicher Zuvorkommenheit, erscheinen wird. Den Nachmittag mit ihm verbracht, der wieder sehr lebhaft und mitteilsam war. Langes Gespräch über das Sprechen der Schauspieler. Man spürt, wie sehr ihn Theater und Schauspielwesen beschäftigen oder doch einmal beschäftigt haben. Über die Zeichensetzung im Gedicht (wir kamen durch George darauf). Er könne sich, ganz im Gegensatz zu George, an Satz- und Betonungszeichen gar nicht genug tun, da ihm doch ein ganz bestimmtes Klangbild vorschwebe und das Gedicht erst gesprochen seine Wirkung tue. Wie man ihn bei der Drucklegung seiner (vor kurzem erst erschienenen) *Verse* mit Mühe von einem Zuviel an Zeichensetzung habe abbringen müssen.

New York, den 24. Dezember 1941
Von meiner Verdrossenheit und Müdigkeit ganz befreit durch die unvergeßlichen drei Stunden, die ich heute nachmittag allein mit Beer-Hofmann verbrachte. Er öffnete mir selbst, führte mich durch den etwas engen Korridor, der ganz dicht mit alten Bildern (denen seiner Vorfahren), der Uhr seiner Urgroßmutter und dergleichen behängt ist, in sein nach vorne gelegenes Arbeitszimmer. Es ist angefüllt, überfüllt mit den schönsten Wiener Barockmöbeln. Hier, vom neunten Stockwerk am Cathedral Parkway, kann man auf den gerade jetzt sehr berüchtigten Morningside Park herübersehen. „Dort wird gerne gemordet", wie Beer-

Hofmann unbekümmert sagt. An allen Schubladen stecken Schlüssel mit hängenden Schildern. Er erklärt gleich, daß er die Stube nicht so vollstellen würde, aber er will so viel als möglich von dem Gerät verkaufen. Diese Eröffnung macht er eher im Ton eines reichen Mannes als in dem eines Geldbedürftigen. Macht sich selber über die Fülle der mitgebrachten Gegenstände lustig (obwohl das Aufbewahren alles Schönen und Bedeutungsvollen doch sichtlich ein Teil seines Wesens ist). Denn im Keller, sagt er, habe er sogar ein altes marmornes Taufbecken. Er findet es selber sehr komisch, mit einem solchen Taufbecken über den Ozean zu fahren. Aber als ich ihm versichre, daß mir das ein sehr geeignetes und vernünftiges Gepäckstück scheint, läßt er das dann gerne gelten. Ich sah nur schöne und alte Gegenstände im Zimmer. Einzig dem Schreibtisch zur Linken steht so sachlich und gradlinig ein eiserner Büroschrank. (Der birgt, wie ich später sehe, seine Manuskripte. Dieser Sinn für das Sachliche, wo es am Platze ist, scheint mir ein wichtiger Zug Beer-Hofmanns zu sein.) An der Hauptwand hängt das große Bildnis seiner Frau. Hans Schlesinger, Hofmannsthals Schwager, der später Mönch wurde, hat es im eleganten Stil der Sargentbildnisse gemalt. An der hinteren Wand, beim Fenster hängt die Studie zu einem Bühnenbild von Gordon Craig. Zwei Teetassen, auf zierlichen kleinen Füßchen, stehen schon vorbereitet auf dem Tisch. (Die freundlich sorgende Mirjam hält sich, wie ich erst in späteren Zeiten bemerke, gern im hintern Teil der Wohnung zurück.)

Sofort das lebhafteste Gespräch. Wie er Englischstunden von einem jungen Studenten nimmt, den er in einen Zustand der Beunruhigung durch die Dinge versetze, die er ihm über Dichtung sage. Diese Englischstunden aber, das bemerke ich bald, sind wenig mehr als eine anmutige Herablassung. Er hat nicht mehr wirklich vor, diese ihm unbekannte Sprache richtig zu erlernen. Er lebt hier, hoch über New York, das er kaum kennt und nicht braucht, in einer eignen, im Grunde unveränderten Welt, ganz umgeben von Dingen, die ihm jederzeit sein Leben reproduzieren können.

Von den Problemen dieses jungen Mannes ausgehend, sagt er, daß Probleme eben unlösbar seien. Sonst seien es gar keine Probleme. Sie sollten auch unlösbar sein und bleiben, da von ihnen jene dauernde Beunruhigung komme, die eben das Leben selber sei. Auch Rätsel könne man nicht lösen; lösen könne man nur einen Rebus, Rätsel deute man. Die des Beunruhigers sei doch eine schöne Rolle, sage ich und spreche von der wichtigen Beunruhigung, die, als ich sechzehn Jahre alt war, für mich vom Werke Georges ausging. Langes Gespräch über George. Er sei ihm immer wie ein sehr schöner Schwarzalb vorgekommen, nicht von Menschen gezeugt. Die Wichtigkeit und Größe seines Todes im freiwilligen Exil, der ihm so deutlich zeige, daß es ihm wirklich ernst gewesen sei. Beer-Hofmann nimmt Anstoß an dem, was er das Pfäffische an George nennt. Auf meinen Einwurf hin rechnet er ihm aber doch zugute, daß man die Zeit eben damals mit stärksten Mitteln zur Weihe hinlenken mußte. Dann sagt er lächelnd, einst habe er selber für feierlich-schöne Dinge viel Sinn gehabt. Erst unlängst habe er das Stück mauvefarbenen Plüschs wiedergefunden, das seine Tante ihm habe anfertigen müssen, als er Hofmannsthal und Schnitzler zum ersten Male vorlas. Er hat es da und zeigt es mir mit fröhlicher Sorgfalt. Es ist mit Seide gefüttert und mit Bändern versehen, um das Manuskript darin zu bergen.

Gespräch über Philologen. Ich erwähne meinen Lehrer C. und seine Hebbel-studien. Er spricht sodann über Hebbels Kälte: „Er bringt es fertig, Herodes und Kandaules *nicht* umzubringen!" Bei Hebbels Frauen, sagt er, kommen immer dessen eigne Hosen unten zum Vorschein, so wie in jener Damenmode, wo unterm Kleid die Spitzenhosen vorguckten. Sein ganzes Gespräch ist voll solcher Bilder: so sei es ihm zum Beispiel immer vorgekommen, als ob Georges Schüler wie auf Lachsleitern hätten zum ihm kommen müssen. Als ich nicht gleich verstehe, erklärt er, was Lachsleitern sind: wie die Lachse, um zu laichen, jedes Jahr stromaufwärts schwimmen, wobei die armen Tiere vielfach umkommen, weshalb man, in besonders steilen und schwierigen Gebirgsbächen, ihnen Lachsleitern aufstelle, erleichternde Hürden. Ich lache und will es nicht wahrhaben. Da George keinen Sohn hatte, sagte ich, der ihn hätte fortsetzen können, brauchte er, als Menschenformer, der er war, doch junge Menschen, in denen sein Werk und sein besonderes, schönes Menschenbild fortleben konnten. Das läßt Beer-Hofmann sofort gelten. „Und Söhne sind ja für diese Rolle kaum je geeignet", und er fügt hinzu, wie auch ihm mehr am Umgang mit jungen Menschen liege als mit denen seines Alters. Bei älteren wisse er, daß er nur noch mit einer geringen Jahresanzahl an Gedenken rechnen könne, während er bei jungen deren noch ausstehende Lebensjahre seinem eignen Leben zurechnen könne. Das sei ihm eine ganz einfache Rechnung. Wie geschickt Beer-Hofmann doch dem Pathos, das schon fast unvermeidlich, von Ferne peinlich, sich zum Gespräch anmeldet, dadurch rasch und ungezwungen entgeht, daß ers ins Alltäglich-Richtige, Kaufmännische beinahe, einleitet!

Dann steht er plötzlich auf und holt einen Band Kleist mit dem Bemerken: „So etwas Gescheites können wir beide zusammen nicht sprechen." Liest den Brief Kleists an Rühle von Lilienstern vor, mit dessen Übersetzung ins Englische er seinen studentischen Lehrer so beunruhigte.

Wir kommen auf Mozart zu sprechen. Er erzählt, wie er sich monatelang mit der Abfassung seiner Gedenkrede auf Mozart gequält habe. Er hatte, fast ein Jahr vor der bedungenen Frist, sich schriftlich zur Abfassung der Rede bereit erklärt. Dann versuchte er es immer wieder umsonst, sie aufzuzeichnen. Schließlich, ganz kurz vor dem Ablieferungstermin, habe er sich einfach von der drückenden Verpflichtung durch ein Telegramm befreien wollen. Da aber habe seine Frau ihm ins Gewissen geredet: „Schau, Richard, es ist doch nicht anständig, ein gegebenes Versprechen nicht zu halten." So habe er denn schließlich das Leben Mozarts so erzählt, als ob es ein Märchen sei. Er hat nur noch ein Exemplar der kleinen, nur zehn Seiten langen Schrift, die er eben jemandem schicken wollte. Er nimmt sie wieder aus dem Umschlag heraus und liest mir die Rede vor, die, im Märchenton, mit der geographischen Lage Salzburgs beginnt. Sein Ton ist dabei so behaglich-bedeutungsvoll, als läse er Kindern etwas über das wunderbare Reich der Götter vor:

„Von hohen Bergen rinnt ein Wasser zu tiefen Tälern hinab. Einem Gletschersee entstürzt es, wildstürmende Wasser aus seitlichen Tälern werfen sich ihm zu, und in Sturz und Fall, von Talstufe zu Talstufe schwellender und reicher, sucht es seinen Weg. Von Horten, die tief in ringsum starrenden Bergen verborgen schlafen, tragen mündende Bäche ihm verräterische Kunde zu; und wer den Sand seiner Ufer in hohler Hand faßt, dem gleiten, mit dem Sand zugleich, durch seine Finger: dunkles Erz und rotes Kupfer, grauer Kobalt und das Gold und Silber der Rauris. Und wer seine Hand in die Flut taucht – und wäre es selbst dort, wo sie schon zur Ebene hinabsteigt – der fühlt noch immer: Von hoch her kommt dies Drängen, das zu Meeren will; von Gletschern gespeist, uraltem Eise nah, springt helläugig dieser Quell – tief unter ihm sind die Dünste der Täler.

Von venetischen Küsten steigt eine Sträße zu verschneiten Pässen der Tauern auf, und sucht die Hänge, wo Ambisontier und Alaunen die Stätten heiligen Salzes hüten. Saumtiere, mit Öl und dunklem Wein beladen, treten den Weg, der Schritt römischer Legionen stampft ihn breiter, und ehe die alten Götter zur Ruhe gehen, leuchtet ihre heilige Nacktheit noch den Bergen.

Und dort, wo die zwei sich treffen – der Strom von den Firnen nordischer Berge, und die Straße vom Meer und vom Süden her – ist eine Stadt gelagert. Dort wird *Mozart* geboren!"

Dann steckt er die Rede nicht wieder in den Umschlag zurück, sondern schreibt langsam und kalligraphisch die Widmung hinein und schenkt sie mir.

Im Zug nach Indianapolis, den 29. Dezember 1941
Der schönste Gewinn dieser allzubewegten Tage war der Nachmittag bei Beer-Hofmann. Immer schon hatte ich das Gefühl, wie mitleidlos diese Zeit auch darin verfährt, daß sie Menschen, die einst bewundert und gerühmt, ein Teil des öffentlichen Lebens waren, nun duckt, verschleppt, entwurzelt und sie dem Jammer bis zur Jämmerlichkeit ausliefert. Die früher aus der Ferne angestaunten leben nun hier, in der Emigration, in billigen, allzu leicht zugänglichen Zimmern oder Mietswohnungen, sitzen einem grau und müde in der Untergrundbahn gegenüber, in der alle Gesichter nackt und maskenlos werden, und sind gestrande-

te, nach kleinen Verdiensten auspähende Menschen geworden. Und daneben steht Beer-Hofmann in selbstverständlicher Königlichkeit wie nur je, mit vollkommener Wahrung der innern Würde und erlebten Größe, dem freundschaftliche Gesten noch immer weit wichtiger sind als schlaue Profitzüge. Die Hierarchie der Werte ist ihm nicht zusammengebrochen. Dabei scheint er nichts zu fordern, ist, im Gegenteil, immer bereit, einen mit dem Reichtum seines langen und sinnvollen Lebens zu beschenken.

New York, den 25. Juni 1942

Was man so oft Selbstverleugnung zu nennen versucht ist – wenn jemand sich etwa nur noch in die untergeordnetsten Arbeiten schickt – ist vielfach wohl nichts als ein Herabsinken, ein Weitergleiten auf dem leichtesten Wege, eine Form der Trägheit, die der neuen Gefährdung nicht gewachsen ist. Bei fortschreitender Selbstverleugnung (wie furchtbar und unrecht dieses preisende Wort bei näherer Untersuchung klingt!) fallen oft früher erworbene – und nie wirklich besessene – Werte ab wie ein zerfetztes Kleid und die schiere animalische Nacktheit kommt darunter zum Vorschein. Mit einem befreiten Aufatmen tut man dann eben nur noch das Erstbeste. Beer-Hofmann kann sich nicht verleugnen und hätte auch kein Kellner werden können. Könige im Exil können wohl nichts anders tun als entweder königlich bleiben oder aber sterben, obwohl es allerdings ein Akt „rührender Selbstverleugnung" gewesen wäre, wenn König Lear vernünftig das Schusterhandwerk erlernt hätte.

New York, den 2. Juli 1942

Gestern bei Beer-Hofmann zu Mittag gegessen. Wieder war er allein und in bester Simmung während der drei Stunden, die ich dort war. Wir sprachen viel über Stifter. Der Anfang von *Turmalin* hat ihn in dieser Tage besonders ergriffen und beschäftigt. Er liest mir ihn vor:

„Der Turmalin ist dunkel, und was da erzählt wird, ist sehr dunkel. Es hat sich in vergangenen Zeiten zugetragen, wie sich das, was in den ersten zwei Stücken erzählt worden ist, in vergangenen Zeiten zugetragen hat. Es ist darin wie in einem traurigen Briefe zu entnehmen, wie weit der Mensch kömmt, wenn er das Licht seiner Vernunft trübt, die Dinge nicht mehr versteht, von dem innern Gesetze, das ihn unabwendbar zu dem Rechten führt, läßt, sich unbedingt der Innigkeit seiner Freuden und Schmerzen hingibt, den Halt verliert und in Zustände gerät, die wir uns kaum zu enträtseln wissen."

Stifters Kenntnis des Menschenlebens und –schicksals scheint ihm so stark aus dieser Stelle zu sprechen. Die *Bunten Steine* besitzt er in der Erstausgabe.

Seine Versteinerungen, Marmorstücke und Kristalle angesehn. Sie stehen in schönen Porzellanschüsseln geordnet auf den Möbeln.

Er berichtet von der seltsamen und jahrelangen Entstehungsgeschichte, die die englische Übersetzung von *Jaákobs Traum* erfahren hat und zeigt mir das Manuskript, das er erst nach seinem Tode veröffentlicht haben will. Eine Stelle fiel mir auf, die durch Reimzwang schlecht erschien: „sorrow's frame – lame". Er merkte sie, in der ihm eignen höflichen Bereitwilligkeit, gleich zur Änderung an. Ging wieder sehr erfrischt von ihm, aufgefordert, ihn noch einmal vor meiner Abreise zu besuchen. Ich will ihm ein paar der Versteinerungen mitbringen, die ich zufällig in meinem Koffer, im Schwammbehälter, mit mir herumtrage.

New York, den 15. Juli 1942
Am späten Nachmittag bei Beer-Hofmann, der mich wieder allein empfing und voller Geist und Kraft war. Er erzählte diesmal viel von seinen früheren, unausgeführten Arbeitsplänen. Da war vor allem eine *Ariadne auf Kreta* (zu der ja ein Prolog-Entwurf in den *Versen* steht). Theseus erscheint hier „als ein ganz Starker, weil er den Tod nicht fürchtet, ein vogelfreier Sklave." Dabei sollte auch das ganze Geschehen vom Minotauros her gesehen werden. Ganz am Ende, wenn er aus dem Labyrinth herausgeschleppt wird, sieht er Rinder im Mondlicht grasen und glaubt nun, das seien Götter, da er ja nicht weiß, mit welchem Teil seines Körpers er den Göttern ähnlich ist. Dann erwähnte Beer-Hofmann eine Doppelgänger-Novelle mit dem Titel *Des Fischers List und Unglück* (nach dem Italienischen).

Der englische Ausdruck „a shot in the dark" (auf gut Glück) gefällt ihm so sehr. Jedes Dichtwerk, sagt er, ist solch ein Schuß ins Dunkle. In eine Dunkelheit aber, wo man das Ziel irgendwo vermutet. Ein Schuß auf eine erleuchtete Scheibe gäbe dem unerfüllbaren Kunstwerk eine viel zu direkte Erfüllung. Das brachte mich auf Mallarmés *Coup de dés*. Als ich ihm Mallarmés Wortspiel aus *Salut* erwähne, das er mit dem Worte la coupe, in seinen Doppelsinn von Zäsur und Kelch, anstellt, nennt er ein eigenes, das aus seiner *Herakleitischen Paraphrase* mit dem Worte „fassen":
„Fluch, Segen, Rätsel, das zu Danaidenfron ihn treibt,
Unfaßbares in brüchiges Gefäß zu fassen."
In der Erinnerung an seine Versteinerungen, brachte ich ihm drei verschieden geformte versteinerte Haifischzähne, die ich ihm einmal in der Chesapeake Bay fand, und eine der „roses du Sahara", die mir einmal ein Araber in der Oase Tozeur gab. Er gab mir darauf einen selbstgefundenen versteinerten Seeigel.

New York, den 8. Februar 1943
Vorgestern, gleich nach meiner Ankunft in New York, ging ich verabredeterweise zu Beer-Hofmann. Er hatte mir wieder eine im Umschlag versandte europäische Ansichtskarte mit Verabredung und Willkommsgruß geschickt. Es ergab

sich trotz der natürlichen Befangenheit und Zurückhaltung des einen und der Überlegenheit des andern, beinahe sofort ein ganz persönliches Gespräch über Dinge, die beiden sehr am Herzen liegen und das immer mit der gleichen anteilnehmenden Spannung weiterging, bis ich, nach fast drei Stunden, fortmußte.

Wieder empfing er mich allein. Wieder war der Tisch sorgsam mit schönem Geschirr zum Kaffee gedeckt, den er bald darauf selber hereinbrachte. Zuerst fragte er nach meiner Arbeit. Dabei erwähnt er, wie ihn sein Vater im Französischen unterrichtete. Er las Fénelons *Télémaque* mit ihm und wurde stets sehr ärgerlich, wenn der Sohn jeune étranger immer wieder spontan mit „junger Fremdling" übersetzte, statt „Fremder", wie der Vater haben wollte. Dann sprachen wir allgemein über Amerika. Nie mehr könne er nach Wien zurück, auch wenn man ihm alles dort angenehm machte. Für Amerika glaubt er allerlei Möglichkeiten zu sehen. Er hatte sich Reisigers Whitman-Übersetzung aus Europa mitgenommen, da sie ihn sehr beeindruckt hatte. Das war wohl seine einzige Vorbereitung auf Amerika und ist sein Haupteindruck geblieben. Ich mache Einwände, halte auch dafür, daß Whitman auf Deutsch einheitlicher wirken müsse als auf Englisch, wo die vielen amorphen latinisierten Worte, die andern Sphären als der dichterischen angehören, immer wieder störend auffallen. Manches läßt er gelten, sagt aber: „Ich weiß, diese ewigen Kataloge und Aufzählungen! Nach zwei Seiten sag ich mir, wenn's noch eine Seite so weitergeht, wird mir's unerträglich sein', aber auf der fünften Seite geschieht das Schreckliche, daß ich mir sage, ,jetzt könnt's eigentlich ganz gut noch ein paar Seiten so weitergehn.' Whitman will, daß ich in all dem ertrinke, und da kann er mir natürlich nicht nur einige Liter vorsetzen." Er hält auch viel von Thornton Wilder, den er öfter sieht, und erzählt mir, unnachahmlich, mit den menschlichsten Akzenten die ganzen drei Akte von *The Skin of our Teeth*, dessen Aufführung er grade gesehen hat. Wie ihm bei dem Satz der Urtiere, die, um Einlaß ins Haus bettelnd, die Eiszeit und damit ihren eigenen Untergang ankündigen: „but it is cold" die Tränen gekommen seien. Zuerst habe er geglaubt, das sei eben, weil er ein alter Mann sei, bei dem die Ventile unzuverlässig geworden seien, so daß, was sonst Erregung wäre, eben nun gleich zu Tränen würde. Aber da habe er dann von einem Zwanzigjährigen genau das gleiche gehört. Also sei dieser unscheinbare Satz augenscheinlich so sehr an der richtigen Stelle gesagt, wie das eben nur ein Dichter könne. (Bei seiner geringen Kenntnis des Englischen hat sich ihm unterm Zuschauen das Stück wohl in ein gemäßes Kunstwerk verwandelt.)

Über die amerikanische Jugend; wie unkontemplativ sie sei. Darauf ich: „Eigentlich müßte doch jeder junge Mensch eines Tages spüren: in dieser Linie wird von nun an mein Leben verlaufen. Ihr hab ich zu folgen und danach mein Leben zu formen."

„Gibt es das wirklich? Ich habe das nie gewußt. Wahrscheinlich, weil ich mein ganzes Leben lang so unendlich verspielt gewesen bin und zu allem viel zuviel Zeit gebraucht habe. Ich wußte nie, was ich werden wollte. Hatte nie vor zu schreiben, ganz anders als Hofmannsthal, bei dem es schon vom sechzehnten Lebensjahr ab wie ein Zwang war. Als ich schließlich mit vierundzwanzig endlich meinen Doktor machte, war immer noch alles unentschieden. Hätte ich nicht durch reinen Zufall in einem einzigen Sommer den Hugo Hofmannsthal, Schnitzler und Bahr kennengelernt, wär ich vielleicht nie zum Schreiben gekommen. Aber in jenem Kreise war man überzeugt, ich würde schreiben, und zwar etwas Gutes. Ich hatte, verstehen Sie wohl, nicht etwa bevor ich irgend etwas veröffentlicht hatte, nein, bevor ich irgend etwas geschrieben hatte, gleichsam ungeheuren Kredit. Aber dann, als ich meine erste Arbeit schrieb, blieb ich plötzlich in der Mitte stecken. Ähnlich wie der Lord Chandos. Ich mußte mich immer fragen: ‚Wer glaubt mir denn noch etwas, wenn ich mich hier mit Worten an eingebildeten Situationen errege? Wie wird man mir's glauben, wenn ich einmal über Wirkliches erregt bin?' Aber das sind die *beiden* Seiten von ‚Was ist ihm Hekuba?'! Einerseits Tränen zu vergießen über etwas was einen gar nichts angeht. Da müssen die andern doch mißtrauisch werden. Dann fiel mir die andere Seite ein: ‚Aber wie wunderbar das doch auch ist! Wer weint denn heute noch über Dinge, die ihn gar nichts angehn?' Dieses sind die beiden Extreme. Da immer zwischendurchzukommen, war für mich stets wie ein Schwerttanz. Ich dachte auch, eigentlich könne ich gar nicht weiterschreiben, bevor ich nicht viel mehr wisse, zum Beispiel die Namen aller Pflanzen oder aller Handwerke. Oft hab ich dann stundenlang den Maurern zugesehn, ohne eigentlich zu wissen, was mich an diesen Handbewegungen so fesselte, wie er dort die dreieckige Kelle in den Zement sticht, den dann verreibt und so weiter." (Dabei macht er ganz genau diese rasche Folge von Bewegungen nach). „So hab ich wohl damals alle Handwerke studiert. Und ich, der ich doch fast nie gereist bin und weder Paris noch London kenne, glaubte damals, daß ich vor allem gewisse Länder wie Indien sehen müßte, bevor ich überhaupt weiterschreiben könnte. Es schien mir ein furchtbares Versäumnis, das nicht kennenzulernen. Grad so, als stünden etwa draußen am Himmel die schönsten Sterne, man brauchte nur ans Fenster zu treten, um sie zu betrachten, und täte es nicht." Er beschrieb genau ein großes geographisches Bilderbuch, das er als Knabe von seiner Tante an bestimmten Tagen zum Ansehen bekam und das ihm die ganz Welt zu enthalten schien. Dann aber, den Faden des eben Gesagten wieder aufnehmend: „Hätt ich damals nicht meine Frau kennengelernt, hätt ich wahrscheinlich nie weitergeschrieben, sondern wäre auf Reisen gegangen."

„Aber so hab ich es auch nicht gemeint: als müsse man plötzlich genau wissen, was aus einem wird. Ich weiß heute noch nicht, was aus mir werden wird.

Ich wollte sagen, daß man seine Lebensstimmung einmal erkennen müsse. Die Lebensluft, in der man fortan sich in irgendeiner Form bewegen werde. Und das möcht ich Ihnen nicht glauben, wenn Sie sagen, daß Sie auch diese künftige Lebensstimmung nie gespürt hätten. Bei mir zum Beispiel kam sie in den Monaten, bevor ich nach Amerika fuhr. Ich wußte nie, wie lange dieses ungewisse Warten noch dauern würde. Alle Brücken hatte ich nach und nach hinter mir abgeschlagen und lebte verantwortunglos, auf eine unbestimmte Frist gesetzt. Da wußte ich mit einem Male, daß ich künftig eine Art Abenteurer sein würde, das heißt, mein Leben immer wie auf Abruf nach andern Lebensmöglichkeiten leben würde."

„Ach, da muß ich Ihnen doch ein Buch mitgeben, den *Tod Georgs*. Da ist nämlich eben jene Frage des Mittuns im Leben. Einer hat das Gefühl, daß er nicht mehr weiter mitgehen könne, weil mit jedem Schritt, den er mache, so vieles, so viele Möglichkeiten und Keime zu andrem Leben zerstört würden. Aber dann: wenn er stehenbleibt, so verdorrt das, was ihm unmittelbar unter den Füßen wächst. Aus diesem unlösbaren Problem heraus kommt das Buch. Es ist rein assoziativ geschrieben, so als ob man nur auf einen Knopf drücke, worauf dann eines aus dem andern entsteht. Ich schrieb es 1897, und 1900 wurde es veröffentlicht."

Und da wir noch einmal über das Unwiederbringliche jener Zeit sprachen, über das österreichische Kaiserreich mit seiner reichen Mischung von Nationen, Rassen und Sprachen, bemerkte er: „Ich sage immer, Österreich war wie ein trocknes Mittelmeer, in dem sich auf dem festen Lande eine reiche, vielfältige Kultur vereinigte, wie in einem großen Binnenbecken."

Ich sage dann einmal, wie wichtig es sei, alles Schöne und Bedeutende im Gedächtnis zu behalten. Vor allem jetzt, um es nach dem Kriege wieder weitergeben zu können. Er bezieht dies sogleich auf den andern, den ersten Weltkrieg: „Ich weiß noch, wie ich damals in Südfrankreich zu S. Fischer sagte, er solle Moritz Heimann kommen lassen, um gemeinsam mit ihm etwas Wichtiges zu besprechen. Mein Gedanke war nämlich, daß die Zukunft in guten Anthologien liege. Aber solchen, die nicht wir selber machten, sondern die von Menschen gemacht würden, die man dafür bezahlt, daß sie alle Beziehungen und Zusammenhänge noch wissen. Es wird ja einfach zuviel, und später läßt sich das alles nicht mehr rekonstruieren. So wie es ja seit 1832 keinen universell gebildeten Menschen mehr geben konnte, da die Stoffmassen viel zu stark angewachsen sind. Heute ist einer schon sehr gebildet, wenn er immer weiß, wo er die nötigen Kenntnisse nachschlagen kann. Aber solch eine Zeit, wie die damals in Wien, kommt nie mehr: wie wir drei neidlos arbeiteten, ganz unbekümmert, was daraus würde. Und all das in eine neue Zeit zu retten, das ist so, als ob sich ein Schwimmer ganz belädt, so daß er gerade noch durchkommt, auch noch in den

Zähnen etwas haltend, so viel wie nur irgend möglich. ‚Wieviel kann ich noch mitnehmen?' fragt er sich." Darauf kamen wir auf S. zu sprechen, von dem ich sagte, der sei eben solch einer, der alle Zusammenhänge weiß und herstellen kann, worauf er entgegnete: „Ich nenne ihn ja auch deshalb immer ‚ein nicht wiederherstellbares Produkt'. Er ist wie ein Teekoster, der alle Sorten kennt und sie gegeneinander abwägen kann."

Später kamen wir wieder auf Stifter zu sprechen. Schon in meinem letzten Brief hatte ich ihm geschrieben, daß ich grade wieder im *Nachsommer* läse. Er teilt mir mit, daß auch er, wie nie in seinem Leben zuvor, grade jetzt Stiftern verfallen sei. Ihm ist der *Hagestolz* am liebsten, weil dort so gar nichts geschieht; und dann der *Beschriebene Tännling*, der ja auch fast keine Fabel habe. Er erzählte, wie sein Vater einmal Stiftern begegnet sei und sich darauf in einer Buchhandlung dessen Photographie gekauft habe, die Beer-Hofmann noch besitzt. Er zeigte mir nun die beiden Bändchen der Erstausgabe der *Bunten Steine*, bei Heckenast in Pest, die wir genau ansahen.

Aber erst nach all diesem kam es zum Persönlichsten und dem Hauptteil unsres Gesprächs, als er sagte: „Die Menschen werden einmal sagen: ‚Wie? im Jahre 1943 schrieb er nichts weiter als eine Idylle?' Denn ich zeichne ja jetzt nur Vergangenes auf." (Es ist das Erinnerungsbuch über seine Frau.) „‚In solchen Zeiten hat er nichts andres zu tun als zu beschreiben, wie gut es ihm in Wien einmal gegangen ist?'" Da war es mir, als sei der Altersunterschied zwischen uns verwischt, und ich dachte: ‚also auch er sieht sich vor dieser Frage!' und wurde ganz eifrig, lehnte mich vor und rief aus: „Aber das ist ja grade wunderbar, daß Sie das festhalten, was sonst verloren wäre. Die Griechen haben es nicht anders getan. Das ist doch der Ursprung aller Dichtung, daß der Dichter, wie Homer, das Leben der Helden – vorbildlicher Menschen – dadurch vor der Vergessenheit bewahrt, daß er sie späteren Geschlechtern zum Vorbild rückblickend wieder lebendig macht. Solch eine Dichtung will doch sagen: ‚Seht, so etwas gab es einmal, solche Menschen haben unter euch gelebt, so ist es gewesen!'"

Darauf antwortete Beer-Hofmann herzlich und erfreut: „Da muß ich Ihnen doch etwas vorlesen. Ein wirklich sonderbares Zusammentreffen!" Er stand auf, ging an den Eisenschrank, in dem die Hefte seiner gegenwärtigen Aufzeichnungen (und alle andern Manuskripte, sorgfältig in einzelne Mappen geordnet) liegen, nimmt das oberste heraus und liest vor. Es ist eine Stelle darüber, daß ein Werk deshalb aufgezeichnet werde, um den jetzt lebenden Menschen, die diese Frau nicht mehr gesehen haben, das Bild wachzurufen. Die Sätze stimmen teilweise fast wörtlich mit dem überein, was ich eben gesagt hatte. Erst als er fertig war, eröffnete er, daß dies eine Stelle aus Dantes *Vita Nuova* sei, und es schien mir, als wolle er sie seinem Gedenkbuch als Motto voransetzen.

In der Erregung und Wärme der unmittelbaren Anteilnahme sag ich weiter: „Und um wieder auf den *Nachsommer* zu kommen, was hat denn Stifter anderes getan, als er in einer politisch sehr bewegten Zeit, rückblickend das Benehmen und die Stimmung jener Menschen aufzeichnete, denen das Erbe Goethes noch gegenwärtig war und die es nun zu Ende lebten? Das ist doch eben das, was Sie auch tun." In diesem Zusammenhang erwähn ich André Gide: wie er im Kongo, während des Tomtoms und in tropischer Hitze abseits vom Lagerfeuer liegt und den *Wilhelm Meister* liest; und wie in seinen letzten, in der *Nouvelle Revue Française* im Jahre 1939, nach dem Fall von Frankreich veröffentlichten Tagebuchblättern steht, daß er gerade die *Wahlverwandtschaften* lese. Wie ich das immer an Gide bewundert habe. Und Beer-Hofmann, ganz überzeugt, erinnert an die Stelle in Goethes Kanonade von Valmy, wo es ganz ähnlich ist. Darauf: „Dies ist eben das einzige, was ich machen kann. Jetzt heißt es, jeder Schriftsteller müsse heute zugleich ein politischer Schriftsteller sein. Für den, der das kann, mag das ja richtig sein; aber, wenn einer es nicht kann, soll man es nicht von ihm verlangen. Was ich da schreibe, ist ja auch gar nicht von mir. Ich beschreibe ja nur, wie es tatsächlich war. Ich tue nichts anderes, als mich mit aller Kraft gegen Einfälle wehren. Früher brauchte ich nur die Augen zu schließen, da stellten sich sofort die vielfältigsten Vorstellungen ein. Jetzt hab ich nur genug damit zu tun, sie ferne zu halten, damit ich ja nichts hinzufüge, was ich nicht verantworten kann. Da sind ja so viele Skizzen und Szenen zum ‚David' (und einige sind, glaub ich, wirklich gut) und vieles andere, aber das werd ich ja alles nicht mehr weitermachen."

Dann war es sechs Uhr, und ich mußte, mittendrin, fort. Er holte ein Exemplar vom *Tod Georgs*; es scheint ein eigenes Handexemplar zu sein. Vorne hat er handschriftlich einen Druckfehler berichtigt. Hinten sind die drei Seiten angemerkt, die das Porträt seiner Frau enthalten, worauf er mich hinweist. Wieder schreibt er langsam und genau die Widmung hinein. Er warnt mich: ich müsse bedenken, daß dies vor 1900 geschrieben sei. Dann erinnert er sich eines Ausflugs, auf dem er mit dem *Tod Georgs*, Schnitzler mit dem *Schleier der Beatrice* und Wassermann mit der *Renate Fuchs* in der Tasche in die Berge ging: alle drei mit ihren ersten Werken beschäftigt. Sein wirklich erstes Werk, die Novellen *Das Kind*, erwähnt Beer-Hofmann nie, ganz so, als gehörten sie nicht zu seinem Werk, während er sonst jede seiner wenigen Arbeiten von Zeit zu Zeit als Lebenszeugnis heranzieht. Denn alles, was im Gespräch berührt wird, führt zugleich zu seinem eigenen Leben. Wenn es sich um dichterische Vorstellungen, Ausdrucksmöglichkeiten oder Lebensstimmungen handelt, gedenkt er einer Stelle in seinen Büchern oder Skizzen. Freilich nicht derart, als setze er meine Kenntnis oder gar Bewunderung dieser Werke voraus. Er teilt mir, im Gegenteil, so aus ihnen mit, als kenne ich sie nicht, was ja meistens auch richtig ist. So ist

Beer-Hofmann vollkommen egozentrisch, in der wirklichen Bedeutung des Worts, da ihm alles aus seiner eignen Mitte hervorgeht und wieder in sie einmündet. Und dadurch, daß er alles, mühelos und selbstverständlich, in sich selbst verwandelt, entsteht dieses alles einheitlich und rein erfassende Gespräch. Nicht er selber kommt sich gleichnishaft vor, aber das ganze Leben scheint ihm als Gleichnis für seine eigenen Träume und Gedanken zu dienen. Eben daraus entsteht der starke Eindruck, daß nämlich, während so viele andre, vom Leben Verwöhnte durch ihre Verpflanzung und die Nöte der Emigration wie Bilder ohne Rahmen sind, er geblieben ist, was er war und ist.

New York, den 10. Dezember 1943
Beer-Hofmann traf ich sehr wohl an. Er war grade dabei, sein Vorleseprogramm für Harvard zusammenzustellen, was ihm viel Kopfzerbrechen verursacht. Zwar hat er dazu noch etwa vier Monate Zeit, aber schon jetzt macht es ihn bedenklich und beunruhigt ihn. Da er, entgegen seiner Erwartung, gebeten wurde, einen Teil der Vorlesung Hofmannsthal zu widmen, ist er ganz unschlüssig, welche Briefe er auswählen soll, da in den meisten zu viel Schmeichelhaftes für ihn selber steht. Er las mir verschiedene Briefe Hofmannsthals an ihn vor. Er weiß nicht recht, ob er den Brief aus Varese (vom 5. September 1897), zur Geburt von Mirjam verwenden kann, in dem Hofmannsthal dem Älteren für einen Teil seines eignen Wesens dankt:

„Mein lieber Richard, Sie sind um so viel reifer und fertiger wie ich und haben beides um so viel mehr, Güte und Einsicht in das Richtige, daß ich wohl weiß, daß meine Freundschaft für Sie nicht den Wert haben kann wie Ihre für mich, sondern nur einen viel, viel geringeren. Ich werde nie imstand sein und werde mir's auch nie verlangen, aus dem Gewebe meines Wesens die Fäden herauszuziehen, die Ihr Geschenk sind: es fiele dann alles auseinander. Ich weiß genau, daß es keinen Menschen gibt, dem ich so viel schuldig bin wie Ihnen, ganz unscheinbar ist das gekommen, in den Hunderten von Gesprächen, die wir in diesen fünf Jahren miteinander gehabt haben."

Dann las er auch den großen Pariser Brief (vom 2. April 1900) mit der wieder für ihn so schwer zu beurteilenden Stelle:

„Es fällt mir öfters ein, aber ohne besondere Wichtigkeit, daß Ihnen meine Gegenwart und Existenz wohl unvergleichlich weniger bedeutet als mir die Ihre. Es mag zum Teil daran liegen, daß Sie um einen wichtigen Abschnitt älter sind: immer habe ich die Empfindung, Sie auf dem Weg des Lebens vor mir hergehen zu fühlen, hie und da sprechen Sie zu mir zurück, ich sehe Ihren Weg durchs Gebüsch, und wenn ich dann hinkomme, macht es mir eine ganz undefinierbare Freude, zu erraten, daß Sie hier schon gewesen sind."

Bei diesen Stellen sagt er: „Ja, das kann ich denen dort doch nicht vorlesen!"

Mit seinen Gedanken besonders stark in den frühen Wiener Zeiten, erzählte er mir viel von Hofmannsthal, wie sie sich oft bis in die späte Nacht herein unter nicht abbrechendem Gespräch immer wieder gegenseitig nach Hause brachten. Er öffnete einen großen Koffer im anstoßenden Zimmer, der mit Briefen und Erinnerungsmappen voll ist, zeigte und las vieles. Unter anderm einen traurig-herzlichen, offenbar selten vorgezeigten Brief, den Hofmannsthal ihm nach einem fast zum Zerwürfnis gewordenen Mißverständnis schrieb und in dem er ihrer beider Verhältnis mit beinahe entsagungsvollen Tönen zu umschreiben versucht, im Gefühl, als habe Beer-Hofmann ihn zu etwas anderm machen wollen, als der er wirklich war. Zu diesem Wiederanknüpfungsbrief, schreibt er, benutze er zum erstenmal das schöne Briefpapier, das Beer-Hofmann ihm geschenkt habe. Noch vieles andre liest er und zeigt mir auch Hofmannsthals letzte Postkarte an ihn, am Morgen seines Sterbetages geschrieben, die unvermittelt mit dem Satz: „Man muß alles verstehen" aufhört, einer Hindeutung auf das Ende seines Sohnes. Dann las er den Hofmannsthalschen Prolog zu *Tor und Tod* vor, in dem Hofmannsthal, Schnitzler, Beer-Hofmann und Salten so anmutig beschrieben sind. Er wollte wissen, ob seine Streichungen auffallend oder störend seien. Aber er hatte es natürlich mit großem Geschick gemacht. Schließlich fragt er direkt, welche der Hofmannsthalschen Briefe er wohl vorlesen solle, und scheint einverstanden zu sein mit meinem Vorschlag, den Brief zu Mirjams Geburt wegzulassen und stattdessen, in dieser Reihenfolge, den Pariser Brief, den Brief aus *Bad Fusch* mit der Versicherung der Freundschaft und dann den kurzen zum Tode von Beer-Hofmanns Stiefvater auszuwählen.

Dann sprach er viel von seiner Vorliebe für Joseph Conrad, wurde sehr angeregt, so daß ich fast vier Stunden dablieb. Unter der Wohnungtür, an die er seinen Gast immer begleitete, sagte er noch: „Das nächste Mal warten Sie aber nicht mehr so lange mit Ihrem Besuch. In meinem Alter hat man keine Zeit mehr für solch lange Pausen."

New York, den 12. März 1944

Auf Mrs H.s Gesellschaft viele Menschen getroffen. Beer-Hofmann war auch dort, kam mir etwas verloren in der Menge vor. Wie in geheimer Verabredung sprachen wir fast nicht zusammen. Einmal aber, als ich ihn auf die grünäugige Schönheit der anwesenden Schauspielerin G. M. aufmerksam machen wollte, sagte er: „Ja, aber es ist hier auch eine wirklich schöne Frau. Wissen Sie, wer das ist?" Da erriet ich gleich, daß er unsre Gastgeberin, Mrs H., meinte, mit deren Gesicht und seiner Schönheit, Gesittung, Güte und Lebenskenntnis freilich kein andres wetteifern konnte. Er ging bald.

Am folgenden Tag sah ich ihn dann mehrere Stunden bei sich. Es war schön bei ihm wie immer. Diesmal kam es zu besonders assoziativen Gesprächen, von einem ging es, von irgendeinem Zusammenhang, eben Beer-Hofmann selber, geleitet, zum andern. Über Stifter, Storm (den er kaum kennt, weil er ihn eigentlich verdächtigt, in die Gartenlaube zu gehören), Raimund, Goethe, Hofmannsthal, das Lesen von Gedichten, das Wesen der Dichtung, Leopold von Andrian, Maupassant, Dickens und anderes. Von Goethe rühmte er, ein wie großes Vertrauen man doch in seinen Rat haben könnte. Es gäbe eigentlich überhaupt keine Frage, sei es auch die praktischste – etwa die, wie man sein Zimmer am besten tapezieren solle –, bei der er einen nicht zum besten beraten hätte.

Zum Vorlesen von Gedichten: wie einmal ein Schauspieler zu ihm gekommen sei, um ihm vorzusprechen. Beer-Hofmann gab ihm sein Gedicht *Altern.* Als der Schauspieler, einigermaßen theatralisch, geendet habe, habe Beer-Hofmann zu ihm gesagt: „Sie haben ja die Pause nicht gelesen." „Die Pause? Welche Pause?" „Nun, die Pause am Anfang." Darauf habe der betroffene Schauspieler ausgerufen, man könne doch keine Pause am Anfang lesen. „Doch, das kann man. Geben Sie mir einmal das Buch." Dann zeigte er, wie er es meine: er atmete tief, aber unhörbar aus, atmete ein, und sprach dann, wirklich wie aus einer Pause heraus, unvermittelt, als bräche er ein langes Schweigen – wobei die kaum erhöhte Stimme sehr stark klang –, die erste Strophe des Gedichts:

Graute dir nicht vor dem Baum, der
Immer nur in Blüte stände,
Ungerührt vom Gang der Zeiten,
Ewig starr in ihrer Wende?

Er ließ dann das Schauspielerthema nicht fallen und erzählte viel aus der Zeit, als er zeitweilig Spielleiter am Burgtheater war. Am stolzesten ist er auf seine Aufführung des ganzen *Faust,* des ersten und zweiten Teils an einem Abend. Kaum je hab ich ihn so schwelgend-vergnügt etwas berichten hören. Auf diese Leistung scheint er stolzer als auf sein ganzes geschriebnes Werk zu sein. Und zwar weniger auf die Aufführung an sich, als auf die geschickten Striche, die er am Text anbrachte. Er habe vieles aufopfern müssen, aber immer so, daß nichts für das Gesamtverständnis Wichtige weggefallen sei. Lange habe er sich damit beschäftigt und oft Hofmannsthal zu Rate gezogen. Manchmal habe er natürlich, um einen zerrissnen Zusammenhang wiederherzustellen, ein paar Verse selbstdichtend hinzufügen müssen. (Und diese dem *Faust* einverleibten Verse sind es wohl, die ihn am glücklichsten machen.) Die habe er nun ganz dem Stile der Dichtung angepaßt. Einmal sei er triumphierend zu Hofmannsthal gegangen, habe ihm eine solche *Faust*-Stelle, in die er seinen eignen überbrückenden Vers hereingeschmuggelt hatte, vorgelesen und Hofmannsthal herausgefordert, ob er erraten könne, welcher das wohl sei. Da habe dann Hofmannsthal gleich auf den richtigen getippt und gesagt: „Der da muß es sein. Der ist so infam alter Goethe."

Wieder sprach er von der ihn beunruhigenden Vorlesung an der Universität Harvard, die er am 20. März halten soll. Er will die vorletzte Strophe von Hofmannsthals „Vorfrühling" auslassen, da sie ihm störend vorkommt, als ob sie eigentlich nicht dazuzugehören scheine:

Durch die glatten
Kahlen Alleen
Treibt sein Wehn
Blasse Schatten.

Die *Ballade des äußeren Lebens* will er mit trotzigen, ablehnenden Tönen lesen. Teils um der Antithese mit dem folgenden weichen „Und dennoch sagt der viel, der Abend sagt" willen und teils, weil sich, wie er sagt, zu seinem alten Gesicht wohl noch das Prometheische, nicht aber mehr das Jugendlich-Weiche, Traurig-Träumende schickt.

Er sprach dann von Stifters immer auch in den glücklichen Lösungen seiner Erzählungen vorherrschendem Gefühl der Vergänglichkeit und der Furchtbarkeit der Zeit selbst. Wie Stifter das zum Beispiel so klar in einem Nebensatz des *Hagestolz* ausdrückt, der einem sonst ganz harmonischen Hauptsatz noch angefügt wird: es ist die Stelle, wo der Hagestolz dem Schwimmenden zusieht und auf dessen schönen jugendlichen Körper blickt: „Auch die hohe Schönheit des Jünglings war eine sanfte Fürbitte für ihn, wie die Wasser so um die jugendlichen Glieder spielten und um den unschuldsvollen Körper flossen, auf den die Gewalt der Jahre wartete und die unenträtselbare Zukunft des Geschickes."

New York, den 5. Juni 1944

Fuhr schon früh am Samstag nach New York und aß bei Beer-Hofmann, in dessen Wohnung es trotz der furchtbaren Hitze draußen sehr kühl war. Gleich kamen wir wieder ins Gespräch. Hauptsächlich über die Gestalt des Dichters, teilweise Wiederaufgenommenes aus früheren Gesprächen.

Unter anderm sagte er. „Der Dichter geht immer hart am Frevel vorbei. Wer kann ihm denn noch glauben und Vertrauen schenken, ihm, der über erfundene Leiden, erfundene Schicksale Tränen vergießt? Muß man sich nicht fragen: ‚Wie kann ich denn nun wissen, wann es ihm ernst ist mit seinen Tränen?' Und je größer ein Dichter ist, um so ergriffener ist er von seiner eignen Erfindung und daher auch um so frevlerischer."

„Aber bringen Sie damit den Dichter nicht dem Schauspieler zu nahe?"

„Genau das. Eben wollt ich's sagen. Der Dichter ist zum großen Teil Schauspieler."

„Aber dennoch gibt es einen großen Unterschied zwischen beiden."

„Welchen?"

„Wenn der Dichter etwas erfindet, dann ist es eben nicht mehr erfunden, sondern es existiert damit und wird wirklich."

„Ja, während er's erfindet wohl. Aber im Augenblick, wo er's formt, kommt der Frevel hinzu. Da liegt's, am Formen. – Aber dann gibt es natürlich auch die andre Seite. Man kann auch sagen: ‚Alle weinen nur über sich selber, ihr eignes Leid. Nur der Dichter kann über fremdestes Leid weinen. Damit ist aller Frevel aufgehoben.' Was ist nun wahr? Das erste oder das zweite? Beides. Ich sage gewöhnlich: am Montag, Mittwoch und Freitag ist's das eine und Dienstag, Donnerstag, Samstag das andere. – Schuldlos ist der Dichter nur durch zwei Dinge: einmal weil er muß und nicht anders kann. Die Biene, die unter Mühe Wachs aus ihren Leibesringen herausschwitzt, hat keine andre Wahl. Hörte sie auf, das zu tun, stürbe sie, irgendwie, wahrscheinlich durch den eignen Stachel. Der Dichter, der ein Müsser und nicht nur ein Könner ist, kann immer sagen: ‚Ich muß dichten, sonst sterb ich einfach.' Auch er hat keine andre Wahl."

„Das ist ja auch Tassos eigentliche Rechtfertigung. Erinnern Sie sich an die Stelle, wo er sich dem Seidenwurm vergleicht?"

„Ja, richtig. Wir wollen sie gleich nachsehen."

Während Beer-Hofmann aufsteht, um den „Tasso" zu holen, denk ich: ‚wie er doch durchdrungen ist von der Goetheschen Welt. Goethesche Gedanken und die Bildersprache, die den Gedanken gegenständlich macht, sind ihm zum eigenen Besitz geworden. Er zitiert ihn nicht, denn er atmet in seiner Luft.' Dann liest er die „Tasso"-Stelle und ist selber erstaunt über die genaue Übereinstimmung:

> Ich halte diesen Drang vergebens auf,
> Der Tag und Nacht in meinem Busen wechselt.
> Wenn ich nicht sinnen oder dichten soll,
> So ist das Leben mir kein Leben mehr.
> Verbiete du dem Seidenwurm zu spinnen,
> Wenn er sich schon dem Tode näher spinnt.
> Das köstliche Geweb entwickelt er
> Aus seinem Innersten, und läßt nicht ab,
> Bis er in seinen Sarg sich eingeschlossen.

„Goethe hat es eben gewußt, wie er alles wußte", fügt Beer-Hofmann hinzu.

„Aber Sie sagten, der Dichter sei durch zwei Dinge schuldlos."

„Ja, er ist es auch dadurch, daß er den andern Menschen hilft, da er ihnen Schönes vermittelt. In dem Sinne, wie jemand sagt: ‚Ach, wenn ich doch in eine Frühlingslandschaft könnte! Die würde mir gewiß drüber weghelfen.' So kann der Dichter gewissermaßen eine solche schöne Landschaft für jemanden schaffen. Aber nur in diesen beiden Fällen ist er schuldlos. In allem andern nicht.

Seine Schöpfung ist nicht die Gottes, sondern die andre, die vom Teufel kommt."

Da erzähl ich ihm von James' letztem Brief mit der Frage, wie Leben und Dichtung sich vereinigen lassen. Wie ich ihm darauf geantwortet habe, daß der Dichter dem Leben gegenüber vielleicht zwischen der Haltung des Abenteurers oder der des Mönchs wählen müsse.

„Das ist dasselbe", antwortete Beer-Hofmann darauf. „Der Mönch hat seine Abenteuer mit Gott. – Ich hab einmal in meinen Notizen geschrieben, daß jede echte Dichtung ihr Vorspiel im Himmel haben müsse oder dann ein Nachspiel im Himmel. Immer muß sie mit Gott zusammenhängen. Bei gewissen Dichtern besteht die Gefahr, daß sie das nicht tun und nur mit ihrem Können schreiben und dabei schöne Gedichte machen. Rilke ist dafür ein Beispiel."

Ich sage ihm, daß ich das Rilkes Jargon nenne, wenn er machmal mit der eignen Sprache einfach weiterwuchert. Er versteht nicht gleich, und ich füge erklärend hinzu, ich hätte auch Shakespeares Jargon entdeckt. Dagegen wehrt er sich nun und glaubt, ich meinte den Schlegel-Tieckschen Jargon. Darauf ich: „Nein, ich meine nicht den Stil. Vom Stil her ist ein Jargon ja immer offenkundig. Sondern vom Eigensten des Dichter, grade von seinen Seelentönen her, mein ich's Diese echten Töne, die er, in gestaltender und notwendiger Mühe und Schaffenskraft einmal wirklich gefunden hat und nun immer wieder für ähnliche Situationen anwendet. Bei Shakespeare ist es dies, wenn Othello am Schluß sagt: ,My wife? I have no wife', oder Emilia, aufgefordert, nach Hause zu kommen: ,Perhaps I shall never go home, again.' Der *Lear* ist sicher voll von solchen Stellen, an denen Lear etwa sagt: ,My daughters? I have no daughters.' Ich erwähne auch Goethes ,Egmont'-Stelle, wo Klärchen sagt, nachdem Brackenburg sie auffordert, mit nach Hause zu kommen: ,Nach Hause? Weißt du, wo meine Heimat ist?'"

„Ja, das ist dieses Vermeiden des Pathos", erwidert Beer-Hofmann. „Man erwartet einen Ausbruch, und dann kommt dieses, was viel stärker ist. Ich habe das auch einmal verwandt, im *König David.* Da ist eine Szene, in der eine der Wachen, die ein Dichter ist, David ihm selber schildert." (Hier zitiert Beer-Hofmann die Stelle, deren Wortlaut mir aber nicht mehr erinnerlich ist.) „David erträgt das nicht, so gekannt zu sein. ,Wer bin ich denn?' fragt er und antwortet selbst. Da sagt er eigentlich nur: ,Einer, der viel zu tun hat', ganz unpathetisch. Jeder Geschäftsmann könnte das sagen. Man erwartet, daß er ausruft: ,Ich bin einer, dem Gott Schwerstes zu tragen gegeben hat', statt dessen sagt er aber: ,Ich bin einer, dem große Lasten aufgebürdet sind und der sie sich selber aufbürdet. Mich widert euer Prunk!'" (So etwa lautete die Stelle.)

Dann holt er sein Gedichtbuch. Zuerst nur, da wir von Nachahmung gesprochen hatten, um seine eigne Nachahmung des Schlegel-Tieckschen Tones vorzulesen, die Chorszenen aus *Romeo und Julia*, die der Spielleiter bei ihm bestellt hatte.

Ich sagte dann einmal: „Es ist seltsam, wie die Natur selber manchmal ganz deutliche mythische oder symbolische Situationen liefert. Etwa ein überwachsenes Haus in einem verfallnen, verwilderten Garten oder auch die alten, zerfallnen Städte, die man manchmal im südamerikanischen Urwald findet. Oder auch ein Schiffbruch."

„Das zeigt nur, daß in jedem Ding ein Symbol ruht. Ich hab oft gesagt: ‚In diesem Ding steckt ein vollkommnes Symbol, ich weiß nur noch nicht welches.'"

Der Schiffbruch als dichterische Situation brachte mich dann auf Mallarmé, und ich schilderte ihm, der ihn nicht kennt, den *Coup de dés*. Daraufhin liest er mir sein Gedicht *Erahnte Insel*, in der am Schluß dasselbe Symbol und auch für den Dichter benutzt wird:

Mein Werk! – Erahnte Insel du – an deren Küste
Manchmal – für kurze Frist – gnädig Geschick mich warf –
Strand, dran mein *Wille – nie* als Sieger *landen* –
Dran in Ohnmacht nur – ich selig *scheitern* darf!

Er nannte aber *Erahnte Insel* „ein zu schwieriges Gedicht." Wie wir dann auch vom Zufall sprachen, dem Mallarméschen *hasard*, sagt er: „Vom Zufall kann man gar nicht reden. Man weiß nie, wo Zufall und Bestimmung anfangen oder aufhören." Er liest dann noch manches andre, „Mit einem kleinen silbernen Spiegel" und den „Beschwörer", in dem so vieles anklingt, was sich durch unser Gespräch gezogen hatte. Es ist ihm, vor allem jetzt, wohl besonders wichtig:

Schatten beschwor ich all mein Leben lang!
Ans Licht rief ich, was längst in dunkles Reich gesunken –
Ich – Herr und Knecht der Schatten, der mit ihnen rang.
Mit seinem Blut sie tränkte, bis sie trunken
Anstimmten dröhnend ihres Lebens einstigen Sang. –
Wie lange währt's – ist dieser auch verhallt – ein Leben
Ward für verhallenden Gesang von Schatten hingegeben!

Woodstock, den 11. Juni 1944
Gestern nacht noch einmal das „Vorspiel auf dem Theater" zum *Faust* gelesen, das, wie Beer-Hofmann das letzte Mal sagte, eigentlich alles über den Dichter zu Sagende enthält. Er hob eine Stelle hervor. Sie drücke so klar aus, wie der Dichter allem, was er auch beschreibt, sein eignes Wesen hinzufügt, Gott und alles ihm Notwendige:

Wer läßt das Abendrot im ernsten Sinne glühn? Dieses „im ernsten Sinne" sei eben des Dichters Umwandlung eines natürlichen Dings in die Dichtung, der eigentliche dichterische Vorgang.

Woodstock, den 5. August 1944
Clara schenkte mir vor einigen Tagen Beer-Hofmanns *Grafen von Charolais*, den sie antiquarisch gefunden hatte. Ich habe bis jetzt drei Akte gelesen und bin, zum erstenmal, völlig für ein Werk von Beer-Hofmann gewonnen. Alles, was ich bisher kannte, schien mir in vielen Teilen schön, war mir aber in andern fremd, obwohl ich immer wußte – in seinem Gespräch ist's unverkennbar –, daß er ein Dichter ist.

Woodstock, den 6. August 1944
Den *Charolais* ausgelesen. Sehr betroffen und von ihm angerührt. Gestern noch fing ich an, ihm einen langen Brief darüber zu schreiben, dann wurde ich aber in der Mitte unterbrochen und mag ihn heute nicht fertig schreiben, da ich ihn zu grob in Lob und Analyse finde und ihn nicht abschicken will. Habe statt dessen nur einen ganz kurzen Brief an ihn gesandt, in dem ich den gestrigen erwähne.

New York, den 20. September 1944
Am Montag zum Mittagessen bei Beer-Hofmann. Er war im weißen Anzug, lebhaft und bei besten Kräften. Er stieß sich, als wir über George sprachen, an dessen Ritual, aber ich entgegnete, das Ritual sei doch seinem Wesen nach die notwendige Fixierung großer Augenblicke; wie der Papst oder der König in ihrem Ritual nur die Größe und Besonderheit ihrer Funktion zum Ausdruck brächten, die sich ja nicht in jedem Augenblick manifestieren könne. Dadurch aber, daß sie so durchs Ritual festgehalten wird, bleibt sie, ohne sich vom Zufall nähren zu müssen. Er gab das zu und sieht auch Georges großes Verdienst darin, die Gestalt des Dichters in Deutschland wieder geheiligt zu haben.

Später: der Dichter müsse immer wieder zum Exculpator Gottes werden. „Der advocatus Dei ist ja ein viel schwereres Amt als das des advocatus diaboli. Nichts ist schwerer, als den Weltlauf zu entschuldigen und zu rechtfertigen." Immer wieder klinge dies in seinen Werken auf. Er liest mir daraufhin die Stelle, das Gespräch aus dem *Jungen David*, vor, in dem der Knabe diese Frage stellt.

Dann viel über den *Charolais*. Ich rühme an ihm den tragischen Witz. Er möchte wissen, was ich damit meine, und ich führe die Stelle an, wo der Präsident ungeduldig zum Grafen sagt: „Ihr redet wie ein Kind und – –", worauf Charolais ihn unterbricht: „*Wie* ein Kind, das seinen Vater lieb gehabt! Ganz recht! Genau so!" Daß ich solch schauerlich witzige Stellen nur aus Shakespeare kenne: wo an leidenschaftlichen Höhepunkten der kalte Verstand mit der heißen

Erregung zusammenstößt, woraus dann etwas entsteht, was weder heiß noch kalt, nur noch furchtbar ist. Hamlets Worte vor und bei der Aufführung der *Mausefalle* seien mir immer so vorgekommen.

Die Geneviève Bianquis, sagt er, habe den *Charolais* ganz richtig erkannt, wenn sie von der „tragischen Unschuld" aller Personen im *Charolais* rede. Das sei ganz richtig, und damit habe er in seiner Tragödie die Tragödie zu Ende geschrieben. Und da es ihm Ernst damit gewesen sei, habe er auch nie mehr eine andre Tragödie versucht. Denn da, wo niemand mehr für seine Taten verantwortlich sei, höre eben die Tragödie auf. So habe er im *Tod Georgs* dem Ästheten mit den Mitteln des Ästhetentums ein Ende bereitet. Er erzählte auch, wie eine Frau ihm, nach dem *Charolais*, einmal erbost gesagt habe: „Sie wissen eben gar nicht, was eine reine Frau ist!"

Er erinnert sich daran, wie er einmal, Tage hintereinander, in Gastein, eine Antwort auf eine Rede im *David* nicht habe schreiben können. Denn entweder habe er nicht Wärme und Wahrheit genug dafür aufgebracht oder aber er habe sich so sehr in die notwendige Wärme hineingelebt, daß er in Tränen ausgebrochen sei, die ihm dann jede Niederschrift unmöglich machten. Schließlich habe er, „am Ende des Wegs", ganz eilig mit letzter Kraft die gefundene Stelle aufgeschrieben.

Wieder betonte er, wie froh und erleichtert er sei, daß seine jetzige Arbeit, die Erinnerungen an seine Frau, kein Dichten und daher kein Frevel mehr sei, sondern etwas, zu dem er selber gar nichts hinzutue; daß er nur aufzeichne, was andauernd „wie Luftblasen im Wasser" aus der Erinnerung in ihm aufsteige. Zum Schluß schenkte er mir ein Exemplar des *Jungen David*.

Mt. Pleasant, Michigan, den 5. März 1945

Gestern hierher zurückgekommen, wo Eis und Schnee in der Zwischenzeit verschwunden sind. Fand in New York keine Zeit, etwas Weiteres einzutragen. Wie vieles gelang in den kurzen sechs Tagen! Eines der schönsten Ergebnisse der Fahrt ist, daß sich etwas hier Begonnenes, die dauernde Beschäftigung mit Yeats, dort fortgesetzt und erweitert hat, und zwar auf viererlei Art, in vier Menschen. E., der Yeats kannte und mir von den Aaran-Inseln erzählte; Christiane, die unter ihren Büchern den Privatdruck mit Heiselers Übersetzungen, die *Irische Schaubühne*, hat und ihn mir leihweise hierher mitgab; Alewyn, der sich an der *Meerfahrt nach Byzanz* freute und mir weitere Hinweise zum künstlichen Garten gab und schließlich Beer-Hofmann, der nun meine Yeats-Übertragungen sehen wird.

Mittwoch, den 28. Februar, nachmittags bei Beer-Hofmann. Allein mit ihm. Ich erzählte ihm diesmal viel. Er hatte grade, zum erstenmal, Stifters *Witiko* mit großer Anstrengung gelesen und unter Langerweile beendet: „Ich bin fast darunter zusammengebrochen." Ich versuchte, ihn damit zu trösten, daß es Stifter selber manchmal nicht anders ergangen sei, und erinnre an Stifters Brief an Hekkenast, in dem er sagt, daß er sich bei der Korrektur zur „Studien"-Fassung der *Mappe meines Urgroßvaters* oft „schrecklich gelangweilt" habe. Beer-Hofmann ist mit meiner Kritik einiger Stifter-Novellen, wie etwa des *Kusses von Sentze* und des *Frommen Spruchs*, ganz einverstanden. Wie da manchmal die Sprache zu einer eintönigen Symmetrie gedeihe und dann auch wie in hilflosen Verrenkungen auftrete. Ich führe die Sätze aus dem *Kuß von Sentze* als Beispiel an, die kaum noch Deutsch sind:

Es waren schöne Mädchen da, es waren sehr schöne Mädchen da, es waren außerordentlich schöne Mädchen da. Als aber Hiltiburg in den Saal trat, sah man, daß von dem schönsten Mädchen zu ihr noch ein hoher Abstand emporging.

Dazu bemerkt er, wie es in den späteren Erzählungen manchmal geradezu rührend und schrecklich zu sehen ist, wie Stifter „plötzlich das einfachste, alltäglichste Wort nicht mehr einfällt", wenn er zum Beispiel eine halboffne Tür beschreiben will und dafür zu seltsamen Umschreibungen greifen muß. „Man möchte ihm das rechte Wort am liebsten zurufen, wenn man sieht, wie er sich quält."

Er freute sich über meinen Ausdruck „nutzlos" und seine Begründung, wie ich ihm von den Chippewa-Indianern erzähle. Er hörte mit freundlicher Anteilnahme zu, als ich ihm die Chippewas schildre, mit denen ich hier in Berührung kam. Selber formlos geworden, von teigiger Gestalt, leben sie am Rande der Stadt in lieblos-häßlichen, von der Regierung serienweise hergestellten kleinen Proletarierhäusern, mit niedrigen Arbeiten beschäftigt. Jeder natürliche Ehrgeiz ist in ihnen erloschen, weil die Regierung sie nur erhält, solange sie die Siedlung nicht verlassen. Der hiesige Anthropologieprofessor nahm mich eines Abends zu einem festlichen Pow-Wow mit, das in dem schmucklosen, rohgebauten Versammlungshause stattfand. Aber das ganze Fest bestand darin, daß ein Indianer Coca-Cola-Flaschen versteigerte, stundenlang, wozu alle Anwesenden, scheu auf harten Bänken sitzend, verlegen kicherten und sich, wenn wieder ein höherer Preis ausgerufen wurde, voll Lust, aber in beklommener Befeuerung gegenseitig in die Seiten stießen, bis schließlich eine Gruppe von unansehnlichen Indianermädchen das Programm übernahm. Sie hatten sich aus Filz, welcher Wildleder nachahmen sollte, eine Art befranster Indianerkleidung zurechtgeschneidert und begannen ihre Darbietung mit der Absingung eines Methodistenchorals. Danach sangen sie den neusten Schlager: „I'm always feeling better all the time." Das war das „indianische" Programm, worüber ich fast in Tränen ausgebrochen wäre, als ich's so unvermutet erlebte. Am Samstagabend, wenn alle Kinder der kleinen Stadt ins Kino gehn, um sich den neuen Wildwestfilm anzusehn, jauchzen die Indianerkinder genau so wie die weißen, wenn der Held des Films die Apachenkrieger umbringt. Ich sagte: „Sie leben ein ganz nutzloses Leben, weil sie sich nicht mehr erinnern." – „Ja, nutzlos, weil sie sich nicht mehr erinnern", sagte Beer-Hofmann darauf, „aber es gibt auch eine andre Seite. Die Juden erinnern sich viel zuviel."

Dann viel über *Tausendundeine Nacht*, die auch er besonders liebt. Da rühmte er die natürliche Art, in der sich da der Bettler mit dem Kalifen unterhält: „Der Bettler kann so mit dem Kalifen sprechen, denn die ungeheure Kluft, die beide trennt, ist ausgefüllt mit Gott." Und dann: „Das Wunderbare an *Tausendundeiner Nacht* ist die vielfältige Verknüpfung von Schicksalen darin." Eben diese habe er in seinem eignen Leben immer so stark gespürt. Er führt verschiedene Beispiele dafür an. Wie seine Frau einmal zu ihm sagte („dann wurde sie ganz rot und sagte"): „Vielleicht mußte die Mama sterben, damit wir uns finden konnten", da sie erst nach dem Tode ihrer Mutter in dem Geschäft arbeitete, wo Beer-Hofmann sie zum erstenmal sah. In diesem Zusammenhang sagte er auch: „Die Leute nennen mich wohl einen Dramatiker. Ich bin gar keiner. Ich bin nur ein verschlagener Symphoniker. Das Zusammenspielen eines Schicksals mit dem andern interessiert mich." Über die Unanständigkeiten in *Tausendundeiner Nacht*: „Übrigens, wissen Sie, wo die meisten Unanständigkeiten stehn? In den Fußnoten der Humanisten, in ihren Erklärungen zu klassischen Schriftstellern. Da hatten sie das Gefühl: ‚Da darf ich nun', und da sprangen sie auf das Trampolin der Unanständigkeit."

Später gebraucht er noch einmal ein ähnliches Bild. Er sprach von der leichten, immer bereiten Phantasie des älteren Dumas. Von dieser Phantasie sagt er: „Sie springt aus dem Stand" (das heißt, sie bedarf keines Anlaufs, kann immer zur Stelle sein, wenn sie grade muß).

Er erzählte auch einige Moissi-Anekdoten. Moissi sagte einmal mit klagender Stimme zu ihm: „Beer-Hofmann, warum ist nur im Deutschen das Wort Virtuose ein Schimpfwort?" Und ein andermal: „Beer-Hofmann, warum bellen alle deutschen Schauspieler?"

Zwei andre Anekdoten, die er irgendwann während dieses Gesprächs (ich weiß nicht mehr, in welchem Zusammenhang) erzählte, scheinen mir sehr bezeichnend für seine Art Witz. Er berichtet sie ohne Schärfe. Die eine ist eine Entgegnung im Gespräch mit Wassermann: „Wassermann sagte einmal zu mir ‚Wissen Sie, Beer-Hofmann, für einen Dichter sind Sie eigentlich merkwürdig gescheit.' Worauf ich ihm antwortete: ‚Sie irren sich, ich bin nämlich doch ein Dichter.'" – Die andre Anekdote ist auch Entgegnung und Rechtfertigung. Jemand nahm daran Anstoß, daß er seiner Tochter den Namen Mirjam geben wollte. „Wie soll ich sie denn sonst nennen?" – „Warum nicht Gisela zum Beispiel." – „Ach nein", antwortete Beer-Hofmann, „das ist mir zu jüdisch."

Da ich von der Feinheit und Frische der *Minna von Barnhelm* sprach, die ich grade in einem Kurse behandelte, war Beer-Hofmann ganz einverstanden, sprach von dem vollkommenen Parlando des Stücks. Die Stelle, wo Franziska sich nach den früheren Bedienten Tellheims erkundigt, sei wie ein Couplet. Als ob da die Franziska und der Just auf die anmutigste Art miteinander sängen:

FRANZISKA: Hör Er doch! noch auf ein Wort. – Wo sind denn die andern Bedienten des Majors?

JUST: Die andern? Dahin, dorthin, überallhin.

F.: Wo ist Wilhelm?

J.: Der Kammerdiener? den läßt der Major reisen.

F.: So? Und der Philipp, wo ist der?

J.: Der Jäger? den hat der Herr aufzuheben gegeben...

Bis zum Schluß der Szene, wenn Just sagt: „Es waren wohl alles Ihre guten Freunde, Jungfer? Der Wilhelm und der Philipp, der Martin und der Fritz? – Nun, Just empfiehlt sich!"

Ein ganz ähnliches Parlando findet er bei dem als pathetisch verschrienen Schiller, im *Don Carlos*. Er spricht den ganzen Anfang in diesem höflich-nachlässigen Gesprächston, so als sei die Rede aus Vornehmheit und guter Lebensart heraus improvisiert; er weiß sie auswendig:

Die schönen Tage in Aranjuez
Sind nun zu Ende. Eure königliche Hoheit
Verlassen es nicht heiterer. Wir sind
Vergebens hier gewesen. Brechen Sie
Dies rätselhafte Schweigen. Öffnen Sie
Ihr Herz dem Vaterherzen, Prinz. Zu teuer
Kann der Monarch die Ruhe seines Sohns –
Des einzgen Sohnes – zu teuer nie erkaufen.

Dann erzähl ich ihm viel von Yeats und seinen *Plays for Dancers* und den japanischen No-Spielen, die ihm ganz unbekannt waren. Da sagt er halbtraurig: „Ja, es gibt so viele schöne Dinge, die ich nie mehr sehen werde."

Während unsrer ganzen Bekanntschaft hab ich nie etwas von eignen Sachen verlauten lassen oder vorgezeigt. Jetzt aber sagte ich ihm zum ersten Male etwas davon: daß ich einige Gedichte des alten Yeats übersetzt habe, die *Meerfahrt nach Byzanz* und andre, in denen er so unmittelbar und zornig über das Altern spricht. Ich schildre ihm diese Gedichte in ihrem Gegensatz zu seinem eignen Gedicht *Altern*. Da sprach er den Wunsch aus, diese Yeats-Übertragungen zu sehen. Ich werde sie ihm bald schicken.

Mt. Pleasant, den 25. April 1945

In seinem Brief, der heute ankam, spricht Beer-Hofmann von den Yeats-Übertragungen:

„um Sie nicht über Gebühr warten zu lassen, nur ein paar Worte, Ihnen für die Yeats-Verse zu danken, obgleich ich fühle, daß Nachwehen einer Grippe mir nicht jene völlige Empfangsbereitschaft lassen, die solche Verse gebietend verlangen. – Sie sind sehr schön, aber von solchem erbarmungslosen Vordrängen gegen die letzten, nur selten sich eilig öffnenden Kammern des Gefühls, daß man – wie aus einem strengen herrischen Traum – wieder dem Leben gegeben, die Schönheit des Traumes fast wie eine Wunde fühlt, die man empfangen – aber doch nicht mehr missen möchte."

Nun mach ich mir Vorwürfe, roh und gedankenlos gewesen zu sein. Ich habe ihm ja Dinge geschickt, die ihn an den Verlust seiner Frau erinnern mußten. Es macht mich traurig und bestürzt. Zwar hatte ich die Gedichte beschrieben, aber wie ich sie nun wieder lese, vor allem *Lebendige Schönheit* und *Nach langem Schweigen*, wird es mir klar, daß sie ihm die Wunde, von der er schreibt, beigebracht haben müssen:

Lebendige Schönheit

Ich heischte, da sich Docht und Öl verbrennt,
Mein Blut durch die vereisten Rinnen fließt,
Daß, ungenügsam, Herz Genüge kenn
An Schönheit, die man sich aus Formen gießt
In Erz; oder in blankem Marmor scheint,
Scheint, aber wieder hingeht, wenn wir gehn,
Für unsre Einsamkeit achtloser, kalt
Wie ein Gespenst. Oh, Herz, wir sind alt.
Lebendige Schönheit ist nur Jungen schön:
Der wilden Tränen Kaufgeld ist verweint.

Nach langem Schweigen

Nach langem Schweigen Reden. Es ist gut,
Da unsre Liebsten tot sind und getrennt,
Mißgünstiges Lampenlicht verschattet brennt,
Mißgünstige Nacht fern hinterm Vorhang ruht,
Daß wir so wortreich sind und wieder sind
Mit höchstem Inhalt: Lied und Kunstübung:
Der alterslahme Leib ist Weisheit – jung,
War Liebe unser und wir waren blind.

New York, den 25. Juni 1945
Gestern hier angekommen. Beer-Hofmann ist nicht wohl, so daß ich ihn nicht sehen kann.

Quogue, den 1. September 1945
Seit gestern hier. Christiane sagt mir, daß Beer-Hofmann kränker geworden sei und man mit seinem Tode rechnen müsse. Und ich hatte nicht einmal geahnt, daß er ernstlich krank war. Träumte daher lange von Beer-Hofmann, der im Traum ein Lehrer war.

Woodstock, den 28. September 1945
Christiane ist zu Besuch gekommen und bringt die Nachricht von Beer-Hofmanns Tod mit. Letzte Nacht hatte ich dann diesen merkwürdigen, sehr klaren Traum: Ich wohne in einem Haus in einem mir fremden Ort. Die Straße scheint etwas von einer Hafenstadt zu verraten. Gegenüber, inmitten einer langen Zeile, steht ein andres Haus, in das ich hinübergehe, mit der Absicht (die dem Hausverwalter unten bekannt ist), den ganz hoch oben krank liegenden Beer-Hofmann zu besuchen. Aber im obersten Stockwerk angekommen, besuch ich den Kranken gar nicht, sondern trete zur Linken in eine lange Flucht ganz weißer, leerer Mansarden ein. In der vordersten Mansarde steht ein hohes Büchergestell, das mit alten Zeitschriften vollgestopft ist. Diese ordne ich so an, daß sie sich, durch ihren eignen Druck in Bewegung gesetzt, mit gewaltiger Kraft herauswälzen und treppab durchs ganze Haus fallen werden. Ich selber aber gehe gerade noch rechtzeitig herunter, treffe unten im Flur den sehr freundlichen Hauswirt, der mir bestens dafür dankt, den Kranken besucht zu haben. Ich überquere die Straße und sehe, kaum im eignen Flur angekommen, wie sich die von mir so arglistig angeordneten Zeitschriftenmassen zerstörerisch durch das gegenüberliegende Haus herunterwälzen, so daß das ganze Treppenhaus ungangbar und unbenutzbar wird. Dabei entdecke ich zu meiner Beschämung, daß jener freundliche Hauswirt, der mir aber wenig sympathisch ist, wohl ich ihm sein Hauswirtsamt mißgönne, mir als Geschenk viele Körbe voll alter Bücher hingestellt hat. Aber es sind muffige Bände ohne jedes Interesse.

Inhalt

Richard Beer-Hofmann im Igel Verlag

WERKAUSGABE (1993-2002)
Werke I: *Schlaflied für Mirjam*. Lyrik. Gb., 378 S., 29,- Euro;
ISBN 978-3-89621-012-8.
Werke II: *Novellen*. Gb. 128 S., 21,- Euro;
ISBN 978-3-927104-40-2.
Werke III: *Der Tod Georgs*. Roman. Gb. 152 S., 24,- Euro;
ISBN 978-3-927104-70-9.
Werke IV: *Der Graf von Charolais*. Gb. 276 S., 29,- Euro;
ISBN 978-3-927104-71-6.
Werke V: Die *Historie von König David und andere dramatische Entwürfe*. Gb. 570 S., 44,- Euro; ISBN 978-3-89621-011-1.
Werke VI: *Paula. Ein Fragment*. Gb. 264 S., 29,- Euro;
ISBN 978-3-927104-83-9.
Werke VII: *Briefe 1895-1945*. Gb. 480 S., 34,- Euro;
ISBN 978-3-89621-100-2.
Werke VIII:*Der Briefwechsel mit Paula*. Gb. 512 S., 34,- Euro;
ISBN 978-3-89621-117-0.

Daniel Hoh: *Todeserfahrungen und Vitalisierungsstrategien im frühen Erzählwerk Richard Beer-Hofmanns*. Br. 140 S., 30,- Euro; ISBN 978-3-89621-215-3.

Karin C. Inderwisch: *Augen-Blicke bei Richard Beer-Hofmann*. Br. 164 S., 34,- Euro; ISBN 978-3-89621-063-0.

Tim Krechting: *Richard Beer-Hofmanns jüdisches Denken. Eine theologische Werkanalyse unter besonderer Berücksichtigung der "Historie von König David"*. Br. 300 S., 44,- Euro; ISBN 978-3-86815-503-7.

Elke Surmann: *Tod und Liebe bei Richard Beer-Hofmann und Arthur Schnitzler*. Br. 114 S., 34,- Euro; ISBN 978-3-89621-148-4.

LITERATURWISSENSCHAFT